Dr. John Coleman

LA DICTATURE de L'ORDRE MONDIAL SOCIALISTE

OMNIA VERITAS.

John Coleman

John Coleman est un auteur britannique et un ancien membre du Secret Intelligence Service. Coleman a produit diverses analyses concernant le Club de Rome, la Giorgio Cini Foundation, le Forbes Global 2000, le Interreligious Peace Colloquium, le Tavistock Institute, la noblesse noire ainsi que d'autres organisations qui se rapprochent de la thématique du Nouvel Ordre Mondial.

LA DICTATURE DE L'ORDRE MONDIAL SOCIALISTE
DÉMASQUER LE GOUVERNEMENT MONDIAL INVISIBLE

ONE WORLD ORDER
socialist dictatorship

Traduit de l'anglais et publié par Omnia Veritas Limited

© Omnia Veritas Ltd – 2022

ⓄMNIA VERITAS®

www.omnia-veritas.com

"L'ennemi à Washington est plus à craindre que l'ennemi à Moscou." C'est un sentiment que j'ai exprimé maintes et maintes fois. Le communisme n'a pas détruit la protection tarifaire érigée par le président George Washington. Le communisme n'a pas forcé les États-Unis à adopter l'impôt progressif sur le revenu. Le communisme n'a pas créé le Conseil de la Réserve fédérale. Le communisme n'a pas entraîné les États-Unis dans la Première et la Seconde Guerre mondiale. Le communisme n'a pas imposé les Nations unies à l'Amérique. Le communisme n'a pas retiré le canal de Panama au peuple américain. Le communisme n'a pas créé le plan de génocide de masse du rapport Global 2000. C'est le SOCIALISME qui a apporté ces maux sur les États-Unis !

Le communisme n'a pas donné au monde le SIDA ! Le communisme n'a pas donné à l'Amérique des niveaux de chômage désastreux. Le communisme n'a pas lancé des attaques incessantes contre la Constitution des États-Unis.

Le communisme n'a pas forcé l'Amérique à adopter "l'aide étrangère", cette maudite taxe sur le peuple américain qui est une servitude involontaire.

Le communisme n'a pas imposé la fin des prières à l'école. Le communisme n'a pas promu le mensonge de la "séparation de l'église et de l'état". Le communisme n'a pas donné à l'Amérique une Cour suprême remplie de juges liés et déterminés à saper la Constitution des États-Unis. Le communisme n'a pas envoyé nos soldats se battre dans une guerre illégale dans le Golfe pour protéger les intérêts de la couronne britannique.

Pourtant, pendant toutes ces années, alors que notre attention était concentrée sur les méfaits du communisme à Moscou, les socialistes à Washington étaient occupés à voler l'Amérique ! Seul *La dictature de l'Ordre Mondial socialiste* explique comment cela a été, et est, accompli.

INTRODUCTION

"Nous construirons le Nouvel Ordre Mondial pièce par pièce, juste sous leur nez" (le peuple américain). "La maison du Nouvel Ordre Mondial devra être construite de bas en haut plutôt que de haut en bas. Un contournement de la souveraineté, en l'érodant morceau par morceau, permettra d'accomplir beaucoup plus que la bonne vieille attaque frontale." Richard Gardner, grand socialiste américain, *Foreign Affairs*, le journal du Council on Foreign Relations (CFR), avril 1974.

D ans ce livre (ainsi que mes autres titres *Histoire du Comité des 300* et *Diplomatie par le mensonge*), j'explique comment la déclaration de Gardner donne un aperçu du programme socialiste des Fabiens pour les États-Unis. Les idées, les pensées et les personnes qui ont travaillé avec diligence pour établir le socialisme, la principale et fatale maladie politique des nations modernes, sont expliquées en détail.

On y trouve un compte rendu des différents objectifs des socialistes fixés par la Fabian Society britannique, dont la devise est "Make Haste Slowly".[1] Lorsqu'on lui a demandé d'expliquer le communisme, Lénine a répondu : "Le communisme est du socialisme pressé." Le socialisme n'a pas d'autre issue que le communisme, c'est quelque chose que j'ai souvent dit. Ce livre explique pourquoi un si grand nombre des maux qui affligent notre société actuelle trouvent leur origine dans une planification et une exécution socialiste minutieuse.

Le socialisme est intrinsèquement mauvais parce qu'il oblige les gens à accepter des changements délibérément conçus qu'ils n'ont

---

[1] "Se hâter lentement", Ndt.

ni demandés ni souhaités. Le pouvoir du socialisme est déguisé en termes apaisants et se cache derrière un masque d'humanitarisme. Il se manifeste également par des changements fondamentaux et de grandes envergures dans la religion, que les socialistes utilisent depuis longtemps comme un moyen puissant de se faire accepter, après quoi ils étendent leur influence à l'intérieur des églises, au détriment de toutes les religions.

L'objectif du socialisme est la liquidation du système de libre entreprise, qui est le véritable capitalisme. Le socialisme scientifique se présente sous plusieurs déguisements, et ses promoteurs se font appeler libéraux ou modérés. Ils ne portent pas de badge et ne sont pas reconnaissables, comme ils le seraient s'ils s'appelaient communistes.

Il y a plus de 300 000 socialistes au sein du gouvernement des États-Unis et, selon des estimations prudentes, en 1994, 87% des membres du Congrès étaient socialistes. Les décrets sont une ruse socialiste anticonstitutionnelle pour utiliser la voie législative afin de rendre la Constitution des États-Unis sans effet, lorsque des méthodes directes ne sont pas possibles pour apporter les changements socialistes souhaités bloqués par la Constitution.

Le socialisme est une révolution qui ne recourt pas à des méthodes ouvertement violentes, mais qui fait néanmoins le plus grand mal à la psyché de la nation. C'est un mouvement gouverné par la furtivité. Sa lente progression vers les États-Unis depuis son point d'origine en Angleterre a été presque imperceptible jusque dans les années 1950. Le mouvement socialiste fabien reste distinct des groupes du parti dit socialiste et sa marche en avant était donc presque imperceptible pour la majorité des Américains. "Quand on blesse un communiste, un socialiste saigne" est un dicton qui remonte aux premiers jours du socialisme fabien.

Le socialisme se réjouit ardemment de la prolifération du pouvoir du gouvernement central qu'il s'efforce de s'assurer pour lui-même, en prétendant toujours que c'est pour le bien commun. Les États-Unis et la Grande-Bretagne sont pleins à craquer de faux prophètes qui prônent le Nouvel Ordre Mondial. Ces missionnaires socialistes prêchent la paix, l'humanitarisme et le bien commun. Pleinement conscients qu'ils ne pourraient pas vaincre la résistance du peuple américain au communisme par des moyens directs, les insidieux socialistes fabiens savaient qu'ils devaient agir silencieusement et lentement, et éviter d'alerter le peuple sur leurs véritables objectifs. C'est ainsi que le "socialisme scientifique" fut adopté comme le moyen de vaincre les États-Unis et d'en faire le premier pays socialiste du monde.

Ce livre raconte dans quelle mesure le socialisme fabien a réussi et où nous en sommes aujourd'hui. Les présidents Wilson, Roosevelt, Eisenhower, Carter, Kennedy et Johnson étaient des serviteurs enthousiastes et volontaires du socialisme fabien. Ils ont passé le flambeau au président Clinton. La démocratie et le socialisme vont de pair. Tous les présidents des États-Unis depuis Wilson ont déclaré à plusieurs reprises que les États-Unis étaient une démocratie, alors qu'il s'agit en fait d'une république confédérée. Le socialisme fabien dirige le destin du monde d'une manière déguisée pour le rendre méconnaissable. Le socialisme est l'auteur de l'impôt progressif sur le revenu, le destructeur du nationalisme, l'auteur du soi-disant "libre-échange".

Ce livre n'est pas un exposé ennuyeux des philosophies du socialisme, mais un récit dynamique et dramatique de la façon dont il est devenu la principale menace pour les hommes libres partout dans le monde, mais plus particulièrement aux États-Unis, qui doivent encore l'affronter de front. La surface fade et lisse du socialisme cache sa véritable intention : un gouvernement fédéral mondial sous contrôle socialiste, dans lequel nous, le peuple, serons leurs esclaves au sein d'un Nouvel Ordre Mondial sombre.

Chapitre 1

L'ORIGINE DU SOCIALISME FABIEN ET SON HISTOIRE

"Comme tous les socialistes, je crois que la société socialiste évolue avec le temps vers une société communiste." - John Strachey, ministre du parti travailliste.

"Dans le jargon des journaux américains, John Strachey serait qualifié de 'marxiste n° 1' et le titre serait mérité." *Left News*, mars 1938.

L e socialisme fabien a commencé avec la Fabian Society qui, selon ses propres termes, "se compose de socialistes qui se sont alliés au Manifeste communiste de 1848", écrit par Karl Marx, un juif né en Prusse qui a vécu la majeure partie de sa vie à Highgate, à Londres. Dans les "Bases de la Fabian Society", nous apprenons ce qui suit :

"Elle vise donc à la réorganisation de la société par l'émancipation de la terre et du capital industriel de la propriété individuelle et leur dévolution à la communauté pour le bénéfice général. Ce n'est qu'ainsi que les avantages naturels et acquis du pays pourront être partagés par l'ensemble du peuple..."

C'est le principe que le socialisme fabien a exporté aux États-Unis et qu'il a inlassablement imposé au peuple américain, au grand détriment de la nation.

Marx est mort solitaire en octobre 1883, sans jamais avoir pu réaliser la vision qu'il partageait avec Moses Mendelssohn (Mendelssohn est généralement reconnu comme le père du communisme européen), et a été enterré dans le petit cimetière clos de Highgate, au nord de Londres. Le professeur Harold Laski, l'homme le plus étroitement associé au mouvement depuis sa création jusqu'à sa mort en 1950, a admis que le Manifeste communiste avait donné vie au socialisme.

Mais en réalité, le socialisme est né avec la fondation de la Société éthique de la culture, anciennement le Fellowship of New Life, à New York. Bien que l'économie politique de John Stuart Mill, telle qu'elle est exprimée dans le livre socialiste de Henry George, "Progress and Poverty", le côté spirituel du socialisme ne doit pas être ignoré. Webb et sa femme Beatrice ont dirigé la Fabian Society dès ses débuts. La plupart des membres de la Fellowship of New Life, qui a précédé l'Ethical Society of Culture, étaient des francs-maçons affiliés à la théosophie occulte de Madame Blavatsky, à laquelle Annie Besant souscrivait également.

Laski n'était en aucun cas un "homme spirituel", ressemblant davantage à Marx qu'à Ramsay McDonald, qui devint ensuite Premier ministre d'Angleterre. Laski a exercé une influence considérable sur des dizaines de dirigeants politiques, économiques et religieux britanniques, et on lui attribue une influence irrésistible sur les présidents Franklin Delano Roosevelt et John F. Kennedy. Victor Gollancz, l'éditeur socialiste, a déclaré à de nombreuses reprises que le socialisme était nécessaire à la domination du monde :

> "Le socialisme centralise le pouvoir et rend les individus complètement soumis à ceux qui contrôlent ce pouvoir", déclarait-il.

S'étant retiré du Fellowship of the New Life, le socialisme fabien a essayé plusieurs voies déjà empruntées par les communistes, les bakounistes, les babouvistes (anarchistes) et Karl Marx, en niant toujours avec véhémence tout lien avec ces mouvements. Constitué principalement d'intellectuels, de fonctionnaires, de journalistes et d'éditeurs comme le grand Victor Gollancz, le socialisme fabien n'avait aucun intérêt à s'impliquer dans les combats de rue des révolutionnaires anarchistes. Les membres fondateurs du fabianisme ont perfectionné la technique utilisée pour la première fois par Adam Weishaupt — celle de pénétrer l'Église catholique et de la "ronger de l'intérieur jusqu'à ce qu'il ne reste qu'une enveloppe vide". Cela s'appelait "pénétration et imprégnation". Apparemment, ni Weishaupt ni Gollancz ne pensaient que les chrétiens seraient assez intelligents pour voir ce qui se passait.

Gollancz aurait dit :

"Les chrétiens ne sont pas vraiment brillants, il sera donc facile pour le socialisme de les conduire sur notre chemin à travers leurs idéaux d'amour fraternel et de justice sociale."

Le socialisme fabien ciblait les organisations politiques, économiques et éducatives, en plus de l'Église chrétienne. Plus tard, les Left Wing Books de Gollancz ont accordé des remises spéciales aux chrétiens qui s'intéressaient aux idées socialistes. Le comité de sélection du Left Book Club était composé de Gollancz lui-même, du professeur Harold Laski et de John Strachey, un député du parti travailliste. Gollancz, qui possédait également The Christian Book Club, croyait fermement que la Russie bolchevique était une alliée du socialisme. À l'instigation de Beatrice Webb, il a publié l'un des best-sellers de la Fabian Society, "Our Soviet Ally".

Dès le début de son histoire, le socialisme fabien s'est efforcé de pénétrer et d'imprégner les partis travaillistes et libéraux britanniques, ainsi que, par la suite, le parti démocrate aux États-Unis. Il était implacable dans son zèle et son énergie pour créer un socialisme "féministe", ce qu'il allait réussir à faire. Le socialisme a réussi à prendre l'ascendant sur les commissions scolaires, les conseils municipaux et les syndicats sous prétexte d'améliorer le sort des travailleurs. La détermination du socialisme fabien à s'emparer de l'éducation reflète ce que Madame Zinoviev conseillait depuis longtemps dans la Russie bolchévique.

En 1950, Gollancz a publié "Corruption in a Profit Economy", un ouvrage très lu de Mark Starr. Starr est un produit du socialisme fabien et, bien qu'il soit considéré comme un peu brutal sur les bords (il a commencé sa vie comme mineur de charbon), il n'a pas été rejeté par les socialistes de l'Ivy League de Harvard et de Yale, auxquels la Fabian Society avait eu accès dans sa progression ordonnée vers le haut de l'échelle depuis ses humbles débuts à Londres. Starr a émigré aux États-Unis en 1928, après avoir obtenu ses lettres de créance socialistes au National Council of Labour Colleges.

Formé par la formidable Margaret Cole, fondatrice du Fabian Research Center, Starr était LE lien entre la Fabian Society de Londres et les mouvements socialistes naissants en Amérique. Starr a servi au Brockwood Labor College de 1925 à 1928, soumis dès son plus jeune âge à une éducation socialiste hors pair. Le Socialist Garland Fund a accordé à Starr une bourse de 74 227 dollars, une somme considérable à l'époque. Il est ensuite devenu directeur de l'éducation de l'International Ladies Garment Workers Union (ILGWU) de 1935 à 1962. Son travail sur la politique et l'éducation syndicales a été remarquable pour la cause du socialisme. Pour Starr, l'éducation signifiait enseigner que le profit privé était mauvais et devait être aboli.

En 1941, Starr est nommé vice-président de l'American Federation of Teachers, un organisme d'enseignants socialistes d'avant-garde de l'époque. Après avoir pris la nationalité américaine, Starr est nommé par le président Harry Truman à la Commission consultative des États-Unis, autorisée par la loi publique 402, "pour conseiller le Département d'État et le Congrès sur le fonctionnement des centres d'information et des bibliothèques maintenus par le gouvernement des États-Unis dans les pays étrangers, ainsi que sur l'échange d'étudiants et d'experts techniques." Il s'agissait bien d'un "coup" pour le socialisme aux États-Unis !

Le socialisme fabien a attiré une grande partie de l'élite de la société en Grande-Bretagne et aux États-Unis. On dit des socialistes américains qu'ils "imitaient leurs homologues anglais, admirant leur maîtrise de la langue, leurs tournures de phrases rapides et leur respectabilité raffinée, peut-être personnifiée par le professeur Graham Wallas, Sir Stafford Cripps, Hartley Shawcross et Richard Crossman".

Le professeur Graham Wallas a donné une conférence à la New School for Social Research de New York, un "think tank" socialiste fondé par le magazine *New Republic*, qui s'adresse aux professeurs de gauche, dont les États-Unis ont plus que leur part. Wallas a été l'un des premiers intellectuels à rejoindre la Fabian Society, alors sans nom, qui, en 1879, était confrontée à un avenir très incertain et n'était pas considérée comme une menace pour le gouvernement ou l'Église. L'intérêt précoce de Wallas pour l'éducation se reflète dans l'un de ses premiers emplois — celui du County School

Management Committee du School Board. Comme nous le verrons dans d'autres chapitres, la hiérarchie des socialistes fabiens considérait le contrôle de l'éducation comme la cheville ouvrière de leur stratégie de conquête du monde.

Cet idéal se reflète également dans la nomination de Wallas comme professeur à la London School of Economics, fondée par Sydney Webb et qui n'était encore qu'une jeune institution d'enseignement socialiste. Wallas n'avait alors que quatre étudiants dans sa classe.

Wallas pensait que la manière de socialiser un pays était la psychologie appliquée. La façon de socialiser l'Amérique, soutenait Wallas, était de prendre la masse de la population par la main comme des enfants (il n'avait pas une très haute opinion du niveau d'éducation aux États-Unis) et comme des enfants, de les conduire pas à pas sur le chemin du socialisme, auquel j'ajouterais, et de l'esclavage final. Wallas est un nom important dans ce récit du socialisme, car il a écrit un livre qui a été adopté, mot pour mot, par le président Lyndon Johnson, comme politique officielle du parti démocrate.

La sinistre progression rampante du socialisme qui a commencé à recouvrir l'Angleterre aurait pu être évitée sans la Première Guerre mondiale. La fleur de la jeunesse britannique chrétienne, qui aurait résisté à la marche en avant de ce concept étranger, gisait morte dans les champs des Flandres, leurs vies inutilement gaspillées pour un idéal nébuleux de "patriotisme". Engourdie par la perte horrible de ses fils, la vieille génération ne se souciait pas de ce que le socialisme faisait à son pays, croyant qu'"il y aura toujours une Angleterre".

La psychologie sociale était une arme habilement utilisée pour détourner les attaques contre les organisations fabianistes américaines. L'organisation Americans for Democratic Action (ADA) a déclaré qu'elle ne faisait pas partie de la Fabian Society, et son porte-parole, le journal *The Nation*, a cherché avec véhémence à démentir les tentatives de lier les deux organisations.

En 1902, Wallas enseignait le socialisme pur et dur aux sessions d'été de l'université de Philadelphie. Il avait été invité aux États-Unis par de riches socialistes américains qui avaient participé aux cours d'été d'Oxford en 1899 et 1902, période pendant laquelle les cours d'endoctrinement d'été étaient au sommet de leur popularité auprès des riches Américains qui n'avaient rien de mieux à faire. En 1910, Wallas est devenu le mentor de leaders socialistes américains comme Walter Lippmann, en prononçant les Lowell Lectures à Harvard. Graham Wallas est reconnu comme faisant partie des quatre grands intellectuels socialistes de Grande-Bretagne et, à ce titre, il est sollicité par le socialiste américain Ray Stannard Baker, l'émissaire que le colonel Edward Mandel House a envoyé à la Conférence de paix de Paris pour le représenter et couvrir ce que faisaient les délégués.

Entre 1905 et 1910, Graham Wallas a écrit "The Great Society" (La Grande Société), qui allait devenir le plan directeur du programme du même nom du président Johnson, et qui reprenait les principes de la psychologie sociale. Wallas a clairement indiqué que l'objectif de la psychologie sociale était de contrôler la conduite humaine, préparant ainsi les masses à l'État socialiste à venir qui les mènerait finalement à l'esclavage — bien qu'il ait pris soin de ne pas l'expliquer aussi clairement. Wallas est devenu un intermédiaire aux États-Unis pour les idées des socialistes fabiens, dont une grande partie a été intégrée au "New Deal" de Roosevelt, rédigé par le socialiste Stuart Chase, à la "Nouvelle Frontière" de Kennedy, rédigée par le socialiste Henry Wallace, et à la "Grande Société" de Johnson, rédigée par Graham Wallas. Ces seuls faits permettent de mesurer l'impact considérable du socialisme fabien sur la scène politique américaine.

Comme le professeur Laski, Wallas avait le même bon caractère et la même gentillesse qui allaient avoir un si grand impact sur les dirigeants politiques et religieux des États-Unis. Les deux hommes allaient être les missionnaires les plus efficaces de la Fabian Society dans les universités et les collèges de tous les États-Unis, sans parler de leur impact sur les dirigeants du mouvement "féministe" agressif qui venait de naître.

Ainsi, dès le début du socialisme fabien en Amérique, ce mouvement dangereusement radical a été faussement revêtu d'un manteau de bonté capable de tromper "les élus", pour paraphraser la Bible. Il a servi de couverture à la révolution des deux côtés de l'Atlantique tout en restant à l'écart de la violence généralement associée au mot "révolution". L'histoire retiendra un jour que la révolution socialiste fabienne a largement dépassé en portée et en ampleur la violente révolution bolchevique. Alors que la révolution bolchevique a pris fin il y a plus de cinquante ans, la révolution socialiste fabienne continue de prendre de l'ampleur et de se renforcer. Ce mouvement discret a littéralement "déplacé des montagnes" et changé considérablement le cours de l'histoire, et nulle part ailleurs autant qu'aux États-Unis.

Les deux phares qui restèrent maîtres du socialisme fabien jusqu'à la fin de leurs jours furent George Bernard Shaw et Sydney Webb. Plus tard, ils ont été rejoints par des hommes comme Graham Wallas, John Maynard Keynes et Harold Laski, tous savaient que le rêve d'une conquête socialiste de la Grande-Bretagne et des États-Unis ne pouvait être réalisé que par l'affaiblissement progressif du système financier de chaque pays, jusqu'à ce qu'ils s'effondrent en un État-providence total. C'est ce que nous voyons aujourd'hui, la Grande-Bretagne ayant été dépassée et étant devenue un État-providence en faillite.[2]

La deuxième ligne d'action du fabianisme était contre la séparation constitutionnelle des pouvoirs mandatée par la Constitution des États-Unis. Le professeur Laski et ses collègues pensaient que si le socialisme fabien pouvait supprimer cet obstacle, ils auraient la clé pour démanteler l'ensemble de la Constitution des États-Unis. Il était donc impératif que le socialisme forme et déploie des agents de changement spéciaux qui seraient en mesure de saper cette disposition, la plus importante de la Constitution. La Fabian Society s'est attelée à la tâche, et le succès de sa mission peut être observé dans la manière choquante dont le Congrès abandonne allègrement ses pouvoirs à la branche exécutive d'une manière qui ne peut être décrite que comme étant non seulement imprudente, mais aussi 100% inconstitutionnelle.

Un bon exemple serait le droit de veto accordé au président Clinton au mépris de la Constitution. Un autre bon exemple est l'abandon, dans les négociations commerciales, de pouvoirs qui reviennent de droit à la Chambre des représentants. Comme nous le verrons dans

---

[2] Que dire de la France actuelle... ? NDÉ.

les chapitres traitant de l'ALENA et du GATT, c'est précisément ce que le Congrès a fait, faisant ainsi, volontairement ou involontairement — peu importe — le jeu des ennemis socialistes de cette nation.

Sydney Webb et George Bernard Shaw sont les hommes qui ont fixé le cap socialiste fabien : pénétration et imprégnation, plutôt qu'anarchie et révolution violente. Tous deux étaient déterminés à faire en sorte que le public soit amené à croire que le socialisme ne signifiait pas nécessairement la gauche, et certainement pas le marxisme. Tous deux se sont rendus en Russie bolchévique au plus fort de la terreur, ignorant plutôt que commentant la boucherie qui était de notoriété publique. Des deux, Webb a été le plus impressionné par les bolcheviks et a écrit un ouvrage intitulé "Le socialisme soviétique — une nouvelle civilisation ?". Il est apparu plus tard, après la défection d'un fonctionnaire du ministère soviétique des Affaires étrangères, que Webb n'avait apparemment pas réellement écrit ce livre, qui était l'œuvre du ministère soviétique des Affaires étrangères.

Shaw et Webb sont devenus connus comme les "démons du socialisme qui attendent d'être exorcisés", avant que le socialisme ne puisse déployer ses ailes et, comme le dit Shaw, "sauver le communisme des barricades." Bien que Shaw ait prétendu ne pas se soucier de la FORME, il a néanmoins exprimé sa conviction que le socialisme fabien deviendrait un "mouvement constitutionnel." Même avec les "grands" du socialisme qui affluaient dans le mouvement, Toynbee, Keynes, Haldane, Lindsay, H. G. Wells et Huxley, Shaw et Webb gardaient leur emprise sur la Fabian Society de Londres et la dirigeaient dans la direction qu'ils avaient choisie tant d'années auparavant.

L'indigence de Shaw, presque toujours sans le sou, a été soulagée par son mariage avec Charlotte Payne Townshend, une dame aux moyens considérables, ce qui, comme certains le pensent, est la raison pour laquelle l'irascible Shaw l'a épousée. Cela est confirmé par le fait qu'avant que les vœux de mariage ne soient échangés, Shaw a insisté pour que l'on prenne soin de lui sous la forme d'un important contrat prénuptial.

Shaw ne s'adonnait plus aux oraisons sur des boîtes à savon ni aux réunions dans des caves, mais aspirait à se mêler socialement à la haute société du socialisme. Des hommes comme Lord Grey et Lord Asquith deviennent ses bons amis, et si Shaw fait encore un ou deux voyages à Moscou, il se refroidit vis-à-vis du communisme. Bien qu'il soit un athée avoué, cela n'empêche pas Shaw de cultiver ceux qu'il pense pouvoir utiliser pour faire avancer sa carrière, comme Lord Asquith en particulier. Shaw ne recevait d'ordres de personne, et encore moins des "nouveaux venus" comme Hugh Gaitskell, futur Premier ministre d'Angleterre, et protégé de la famille Rockefeller. Shaw se considérait définitivement comme la "vieille garde" aux côtés de Sydney et Beatrice Webb. Ces socialistes professionnels, durs et endurcis, ont traversé de nombreuses tempêtes sur la politique et n'ont jamais reculé devant une opposition extérieure souvent considérable et des "querelles de famille".

Le socialisme fabien a débuté en 1883 sous la forme d'une société de débat, "Nueva Vita" (Nouvelle Vie), qui se réunissait dans une petite salle au 17 Osnaburgh Street, à Londres. Ce n'était pas sans rappeler les débuts du mouvement national-socialiste allemand, repris plus tard par Hitler. L'un des objectifs de "Nueva Vita" était de réunir dans un amalgame les enseignements de Hegel et de Saint Thomas d'Aquin.

Mais le mot "socialisme" n'était pas nouveau, puisqu'il existait depuis 1835, bien avant que la "Nueva Vita" ne fasse ses premiers pas en 1883, le soir même de la mort de Marx. Le chef du groupe — qui comptait quatre personnes — était Edward Pease, et son objectif était d'utiliser l'éducation comme un véhicule pour la propagande socialiste, qui allait avoir un effet si profond sur l'éducation et la politique des deux côtés de l'Atlantique. Cela semblait être un défi de taille pour un groupe d'hommes qui n'avaient pas reçu l'enseignement public requis, une nécessité pour les futurs dirigeants de l'Angleterre victorienne, et pourtant, un examen de la Fabian Society montre que c'est exactement ce qu'ils ont accompli.

Dans un style plutôt grandiose, les jeunes hommes ont donné à leur groupe le nom de Quintus Fabian, un général romain réputé, dont la tactique consistait à attendre patiemment que l'ennemi fasse une erreur pour ensuite frapper fort. L'Irlandais George Bernard Shaw rejoint la Fabian Society en mai 1884. Shaw est issu du Hampstead Historical Club, un cercle de lecture marxiste. Il est étrange que Shaw et Marx soient tous deux venus au socialisme à une courte distance l'un de l'autre — Hampstead Heath n'est pas si loin de Highgate. Et tous deux fréquentaient le British Museum. (Il se trouve que je connais bien cette région, ayant vécu dans le quartier de Hampstead et Highgate et passé de nombreuses années d'études au British Museum). Ainsi, dans un sens, ma perception de ce qu'était le socialisme fabien a pu être plus claire grâce à ces circonstances.

Bien qu'il n'ait jamais admis connaître Marx, bien qu'il ait courtisé sa fille Eleanor, Shaw est soupçonné d'avoir été le "chef de file" de Marx pour faire connaître le socialisme aux publics auxquels il s'adressait le plus souvent, quatre fois par semaine, partout où il pouvait les trouver. Une étude que j'ai faite au British Museum me porte à croire que le communisme a inventé le socialisme pour véhiculer ses idées radicales qui, autrement, n'auraient pas été bien accueillies en Angleterre ou aux États-Unis, les deux pays les plus prisés par le communisme pour sa conquête.

Il ne fait guère de doute dans mon esprit que Shaw était un Marx "déguisé" comme le socialisme était le communisme "déguisé". Ma théorie prend du poids lorsque nous apprenons que Shaw a assisté à l'Internationale socialiste à Londres en 1864, en tant que délégué des Fabiens. Comme nous le savons, Marx a été le créateur de l'Internationale socialiste, au cours de laquelle ses théories erronées ont été prêchées ad infinitum aux côtés de la propagande communiste pure et simple. Karl Marx n'a jamais essayé de cacher l'alliance impie entre l'Internationale communiste et sa propre Internationale socialiste, mais Shaw et les Webb, et plus tard, Harold Laski, ont nié avec véhémence tout lien avec le marxisme ou le communisme.

Les Fabiens ont passé des heures interminables à se demander si c'était la "social-démocratie" ou le "socialisme démocratique" qui devait être le cri de guerre. En fin de compte, c'est le "socialisme démocratique" qui a été utilisé aux États-Unis avec un tel succès, l'idée de Shaw étant que les intellectuels socialistes (dont il faisait partie) mèneraient la charge au moment des élections, tandis que les travailleurs fourniraient l'argent. Cette idée a été cooptée avec succès par ADA, qui a inondé les commissions du Congrès d'"experts" faisant la navette avec Harvard, afin de confondre et d'embrouiller les sénateurs et les représentants, non scolarisés et inexpérimentés dans les voies de la trahison socialiste.

Le socialisme N'A RIEN À VOIR AVEC L'ÉGALITÉ ET LA LIBERTÉ. Il ne s'agit pas non plus d'aider la classe moyenne et les travailleurs. Au contraire, il s'agit d'asservir le peuple par des moyens graduels et subtils, un fait que Shaw a admis un jour dans un moment d'inattention. Le livre de Graham Wallas "Great Society" et la "Great Society" de Lyndon Banes Johnson étaient la même chose, et à première vue, il semblait que le peuple serait le bénéficiaire des largesses du gouvernement, mais en vérité, ce n'était qu'un piège d'asservissement appâté avec du miel socialiste. TANT QUE LE SOCIALISME EST VIVANT, LE COMMUNISME NE PEUT PAS ÊTRE MORT, ET C'EST LÀ OÙ LE SOCIALISME MÈNE CETTE NATION — DANS LE PIÈGE D'ACIER DU COMMUNISME.

Nous devons nous rappeler ce que le grand président Andrew Jackson a dit à propos de l'ennemi caché parmi nous :

> "Tôt ou tard, votre ennemi se montrera, et vous saurez quoi faire vous serez confrontés à de nombreux ennemis invisibles de votre liberté durement acquise. Mais ils se montreront en temps voulu — suffisamment de temps pour les détruire."

Espérons que le peuple américain, aveuglé par les politiques faussement socialistes de quatre présidents, se verra retirer les écailles de ses yeux avant qu'il ne soit trop tard.

Un deuxième marxiste déguisé était Sydney Webb, si dédaigneusement écarté par Sir Bertrand Russell dans les années qui suivirent, comme un "employé du ministère des Colonies". Webb était furieux de nier avoir jamais rencontré Marx, mais comme pour Shaw, il existe des preuves circonstancielles que Webb rencontrait effectivement Marx assez régulièrement. Contrairement à Shaw qui s'est marié sur le tard, Webb a épousé assez tôt Beatrice Potter, une femme riche et redoutable qui allait faire avancer sa carrière plus qu'il ne voulait bien l'admettre.

Beatrice était la fille d'un magnat des chemins de fer canadiens, qui était tombée amoureuse de Joseph Chamberlain, mais avait été rejetée par lui en raison de la différence de classe. À cette époque, avoir de l'argent ne signifiait pas une admission automatique dans les meilleurs cercles. Il fallait venir du "bon" milieu, ce qui signifiait généralement une éducation dans une école publique (une "école publique" en Angleterre est la même chose qu'une école privée en Amérique). Dès leur première rencontre, Shaw et les Webb sont sur la même longueur d'onde et forment une excellente équipe.

La révolution socialiste proposée par la Fabian Society devait jeter une ombre longue et sombre sur l'Angleterre et plus tard sur les États-Unis. Ses objectifs différaient peu de ceux énoncés dans le manifeste communiste de 1848 :

> "Elle vise donc à la réorganisation de la société par l'émancipation de la terre et du capital industriel de la propriété individuelle et leur dévolution à la communauté pour le bénéfice général. Elle travaille donc à l'extinction de la propriété privée de la terre... Elle cherche à atteindre ces buts par la diffusion générale des connaissances sur les relations entre l'individu et la Société dans ses aspects économiques, éthiques et politiques."

Il n'y avait pas de dénonciation de la religion, pas d'anarchistes aux cheveux longs courant avec des bombes. Rien de tout cela. Les fascistes étaient également les bienvenus, comme en témoigne le fait que Sir Oswald Mosely et sa femme, née Cynthia Curzon, étaient tous deux des socialistes convaincus avant de rejoindre les rangs du fascisme. Shaw, le socialiste de la "vieille garde" a fait l'éloge d'Hitler dans les années qui ont précédé la Seconde Guerre mondiale. Au lieu de montrer ses vraies couleurs, le fabianisme se donnait des airs et des grâces qui démentaient ses dangereuses intentions révolutionnaires : la constitution non écrite de l'Angleterre et la constitution écrite des États-Unis devaient être subverties et remplacées par un système de socialisme d'État, par le biais d'un processus connu sous le nom de "gradualisme" et de "pénétration et imprégnation".

Il y a ici quelques similitudes entre Hitler et les fabianistes : au début, personne ne leur prêtait la moindre attention. Mais contrairement à Hitler, pour Shaw et Webb, la vision était celle d'un monde qui évoluerait vers un Nouvel Ordre Mondial dans lequel tout le monde serait heureux et satisfait, ceci sans recours à la violence et à l'anarchie.

Les Fabiens ont commencé à déployer leurs ailes et, en 1891, ils étaient prêts à publier leur premier "Fabian News". C'est à cette époque que Beatrice Webb a commencé à enseigner le féminisme radical et a développé le programme de recherche des Fabiens, utilisé plus tard avec grand succès par le juge Louis Brandeis et connu sous le nom de "Brandeis Brief". Ce programme consistait en un volume après l'autre de matériel de "recherche", assez pour submerger les opposants, couvert par le plus mince des mémoires juridiques. On n'encourageait pas beaucoup les nouveaux membres sans envergure et sans importance : Webb et Shaw estimaient que leur mouvement était réservé à l'élite — ils n'étaient pas intéressés par les mouvements de masse de personnes sans argent ni influence.

C'est pourquoi ils se sont tournés vers les universités d'Oxford et de Cambridge, où étaient formés les fils de l'élite, qui allaient plus tard porter le message de la Fabian Society (convenablement déguisé en "réformes") au cœur et à l'âme du Parlement. L'objectif de la Fabian Society était de faire en sorte que des socialistes soient installés à des postes de pouvoir, où l'on pourrait compter sur leur influence pour réaliser des "réformes".

Ce programme, quelque peu modifié, a été pratiqué aux États-Unis également et a donné naissance à Roosevelt, Kennedy, Johnson et Clinton — tous socialistes. Ces agents du changement ont été formés à la manière des Fabiens, qui combinent sociologie et politique pour ouvrir des portes. Les simples chiffres n'ont jamais été leur style. L'un de leurs membres d'élite, Arthur Henderson, qui était ministre des Affaires étrangères de la Grande-Bretagne en 1929, a été l'instigateur de la reconnaissance diplomatique du monstrueux régime bolchevique, suivi par les États-Unis quelques années plus tard.

La première cellule de la Fabian Society à Oxford a ouvert en 1895, et en 1912, il y en avait trois autres, les étudiants représentant plus de 20% des membres.

C'est peut-être la période la plus importante pour la croissance de la Fabian Society ; les étudiants sont initiés au socialisme, et beaucoup d'entre eux deviendront des leaders mondiaux.

Le petit mouvement auquel personne n'a prêté attention en 1891 est arrivé. L'un des mouvements radicaux et révolutionnaires les plus dangereux du 20e siècle avait pris racine en Angleterre et commençait déjà à s'étendre aux États-Unis. Laski, Galbraith, Attlee, Beaverbrook, Sir Bertrand Russell, H.G. Wells, Wallass,

Chase et Wallace ; ce sont quelques-uns des socialistes fabiens qui allaient avoir un effet profond sur le cours que les États-Unis allaient prendre.

C'était particulièrement vrai pour le professeur Laski. Peu de gens au sein du gouvernement, pendant les trente années que Laski a passées en Amérique, ont pris conscience de la profondeur de sa pénétration dans l'éducation et le gouvernement lui-même. C'était un homme qui mettait en pratique quotidiennement les principes du socialisme. Laski a donné des conférences dans de nombreux États et dans les universités de l'Oregon, de Californie, du Colorado, de Columbia, de Yale, de Harvard et de Roosevelt, à Chicago. Pendant tout ce temps, il a constamment insisté sur l'adoption d'un programme fédéral d'"assurance sociale" qui, omettait-il de dire, conduirait à l'objectif socialiste d'un État-providence TOTAL.

Plus tard, Laski, Wallas, Keynes et de nombreux dirigeants politiques et économistes de la Fabian Society se rendront au Tavistock Institute of Human Relations[3] pour apprendre les méthodes de John Rawlings Reese, connues sous le nom de "conditionnement intérieur" et de "pénétration à long terme". C'est à cette école qu'a également été formé Henry Kissinger.

Peu à peu, comme ils en avaient l'habitude, les fabianistes ont commencé à pénétrer les partis travailliste et libéral, d'où ils ont exercé une grande influence sur la socialisation de l'Anglais, autrefois solidement indépendant et peu enclin à accepter l'aide du gouvernement. Bien que les Webb aient revendiqué le mérite de la technique de "pénétration", cette revendication a été rudement mise à mal en 1952 par le colonel I. M. Bogolepov, qui a déclaré que l'ensemble du plan avait été rédigé pour les Webb au sein du ministère soviétique des Affaires étrangères, tout comme une grande partie du contenu des nombreux livres que les Webb prétendaient avoir écrits. Bogolepov a poursuivi en disant qu'une grande partie du contenu des livres de Webb avait été écrite par lui-même. "Ils

---

[3] Cf, *L'Institut Tavistock des relations humaines — Façonner le déclin moral, spirituel, culturel, politique et économique des États-Unis d'Amérique*, John Coleman, Omnia Veritas Ltd, www.omnia-veritas.com.

l'ont juste un peu modifié ici et là, sinon il a été copié mot pour mot", a déclaré le colonel.

Comme c'est souvent le cas lorsque des héros gauchistes ou socialistes sont démystifiés, la presse couvre et loue celui qui est démasqué avec des masses de verbiage non pertinent jusqu'à ce que l'accusation soit presque oubliée. Nous voyons cela presque quotidiennement dans la presse en ce qui concerne le caractère moral et l'ineptie politique du président Clinton. "Il est à eux, et peu importe ce qu'on dit de lui, ils ne laisseront pas la boue sécher", disait un de mes collègues du renseignement. Et ils exonèrent Clinton. En analysant les rapports sur la moralité douteuse et les erreurs politiques de Clinton, on ne peut s'empêcher d'être impressionné par le contrôle des dégâts des socialistes fabiens : "Laver" la cible et étouffer l'attaquant dans un verbiage qui n'a que peu de rapport avec les problèmes.

En étudiant l'histoire de la Fabian Society au British Museum de Londres, j'ai été frappé par les progrès impressionnants de la minuscule bande d'inconnus qui a fini par amener dans l'orbite de la Fabian Society certains des plus importants politiciens, écrivains, enseignants, économistes, scientifiques, philosophes, chefs religieux et éditeurs, alors que le monde semblait ne jamais remarquer son existence. On peut expliquer pourquoi les profonds changements qui se produisaient n'étaient pas une cause d'alarme. La technique fabienne consistant à présenter les "réformes" comme "bénéfiques", "justes" ou "bonnes" était la clé de leur succès.

Il en va de même pour les socialistes américains. Toutes les mesures importantes prises par la cinquième colonne socialiste à Washington sont déguisées en "réformes", qui vont profiter au peuple. La ruse est vieille comme le monde, mais les électeurs s'y laissent prendre à chaque fois. Le "New Deal" de Roosevelt était tout droit sorti d'un livre socialiste fabien du même titre écrit par Stuart Chase, et pourtant, il a apparemment été accepté comme une véritable "réforme" du système. Même la reconnaissance par Woodrow Wilson de la trahison du gouvernement Kerensky était habillée d'un langage conçu pour tromper intentionnellement le peuple américain en lui faisant croire que les "réformes" en cours en Russie étaient au bénéfice du peuple. La "Grande Société" de Johnson était un autre programme "américain" tiré directement d'un livre écrit par Graham

Wallas, intitulé "La Grande Société".

Avec la création de la London School of (Socialist) Economics, bien qu'elle soit loin d'être aussi prétentieuse à l'origine que le titre ne le laissait entendre, les socialistes fabiens sont devenus de plus en plus influents dans l'élaboration des politiques monétaires des deux côtés de l'Atlantique. L'établissement est grandement amélioré lorsque la fondation Rockefeller lui accorde une subvention substantielle. La méthode de financement des institutions socialistes par des subventions de l'élite fortunée, ainsi que ses programmes quotidiens pour les pauvres, serait l'idée de Shaw, qu'il a activée après avoir assisté à une conférence à la London School of Economics.

En gros, faire payer les pauvres pour les programmes "locaux" revenait à créer des syndicats parmi la classe ouvrière, puis à utiliser les cotisations des membres pour faciliter et financer les programmes socialistes. C'est un peu comme les francs-maçons, qui ont tendance à nous faire savoir qu'ils versent de généreuses sommes d'argent à des œuvres de charité. Mais l'argent provient généralement du public, et non des coffres des francs-maçons. Aux États-Unis, les Shriners sont célèbres pour leurs dons aux hôpitaux, mais l'argent provient du public par le biais des collectes de rue organisées par les Shriners. Aucun de leurs propres fonds ne va jamais aux hôpitaux.

Les "Quatre piliers de la maison du socialisme", rédigés par Sydney Webb peu après la Première Guerre mondiale, sont devenus le modèle de l'action socialiste future, non seulement en Grande-Bretagne, mais aussi aux États-Unis. Ce plan prévoyait la destruction du système de production de biens et de services basé sur la concurrence, une fiscalité illimitée et intrusive, une aide sociale massive, l'absence de droits de propriété privée et un gouvernement mondial unique. Ces objectifs ne diffèrent pas tellement des principes énoncés par Karl Marx dans le Manifeste communiste de 1848. Les différences résidaient dans la méthode d'application, le style, plutôt que dans le fond.

Dans le détail, l'aide sociale financée par l'État devait être le premier principe. Le droit de vote des femmes était inclus (la naissance des mouvements pour les droits des femmes), toutes les terres devaient être nationalisées, sans aucun droit de propriété privée. Toutes les industries "au service du peuple" (chemins de fer, électricité, lumière, téléphone, etc.) devaient être nationalisées, le "profit privé" devait être éliminé du secteur des assurances, la confiscation des richesses par le biais de l'impôt devait être intensifiée et, enfin, le concept d'un gouvernement mondial unique était énoncé : des contrôles économiques internationaux, des tribunaux internationaux fournissant une législation internationale régissant les affaires sociales.

Un examen superficiel du Manifeste Communiste de 1848 révèle où la "recherche" pour les "Quatre Piliers" a été faite. Alors que "Four Pillars" traitait exclusivement de la socialisation de la Grande-Bretagne, nombre de ses idées ont été mises en pratique par Wilson, Roosevelt, Johnson, Carter, et maintenant Clinton. Le mouvement "Labour and the New Social Order" a fait fureur aux États-Unis, où ses objectifs révolutionnaires n'ont pas été reconnus, alors même qu'Hitler était présenté comme la plus grande menace pour le monde. Que nous le voulions ou non, les politiques et les programmes institués par Wilson, Roosevelt, Kennedy, Johnson, Carter et Reagan portaient tous le cachet "Made in England By the Fabian Society". C'est plus vrai avec Clinton qu'avec n'importe lequel des anciens présidents.

Ramsay McDonald, envoyé aux États-Unis pour "espionner le pays", est devenu le premier Premier ministre britannique socialiste de la Fabian Society. McDonald établit le modèle des futurs premiers ministres qui s'entoureront de conseillers socialistes de la Fabian Society, une tradition perpétuée par Margaret Thatcher et John Major. De l'autre côté de l'Atlantique, les socialistes fabiens ont entouré le président Wilson et lui ont présenté un programme visant à socialiser les États-Unis. Il s'agit d'une réussite tout à fait spectaculaire pour ces quelques hommes, sous la direction de Pease, qui ont entrepris de changer le monde au début du siècle, et qui l'ont fait en utilisant pleinement les "conseillers présidentiels".

L'une des étoiles montantes du cercle restreint de la Fabian Society était Sir Stafford Cripps, un neveu de Beatrice Webb. Sir Stafford a joué un rôle majeur en conseillant les socialistes américains sur la manière d'amener les États-Unis à participer à la Seconde Guerre mondiale. En 1929, Cripps avait été un guide pour l'entrée de la haute société dans le fabianisme, et ce malgré le fait que le fabianisme et le communisme étaient devenus flous sur les bords, et que plusieurs conservateurs de premier plan de l'époque avaient averti qu'il n'y avait pas grand-chose à choisir entre le socialisme fabien et le communisme, si ce n'est l'absence de cartes de membre pour les socialistes fabiens.

L'année 1929 a également vu l'ascension d'une autre étoile qui était destinée à secouer les politiques économiques et financières de nombreuses nations, y compris l'Angleterre, mais peut-être plus importantes encore, celles des États-Unis. John Maynard Keynes était devenu une icône virtuelle de la Fabian Society grâce à des hommes comme Gollancz, avec sa maison d'édition géante de gauche et son Left Book Club, et Harold Joseph Laski. (1893-1950)

De rares documents de la Fabian Society que j'ai vus au British Museum étaient d'avis que sans la bénédiction de Laski, Keynes ne serait pas parvenu à grand-chose. Laski a été décrit dans ces documents comme "l'idée que tout le monde se fait d'un socialiste".

Même le grand H. G. Wells a plié le genou devant Laski, le qualifiant de "plus grand intellectuel socialiste du monde anglophone".

Laski était issu de parents juifs de condition modeste et on dit que c'est l'arrivée au pouvoir d'Hitler qui l'a transformé en militant pour les droits des Juifs en Palestine. Les affrontements avec Earnest Bevin, Premier ministre socialiste de Grande-Bretagne, étaient fréquents et furieux. Le 1er mai 1945, Laski, en tant que président du parti travailliste britannique, prononce un discours dans lequel il répète qu'il ne croit pas à la religion juive, car il est marxiste. Mais maintenant, Laski dit qu'il croit que la renaissance de la nation juive en Palestine est vitalement nécessaire. Cela a été confirmé par Ben Gourion lui-même.

L'opinion de Laski fut transmise au président Truman et au rabbin Stephen Wise le 20 avril 1945. Truman avait hérité de la ligne dure de Roosevelt en faveur des aspirations juives, telle qu'elle avait été dictée par Laski, et lorsque des troubles commencèrent à se produire sur la question de l'autorisation des colons juifs en Palestine, Truman envoya une copie de ce que beaucoup pensaient être un rapport fabiano-socialiste sur le statut des camps de réfugiés en Europe, exhortant le ministre des Affaires étrangères de l'époque, Bevin, à laisser 100 000 Juifs émigrer de ces camps et s'installer en

Palestine.

Le message de Truman a provoqué chez Bevin un profond désaccord avec Laski et Truman. L'image que Bevin avait des Juifs n'était ni pro ni anti. Ses vues étaient résolument tempérées par celles de Clement Attlee, alors Premier ministre d'Angleterre. Selon Bevin, les Juifs ne sont pas une nation, alors qu'en revanche, les Arabes le sont. "Les Juifs n'ont pas besoin d'un État qui leur soit propre", a déclaré Bevin. Il dit à Laski qu'il ne prêtera pas la moindre attention à la suggestion de Truman, la mettant sur le compte de "la pression du vote juif de New York". Le refus de Bevin de voir les choses (à la manière de Laski et de Truman) a donné lieu à d'interminables chamailleries.

Bevin a adhéré à sa politique en se fondant sur sa conviction que

"les Arabes étaient essentiellement indigènes à la région et pro-britanniques, tandis qu'un État sioniste signifiait l'intrusion d'un élément étranger et perturbateur, qui affaiblirait la région et ouvrirait les portes au communisme."

Même lorsque Weizman est allé le rencontrer, Bevin a refusé d'offrir plus qu'un quota mensuel de quinze cents Juifs qui pourraient aller en Palestine. Il fallait en déduire le nombre d'immigrants juifs illégaux qui entraient en Palestine chaque mois. Ce fut l'une des rares occasions où le socialisme fabien et Laski subirent une défaite sévère.

Ayn Rand aurait pris Laski comme modèle pour son roman de 1943, "The Fountainhead", et Saul Bellow a écrit : "Je n'oublierai jamais les observations de Mosby sur Harold Laski : sur l'emballage de la Cour suprême, sur les procès de la purge russe et sur Hitler." L'influence de Laski se fait encore sentir aux États-Unis, quarante-quatre ans après sa mort. Sa fréquentation de Roosevelt, Truman, Kennedy, Johnson, Oliver Wendell Holmes Jr, Louis Brandeis, Felix Frankfurter, Edward R. Murrow, Max Lerner, Averill Harriman et David Rockefeller allait profondément changer le cours et la direction sur lesquels les Pères fondateurs avaient placé cette nation.

Laski a enseigné en tant que professeur de sciences politiques à la London School of Economics et a été président du parti travailliste britannique lorsque Aneuran Bevan était Premier ministre. Laski était comme George Bernard Shaw ; il n'hésitait pas à se présenter à toute personne qu'il souhaitait rencontrer. Il cultivait l'amitié avec les personnes les plus importantes pour la promotion des causes socialistes. Richard Crossman, un proche collaborateur, décrit sa personnalité comme "chaleureuse et grégaire, un homme qui a atteint le sommet par ses propres moyens, un intellectuel public". On dit de Laski qu'il était généreux et gentil et que les gens aimaient être avec lui, tout en étant l'infatigable croisé socialiste.

Une étape importante du progrès du socialisme fabien a été franchie dans les années 1940 avec le rapport Beveridge sur une série d'essais simplement intitulée "Sécurité sociale". L'année 1942 a été choisie précisément pour des raisons psychologiques. La Grande-Bretagne était confrontée aux jours les plus sombres de la Seconde Guerre mondiale. C'était le moment pour le socialisme d'offrir de l'espoir. Laski a offert le plan à John G. Winant, ambassadeur des États-Unis à la Cour de St James. Mme Eugene Meyer du *Washington Post* décrit l'attention de Roosevelt. En Grande-Bretagne, des notables de la Fabian Society comme Lord Pakenham ont prononcé des centaines de discours très médiatisés en faveur du miracle de l'abolition du besoin et de la privation. Le public britannique est en extase.

Mais cinq ans plus tard, le gouvernement britannique "emprunte" massivement aux États-Unis pour faire fonctionner la sécurité sociale. John Strachey, tant idolâtré par les socialistes fabiens, a découvert que, même s'il régulait le montant de la sécurité sociale, l'augmentant au besoin, cela ne suffisait toujours pas à générer du pouvoir d'achat, si bien que Strachey, le marxiste n° 1 et ministre de l'approvisionnement alimentaire, a dû rationner les fournitures. Les socialistes avaient presque mis le pays en faillite, en une année, 1947, en dépensant 2,75 milliards de dollars pour leurs programmes socialistes, l'argent étant "emprunté" aux États-Unis ! Les "prêts" étaient l'œuvre de Laski, et de Harry Dexter White du Trésor américain, et d'un informateur soviétique.

Il est vraiment étonnant que le peuple américain soit resté silencieux face au type de financement des chimères socialistes qu'on attendait de lui. La seule raison qui vient à l'esprit pour expliquer pourquoi le peuple américain n'a pas protesté est, tout simplement, qu'on lui a caché la vérité. La Réserve fédérale a "prêté" 3 milliards de dollars à la Grande-Bretagne dans les années 1920 pour que le système de "dole" (aide sociale) puisse continuer, tandis que chez nous, les pensions des vétérans de guerre ont été réduites de 4 millions de dollars par an en guise de contribution partielle. Une telle chose pourrait-elle se reproduire ? L'opinion informée est que non seulement cela peut se reproduire, mais que la réaction du peuple américain serait la même ; pour la plupart, une indifférence totale.

Mais même avec l'aide inébranlable, bien qu'officieuse, de Harry Dexter White, le socialisme ne pouvait pas, à lui seul, financer ses projets grandioses et, lorsque le Congrès découvrit enfin toute l'étendue de l'aide financière de White pour la Grande-Bretagne socialiste, Sir Stafford Cripps dut l'avouer sans détour et dire au peuple britannique que, dorénavant, la sécurité sociale devrait être financée par l'impôt sur le revenu. Au cours de la période 1947-1949, les impôts ont augmenté, la nourriture s'est raréfiée, les revenus ont diminué et, bien que les groupes d'experts fabiens aient travaillé sans relâche pour trouver une solution qui permettrait au socialisme de fonctionner — autre que d'emprunter de l'argent aux États-Unis —, ils en sont toujours revenus à la même conclusion : dépenser en déficit ou abandonner les programmes socialistes fabiens, jugés inapplicables.

La Grande-Bretagne est passée du statut de soumissionnaire rentable de biens et de services et d'agent de courtage pour d'autres nations, à celui de nation mendiante. En bref, les programmes socialistes ont été responsables de la destruction de son économie prospère, vieille de plusieurs siècles. La Grande-Bretagne a commencé à ressembler à une république bananière. Se raccrochant à n'importe quoi, le parti travailliste (dont les dirigeants sont presque tous des socialistes fabiens) pense qu'il peut arranger les choses en nationalisant et en rationnant davantage, mais l'électorat ne donne pas sa chance à la Fabian Society et chasse les travaillistes lors des élections générales de 1950.

L'héritage de la Fabian Society ? Un trésor vide, des réserves d'or épuisées, une production au plus bas, elle a cherché à se distancer du parti travailliste discrédité en arguant que "la Fabian Society n'est pas un parti politique". S'exprimant à la Chambre des Communes, un notable socialiste, Albert Edwards, a déclaré :

"J'ai passé des années à discourir sur les défauts du système capitaliste. Je ne retire pas ces critiques. Mais nous avons vu les deux systèmes côte à côte. Et l'homme qui plaide encore pour le socialisme comme moyen de débarrasser notre pays des défauts du capitalisme est vraiment aveugle. Le socialisme ne fonctionne tout simplement pas."

Pourtant, malgré l'échec total et abject du socialisme en pratique et non en théorie, il y avait encore aux États-Unis des personnes déterminées à faire avaler au peuple américain des politiques socialistes ratées. Roosevelt, Truman, Kennedy, Johnson, Nixon, Bush et Carter semblaient déterminés à ignorer la grande débâcle socialiste de l'autre côté de l'Atlantique et, poussés par leurs conseillers socialistes, ils se sont lancés dans des versions américaines des mêmes vieilles théories et politiques socialistes fabiennes ratées.

Toujours liés à la Grande-Bretagne par une langue et un héritage communs, les socialistes ont réussi à impliquer les États-Unis dans leur rêve d'un gouvernement mondial unique par le biais de l'Alliance atlantique ou de l'Union atlantique. Ignorant la sagesse du discours d'adieu du président George Washington, les gouvernements américains successifs ont poursuivi ce qui était essentiellement un projet socialiste fabien de gouvernement mondial dans lequel les Americans for Democratic Action (ADA) ont joué un rôle non négligeable. Le Royal Institute for International Affairs (RUA), dont le siège se trouve à Chatham House, St James Square, Londres, la "mère" du Council of Foreign Relations (CFR) américain, était également très présent dans cette entreprise strictement socialiste.

La campagne "Mains socialistes de l'autre côté de la mer" a été renforcée par la présence d'Owen Lattimore, à l'université de Leeds. Lattimore, professeur à Johns Hopkins, est surtout connu pour sa conduite de traître lorsqu'il était à la tête de l'Institute for Pacific Relations (IPR), auquel on attribue l'instigation de la politique commerciale des États-Unis envers le Japon. C'est ainsi qu'a été lancée l'attaque de Pearl Harbor et que les États-Unis sont entrés dans la Seconde Guerre mondiale, alors que l'armée allemande avait écrasé les soi-disant "alliés" qui regardaient la défaite en face en Europe.

L'ascension d'Harold Wilson en tant que futur premier ministre d'Angleterre peut être attribuée à l'administration Kennedy, qui après avoir expédié Harold MacMillan "avec un Skybolt" comme l'a dit un commentateur, l'administration Kennedy a exsudé de la gentillesse et du savoir-faire envers le "socialiste d'Oxford en flanelle grise", comme Wilson a été décrit. Wilson est allé en Amérique pour trouver un moyen de se faire élire par un slogan, et il l'a trouvé parmi les agents publicitaires de Madison Avenue. Il est étrange que le socialisme ait dû se tourner vers le capitalisme pour découvrir comment les choses se font !

Pourtant, à peine Wilson est-il installé comme Premier ministre qu'il déclare à la Chambre des communes que sa politique sera le socialisme habituel : nationalisation des industries, "justice sociale" et, bien sûr, RÉFORME fiscale, une plus grande part des revenus des entreprises, des prélèvements sur les salaires et tout le tralala socialiste. Un Wilson enthousiaste dit à ses collègues socialistes fabiens qu'ils peuvent être sûrs du succès, car "nous avons un gouvernement américain en sympathie".

Ce que Wilson voulait vraiment dire, c'est que le gouvernement américain semblait plus disposé que jamais à payer les factures des dépenses socialistes extravagantes de son gouvernement travailliste. Encore une fois, nous soulignons la contribution au "socialisme mondial".

Le Premier ministre Wilson, faisant bon usage de ses relations américaines, a emprunté quatre milliards de dollars au Fonds monétaire international (dont le principal bailleur de fonds était, et reste, les États-Unis). Une fois de plus, il a été démontré que les programmes socialistes ne pouvaient pas supporter leur propre poids et que, comme le dinosaure, ils s'effondreraient s'ils n'étaient pas soutenus. Le FMI a été créé par Lord Keynes, qui l'a décrit comme "essentiellement une conception socialiste".

Mais certaines voix s'élevaient aux États-Unis contre l'inquiétante pénétration socialiste du gouvernement qui avait commencé avec Wilson, s'était accélérée avec Roosevelt et avait pris de l'ampleur, était devenue plus audacieuse et plus franche dans l'administration Kennedy. L'un d'entre eux était le sénateur Joseph McCarthy du Wisconsin. Véritable patriote, McCarthy était déterminé à éradiquer les socialistes et les agents communistes du changement dont le département d'État des États-Unis était infesté, une bataille que

McCarthy a entamée en 1948 avec l'administration Truman et poursuivie avec l'administration Eisenhower. La Fabian Society s'est alarmée. Comment allait-elle défendre sa pénétration du gouvernement des États-Unis et de ses institutions contre l'exposition publique ? Pour obtenir de l'aide, les Fabiens se sont tournés vers les Americans for Democratic Action, qui ont entrepris de monter une campagne massive de dénigrement contre le sénateur du Wisconsin. Sans cette force avec laquelle il fallait compter, il ne fait aucun doute que McCarthy aurait atteint son objectif d'exposer à quel point le gouvernement américain et ses institutions avaient été pris en charge par le socialisme fabien, que McCarthy a identifié à tort comme étant le "communisme".

L'ADA a dépensé des centaines de milliers de dollars pour tenter de freiner McCarthy, allant même jusqu'à distribuer des milliers de copies des finances personnelles du sénateur, en violation des règles du Sénat, qui ont été divulguées à la sous-commission du Sénat. La publication socialiste "New Statesman" s'est soudainement intéressée à la Constitution et à la Déclaration des droits — suggérant que les auditions de McCarthy mettaient en péril ces "droits sacrés". La résolution parrainée par l'ADA condamnant McCarthy était la preuve que le parti démocrate était alors, comme aujourd'hui, aux mains des socialistes internationaux de la Fabian Society. L'ADA n'hésitait pas à s'attribuer le mérite d'avoir "arrêté McCarthy".

Avec la chute du sénateur McCarthy, la Fabian Society a poussé un soupir de soulagement collectif : elle n'avait jamais été aussi exposée. Le seul homme qui aurait pu déjouer l'attaque de l'ADA ne s'est pas présenté à l'audience du Sénat. Le sénateur John F. Kennedy, un admirateur déclaré du sénateur du Wisconsin, aurait été confiné dans un lit d'hôpital au moment du vote. La raison de son absence n'a pas été expliquée. Kennedy doit en fait son ascension au pouvoir à McCarthy, qui a refusé de faire campagne pour Henry Cabot Lodge, lorsque celui-ci se présentait contre Kennedy dans le Massachusetts.

Ce fait, peu connu, est de mauvais augure pour l'indépendance des États-Unis et la République qu'ils défendent. À l'avenir, à moins que le socialisme ne soit radicalement contrôlé, puis déraciné, le Serment d'allégeance pourrait bien être formulé comme suit :

"Je prête serment d'allégeance au drapeau des États-Unis et au gouvernement socialiste qu'il représente…"

Ne pensons pas que c'est tiré par les cheveux. Rappelons que le petit groupe de jeunes gens sans importance qui a lancé son mouvement à Londres, un mouvement qui a répandu son dangereux poison dans le monde entier, était également considéré comme "farfelu" à leur époque. La Fabian Society était maintenant revigorée. Avec la menace de McCarthy éliminée, et un nouveau président, jeune, à la Maison-Blanche, un président formé par Harold Laski à la London School of Economics et influencé par John Kenneth Galbraith, les socialistes semblaient prêts à faire un bond en avant dans les moelles épineuses et les muscles du gouvernement des États-Unis. Après tout, la "Nouvelle Frontière" de Kennedy n'était-elle pas en fait un livre écrit par le grand socialiste Henry Wallace ?

Wallace n'avait pas hésité à mettre en avant les objectifs du socialisme :

"Les hommes socialement disciplinés travailleront en coopération pour accroître la richesse de la race humaine et appliqueront leurs capacités d'invention à la transformation de la société elle-même. Ils modifieront (réformeront) l'appareil gouvernemental et politique ainsi que le système des prix et des valeurs, afin de réaliser une possibilité beaucoup plus large de justice sociale et de charité sociale (bien-être) dans le monde… les hommes peuvent à juste titre sentir qu'ils remplissent une fonction aussi élevée que n'importe quel ministre de l'Évangile. Ils ne seront pas des communistes, des socialistes ou des fascistes, mais de simples hommes essayant d'atteindre par des méthodes démocratiques les objectifs professés par les communistes, les socialistes ou les fascistes…"

Que l'administration Kennedy se soit initialement lancée dans un programme qui semblait encore plus radical que celui de l'ère Roosevelt n'est pas contesté. Même le fait que l'ADA ait choisi son cabinet et ses conseillers à un homme près est bien connu. En Grande-Bretagne, les socialistes fabiens arboraient de larges sourires : leur heure, semblait-il, était arrivée. Mais leur bonheur commença à être tempéré par une certaine réserve lorsque les nouvelles en provenance des États-Unis indiquèrent que Kennedy n'était pas à la hauteur de leurs attentes socialistes.

Le porte-parole de l'ADA, "New Republic" a déclaré dans un éditorial publié le 1er juin 1963 : "En général, la performance de Kennedy est moins impressionnante que le style Kennedy." La vision de Laski d'une "nouvelle Jérusalem" dans le monde anglophone et de la construction d'une nouvelle société socialiste, semblait avoir été mise en attente — du moins pour un temps. Laski avait su gérer les leaders du parti travailliste Attlee, Dalton, McDonald, les frères Kennedy, la question était de savoir si ses successeurs seraient capables de gérer le "côté américain" aussi bien que lui.

L'essor du fabianisme aux États-Unis remonte au Fellowship of New Life et, plus tard, au Boston Bellamy Club, qui a vu le jour après la visite aux États-Unis, en 1883, de Sydney Webb et de R.R. Pease, historien de la Fabian Society, l'un des quatre premiers fabiens. Le Bellamy Club a été créé par le général Arthur F. Devereux et le capitaine Charles E. Bowers, avec l'appui des journalistes Cyrus Field, Willard et Frances E. Willard. Le club n'avait pas pour intention l'avancée du socialisme. La principale préoccupation de Devereux était l'afflux massif d'immigrants sans formation aux États-Unis, qui, selon lui, n'étaient pas prêts à les recevoir.

Le général Devereux estimait que la situation devait être étouffée dans l'œuf avant qu'elle ne devienne complètement incontrôlable. (Il n'aurait pas pu prévoir l'horrible situation d'immigration, délibérément inventée, qui s'est développée aux États-Unis en 1990 — grâce aux politiques socialistes). Alors que Devereux et ses amis se préparent à fonder le Boston Bellamy Club, Webb arrive d'Angleterre en septembre 1888 et est mis en contact avec les fondateurs du club. Sentant une opportunité, Webb et Pease ont pu inclure dans les principes du club la nationalisation de l'industrie privée, le nom devant être changé en Boston Nationalist Club. Webb et Edward Bellamy assistent à la réunion d'ouverture. Le 15 décembre 1888, la graine du socialisme fabien aux États-Unis, qui allait germer et devenir un arbre immense, était plantée.

Dans le domaine des arts, en 1910, les pièces de Shaw étaient montées par la Theater Guild de New York par le professeur Kenneth MacGowan du Harvard Socialist Club, en utilisant les méthodes apprises du Moscow Arts Theater. La League of Industrial

Democracy, les Americans for Democratic Action étaient encore
loin dans le futur, mais les bases de leurs organisations avaient déjà
été posées.

Shaw et H. G. Wells étaient courtisés par des agents littéraires dans
toute l'Amérique, en particulier dans les villes universitaires, et les
magazines socialistes, *The New Republic* et *The Nation* et *The
Socialism Of Our Times*, édités par Norman Thomas et Henry
Laidler, prenaient leur essor.

Collaborateur fréquent de la "New Republic", Laski a enseigné à
Harvard pendant toute la Première Guerre mondiale. Ses critiques
peu amènes disent qu'il a ainsi évité toute possibilité d'avoir à servir
à un titre ou à un autre dans l'effort de guerre britannique. C'est de
la "Nouvelle République" que Woodrow Wilson a reçu le soutien,
non seulement pour faire entrer les États-Unis dans cette
conflagration, mais tout au long de son cours désastreux. Si jamais
il y a eu une "guerre socialiste", c'est bien celle-là. La "Nouvelle
République" n'avait pas les mêmes préoccupations pour le terrible
massacre qui se déroulait en Russie sous couvert de bolchevisation
de la Russie.

Laski était un admirateur enthousiaste de Felix Frankfurter et
certaines de ses lettres à la louange de Frankfurter révèlent l'étendue
de la pénétration du socialisme fabien dans le système judiciaire
américain. Lors de l'une de ses nombreuses visites aux États-Unis,
Laski a exhorté l'ADA et d'autres socialistes américains à prendre
des mesures actives pour faire adopter des lois sur l'augmentation
des impôts : des impôts plus élevés et plus récents sur les hauts
revenus non gagnés étaient le moyen d'obtenir une répartition
équitable des impôts, disait Laski. Il est également resté en contact
permanent avec son ami le juge Felix Frankfurter, l'incitant à faire
pression pour des "réformes" de la Constitution des États-Unis, en
particulier la séparation constitutionnelle des pouvoirs entre les
branches exécutives, législative et judiciaire.

Laski était constamment aux côtés de Frankfurter et attaquait sans
cesse la Constitution des États-Unis, la qualifiant avec dérision de
"plus solide sauvegarde du capitalisme, un document de classe".
Laski appelait Roosevelt, "le seul rempart contre la forme fasciste
du capitalisme". Le fait que Laski n'ait pas été accusé de sédition
pour avoir tenté de renverser la Constitution des États-Unis était une

grosse erreur. Visiteur fréquent de la Maison-Blanche de Roosevelt, il était aussi très secret à ce sujet, ces visites n'étant jamais mentionnées dans la presse.

Les rencontres étaient toujours organisées par l'intermédiaire de Felix Frankfurter. Au cours d'une de ces visites, Laski aurait, selon son biographe, dit à Roosevelt : "Soit le capitalisme, soit la démocratie doit prévaloir" et aurait exhorté le président à "sauver la démocratie". Par "démocratie", Laski entendait évidemment le SOCIALISME, les socialistes ayant depuis longtemps adopté la "démocratie" comme porte-drapeau du Socialisme. Pendant la Seconde Guerre mondiale, Laski a fréquemment exhorté Roosevelt à sécuriser le monde en jetant les bases du socialisme d'après-guerre. On dit que l'éducation socialiste que Roosevelt a reçue de Laski est presque égale à celle reçue par John F. Kennedy alors qu'il était l'élève de Laski à la London School of Economics.

Certains étaient conscients de ce qui se passait. Le député Tinkham a introduit dans les archives du Congrès, Chambre des représentants, le 14 janvier 1941, une lettre écrite par Amos Pinchot. La lettre de Pinchot déclare :

> *"De nombreux jeunes socialistes déclarent que ce qu'on appelle généralement le programme Roosevelt est en réalité le programme Laski, imposé aux penseurs du New Deal et finalement au président, par le professeur d'économie de Londres et ses amis."*

La seule chose qui cloche dans cette déclaration audacieuse est que Laski était un professeur de sciences politiques, et non d'économie. Sinon, l'observation était en plein dans le mille !

Laski entretint une longue correspondance avec Frankfurter, l'exhortant à être vigilant et à pousser la "psychologie politique" du socialisme fabien. Il ne fait aucun doute que les conseils de Laski à Frankfurter ont servi de base aux changements radicaux opérés par la Cour suprême, changements qui ont complètement modifié le cours et le caractère des États-Unis. Si l'on peut dire que le "New Deal" avait un père, ce père n'était pas Roosevelt, mais le professeur Harold Laski de la Fabian Society.

Aujourd'hui encore, peu d'Américains sont conscients de l'influence considérable que le professeur Laski de la Fabian

Society a exercée sur Roosevelt. Six mois après que Pearl Harbor ait fait entrer les États-Unis dans la Seconde Guerre mondiale comme prévu, Eleanor Roosevelt a invité Laski à être l'orateur principal du Congrès international des étudiants qui devait avoir lieu en septembre 1942, celui auquel Churchill avait refusé que Laski participe.

Le député Woodruff du Michigan l'a exprimé très succinctement, lorsqu'il a dénoncé Laski comme ayant "une clé de la porte arrière de la Maison-Blanche". Si les patriotes avaient pu avoir accès aux lettres privées entre Laski, Frankfurter et Roosevelt, ils auraient pu susciter suffisamment de juste indignation pour que Laski soit expulsé du pays, sort qu'il méritait amplement.

Graham Wallas était un autre grand socialiste dont l'influence sur Frankfurter et le juge Oliver Wendell Holmes aurait bouleversé la jurisprudence américaine. On dit que par l'intermédiaire de William Wisemen, chef du bureau nord-américain du MI6, Laski a fait nommer Frankfurter dans l'un des tout premiers groupes de travail purement socialistes : la commission de médiation sur les conflits industriels.

En Grande-Bretagne, le fabianisme a pénétré tous les coins, tous les recoins de la scène civile et militaire. Aucune facette de la société n'était à l'abri de sa pénétration, et c'est la voie qu'il devait suivre dans son invasion des États-Unis. En vérité, le socialisme est un ennemi plus mortel que celui qu'ont affronté George Washington et ses troupes pendant la guerre d'indépendance américaine. Cette guerre permanente ne cesse jamais, jour et nuit, la bataille pour les cœurs, les esprits et les âmes de la nation américaine se poursuit.

L'un des remparts contre la pénétration du socialisme est la religion chrétienne. Clement Atlee, l'un des principaux fabianistes qui est devenu Premier ministre de l'Angleterre, attribue les succès des socialistes fabiens à leur pénétration du monde du travail. Mais les syndicats catholiques irlandais n'ont jamais été pénétrés par Webb, Shaw ou tout autre leader de la Fabian Society. Il y a là beaucoup d'espoir pour nous aujourd'hui, alors que nous cherchons à trouver des moyens d'arrêter la marche implacable du socialisme sur le continent nord-américain, une marche qui se terminera dans les camps d'esclavage communistes, car en effet, le socialisme est la voie de l'esclavage.

Les méthodes glissantes, visqueuses et traîtresses adoptées pour répandre le socialisme ne sont jamais mieux démontrées que par les socialistes éminents qui n'ont jamais été reconnus comme tels. Ces figures de proue ont occupé des positions de grand pouvoir, sans jamais admettre ouvertement leurs aspirations socialistes. Quelques noms permettront d'illustrer le propos :

En Grande-Bretagne :

> Le très honorable L. S. Amery. A donné une conférence à Livingston Hall, un important centre d'éducation.

> Le professeur A.D. Lindsay, conférencier à Kingston Hall, un important centre d'éducation. Annie Besant, leader du mouvement théosophiste,

> Oswald Mosley, député, et leader fasciste en Angleterre.

> Malcolm Muggeridge, auteur, universitaire, conférencier.

> Bertrand Russell, homme d'État du Comité des 300, conférencier à Kingsway Hall.

> Wickham Steed, peut-être l'un des plus célèbres commentateurs de la British Broadcasting Corporation (BBC), dont les opinions ont influencé des millions d'auditeurs de la BBC.

> Arnold Toynbee, conférencier à Kingsway Hall.

> J. B. Priestly, auteur.

> Rebecca West, conférencière à Kingsway Hall.

> Anthony Wedgewood Benn, conférencier à Kingsway Hall. Sydney Silverman, conférencier et parlementaire.

Du côté américain, les personnalités suivantes ont bien caché leurs convictions socialistes :

> Archibald Cox, procureur spécial du Watergate.

> Arthur Goldberg, secrétaire du travail, représentant des Nations unies, etc.

> Henry Steel Commager, écrivain et éditeur.

> John Gunther, écrivain, reporter pour le magazine *LIFE*.

> George F. Kenan, spécialiste de la Russie bolchévique.

> Joseph et Stewart Alsop, écrivains, chroniqueurs de journaux, faiseurs d'opinions.

> Dr Margaret Meade, anthropologue, auteur.

> Martin Luther King, leader des droits civiques de la Southern Christian Leadership Conference.

> Averill Harriman, industriel, représentant itinérant, éminent démocrate.

> Birch Bayh, sénateur des États-Unis.

> Henry Fowler, sous-secrétaire, Trésorerie des États-Unis.

> G. Mennen Williams, industriel, Département d'État.

> Adlai Stevens, homme politique.

> Paul Volcker, Conseil de la Réserve fédérale.

> Chester Bowles.

> Harry S. Truman, président des États-Unis.

> Lowell Weicker, sénateur des États-Unis.

> Hubert Humphrey, sénateur des États-Unis.

> Walter Mondale, sénateur des États-Unis.

> Bill Clinton, président, États-Unis.

> William Sloane Coffin, chef de l'Église.

Il existe des centaines d'autres noms, certains éminents, d'autres moins, mais ceux qui précèdent suffisent à illustrer le propos. Les carrières de ces personnes correspondent très bien au type d'ennemi décrit par le président Andrew Jackson.

Une personne qui a beaucoup contribué à la diffusion du socialisme en Grande-Bretagne et aux États-Unis est le célèbre Malcolm Muggeridge. Fils de H.T. Muggeridge, Malcom a fait une brillante carrière en écrivant pour "Punch", avec de bonnes relations à Moscou. Le fait qu'il soit le neveu de la grande dame Beatrice Webb n'y est pas pour rien. Muggeridge écrivait pour le "New Statesman" et le "Fabian News" et était très demandé comme orateur dans les écoles du week-end de la Société. Malcolm Muggeridge est devenu l'une des principales cartes de visite du socialisme aux États-Unis, et il figurait souvent en bonne place dans les interviews télévisées.

Chapitre 2

CE QU'EST LE SOCIALISME, POURQUOI MÈNE-T-IL À L'ESCLAVAGE

"En ce qui concerne les objectifs qu'ils poursuivent, le socialisme et le communisme sont des termes pratiquement interchangeables. En effet, le parti de Lénine a continué à s'appeler 'social-démocrate' jusqu'au septième congrès du parti en mars 1918, lorsqu'il a substitué le terme 'bolchevik' pour protester contre l'attitude non révolutionnaire des partis socialistes de l'Ouest"... Ezra Taft Benson — *Une course contre le temps*, le 10 décembre 1963.

"Par la restructuration,[4] nous voulons donner un second souffle au socialisme. Pour y parvenir, le Parti communiste de l'Union soviétique revient aux origines et aux principes ou la révolution bolchevique, aux idées léninistes sur la construction d'une nouvelle société." Mikhaïl Gorbatchev, dans un discours prononcé au Kremlin en juillet 1989.

C es commentaires très révélateurs, et d'autres que nous citerons par la suite, placent le socialisme dans sa juste perspective. La plupart des Américains d'aujourd'hui n'ont qu'une vague idée de ce qu'est le socialisme, qu'ils considèrent comme un mouvement semi-bénin dont les objectifs sont une amélioration générale du niveau de vie des gens ordinaires. Rien ne

---

[4] Perestroïka, NDT.

saurait être plus éloigné de la vérité. Le socialisme n'a qu'un seul endroit où aller, et c'est le communisme. Nous avons été assiégés par les médias, amenés à croire que le communisme est mort, mais une certaine réflexion nous convaincra du contraire.

Les socialistes fabiens ont suivi de près le Manifeste communiste de 1848, mais d'une manière plus élégante et moins abrasive. Leurs objectifs étaient toutefois les mêmes : une révolution mondiale qui aboutirait à un gouvernement mondial unique — un nouvel ordre mondial — dans lequel le capitalisme serait remplacé par le socialisme dans un État-providence, où chaque individu serait redevable à une hiérarchie socialiste dictatoriale pour tout ce qui concerne la vie.

Il n'y aurait pas de propriété privée, pas de gouvernement constitutionnel, seulement un régime autoritaire. Chaque individu serait redevable à l'État socialiste pour sa subsistance. En apparence, cela serait en théorie très bénéfique pour les gens ordinaires, mais un examen des expériences socialistes en Angleterre révèle que le système est un échec complet et irréalisable. Comme nous le montrons ailleurs, la Grande-Bretagne de 1994 s'est totalement effondrée à cause des socialistes et de leur État-providence.

Les socialistes fabiens se sont efforcés d'atteindre leurs objectifs en Angleterre et aux États-Unis en plaçant des intellectuels à des postes clés d'où ils ont pu exercer une influence indue sur le changement de direction des deux pays. Aux États-Unis, les deux principaux agents à cet égard étaient sans aucun doute le professeur Harold Laski et John Kenneth Galbraith. En arrière-plan, l'un des membres de la "vieille garde" du fabianisme britannique, Graham Wallas, était directeur de la propagande. Ensemble, ils ont rédigé les "Bases de la Fabian Society of Socialists".

> "La Fabian Society vise donc la réorganisation de la société par l'émancipation de la terre et du capital industriel de la propriété individuelle et leur dévolution à la communauté pour le bénéfice général... La Société travaille donc à l'extinction de la propriété privée de la terre... La Société travaille également au transfert à la communauté du capital industriel qui peut être facilement géré par la Société. Pour atteindre ces objectifs, la Fabian Society compte sur la diffusion des opinions socialistes et sur les

changements sociaux et politiques qui en découlent... Elle cherche à atteindre ces objectifs par la dissémination générale des connaissances sur la relation entre l'individu et la Société dans ses aspects économiques, éthiques et politiques."

En 1938, les buts et objectifs de la société ont été quelque peu modifiés : "The Fabian Society of Socialists".

"Elle vise donc à l'établissement d'une société dans laquelle le pouvoir économique des individus et des classes sera aboli par la propriété collective et le contrôle démocratique des ressources économiques de la communauté. Elle cherche à atteindre ces objectifs par les méthodes de la démocratie politique. La Fabian Society est affiliée au Parti travailliste. Ses activités sont destinées à promouvoir le socialisme et à éduquer le public dans le sens du socialisme par l'organisation de réunions, de conférences, de groupes de discussion, de congrès et d'écoles d'été, par la promotion de la recherche sur les problèmes politiques, économiques et sociaux et par la publication de périodiques, ainsi que par tout autre moyen approprié."

On est tout de suite frappé par le nombre de fois où le mot "communauté" apparaît, ainsi que par la minimisation des droits individuels. En cela, il apparaît que le socialisme fabien s'est dressé contre le christianisme dès les premiers rassemblements des quelques premiers membres à Londres. La détermination à nationaliser les projets industriels au service du public était très évidente et présentait une ressemblance frappante avec ce que le Manifeste communiste de 1848 disait à ce sujet. Il était également évident que le but du socialisme fabien était d'établir une société coopérative nationale de richesse commune, dans laquelle chacun aurait les mêmes droits sur la richesse économique de la nation.

Le Boston Bellamy Club, qui a ouvert en 1888, a succédé au Fellowship of New Life avec ses enseignements théosophiques et est devenu la première entreprise socialiste fabienne aux États-Unis. The Basis était quelque peu différent :

"Le principe de la fraternité de l'humanité est l'une des vérités éternelles qui régissent le progrès du monde sur les lignes qui distinguent la nature humaine de la nature brute. Aucune vérité ne peut prévaloir si elle n'est pas appliquée dans la pratique. C'est pourquoi ceux qui recherchent le bien-être de l'homme doivent s'efforcer de supprimer le système fondé sur les principes bruts de la concurrence et mettre à sa place un autre système fondé sur les principes plus nobles de l'association..."

"Nous ne préconisons aucun changement soudain ou irréfléchi ; nous ne faisons pas la guerre aux individus qui ont accumulé d'immenses fortunes simplement en menant à terme les faux principes sur lesquels les affaires sont maintenant basées. Les combinaisons, les trusts et les syndicats dont les gens se plaignent actuellement, démontrent la praticabilité de notre principe fondamental d'association. Nous cherchons simplement à pousser le principe un peu plus loin et à faire fonctionner les industries dans l'intérêt de la nation — le peuple organisé, l'unité organique du peuple tout entier."

La prose est l'œuvre de Sydney Webb et d'Edward Pease, historien de la Fabian Society, qui ont voyagé aux États-Unis dans les années 1880 pour mettre en place le socialisme fabien américain. La douceur du ton et du choix des mots masque la dureté de ses objectifs révolutionnaires. L'utilisation du mot "réformes" visait à désarmer les critiques, tout comme les publications fabiennes telles que "The Fabian News", qui préconisaient des "réformes" qui s'avéreraient particulièrement préjudiciables à la Constitution des États-Unis. Cela a ouvert la voie à la révolution en cours qui transforme les États-Unis d'une République confédérée en un État providence socialiste. (C'est George Washington qui a décrit les États-Unis comme une République confédérée).

Dans l'"American Fabian" de 1895 (contrairement aux socialistes déguisés, qui infestent la Chambre et le Sénat des États-Unis ainsi que le pouvoir judiciaire et qui agissent en tant que conseillers du président), les objectifs socialistes de Fabian pour l'Amérique étaient assez clairement énoncés :

"Nous appelons notre journal 'The American Fabian' pour deux raisons : nous l'appelons 'Fabian' parce que nous désirons qu'il représente le type de travail socialiste éducatif si bien accompli par la Fabian Society anglaise... Nous appelons notre journal 'The American Fabian' parce que notre politique doit, dans une certaine mesure, différer de celle des Fabians anglais. L'Angleterre et l'Amérique se ressemblent sur certains points ; sur d'autres, elles sont tout à fait différentes. La constitution de l'Angleterre admet facilement des modifications constantes, mais graduelles. Notre Constitution américaine n'admet pas facilement de tels changements. L'Angleterre peut donc évoluer vers le socialisme presque imperceptiblement. Notre Constitution, largement individualiste, doit être modifiée pour admettre le socialisme et chaque changement nécessite une crise politique."

Ainsi, dès le début, il était clair que le principal défi à l'introduction du socialisme aux États-Unis était la Constitution et qu'à partir de ce jour, elle est devenue la cible des attaques socialistes contre les institutions qui constituent la République confédérée des États-Unis d'Amérique. Comme nous le verrons, à cette fin, des socialistes endurcis et sans cœur comme Walt Whitman Rostow ont été employés pour saper les fondements mêmes de la nation. Comme les observateurs avertis l'ont rapidement reconnu, le socialisme fabien n'était pas seulement une société de débat sympathique et amicale dirigée par des professeurs et des dames instruites, qui parlaient avec des accents polis et projetaient un air de douce raison.

Le socialisme fabien a développé l'art de la dissimulation et du mensonge sans avoir l'air de mentir. Beaucoup ont été trompés en Angleterre, et plus tard, aux États-Unis, où nous sommes encore trompés à grande échelle. Mais il y eut des occasions où les dirigeants socialistes ne purent se contenir, comme à l'occasion de la conférence du printemps 1936 de l'Est des écoles professionnelles pour enseignants. Roger Baldwin explique le double sens des mots si souvent utilisés par les socialistes fabiens : "progressiste" signifiait "les forces qui travaillent à la démocratisation de l'industrie en étendant la propriété et le contrôle publics", tandis que "démocratie" signifiait "syndicats forts, réglementation gouvernementale des affaires, propriété par le peuple des industries qui servent le public".

Le sénateur Lehman était un autre socialiste qui ne pouvait contenir son empressement à introduire le socialisme fabien aux États-Unis. S'exprimant à l'occasion du symposium anniversaire de l'American Fabian League sur "La liberté et l'État providence", Lehman a tenu les propos suivants :

> "Il y a cent soixante-dix ans, le concept d'État-providence a été traduit dans la loi fondamentale de ce pays par les fondateurs de la république… Les Pères fondateurs sont ceux qui ont vraiment

été à l'origine de l'État-providence."

Lehman, comme tant de ses collègues socialistes au Sénat, n'avait pas la moindre notion de la Constitution, il n'est donc pas surprenant qu'il l'ait confondue avec le Préambule de la Constitution, qui n'a jamais été intégré à la Constitution, tout simplement parce que nos Pères fondateurs ont rejeté le concept d'État-providence.

Le préambule de la Constitution : "pour créer une union plus parfaite et promouvoir le bien-être général..." Le sénateur Lehman semble prendre ses désirs pour des réalités, car cette clause ne fait pas partie de la Constitution des États-Unis. Il semblait également s'engager dans la technique socialiste favorite consistant à déformer les mots et leur sens.

Il existe une clause de bien-être général dans la Constitution des États-Unis et elle se trouve à l'article 1, section 8 des pouvoirs délégués au Congrès. Mais dans ce contexte, elle signifie le bien-être général de TOUS les citoyens, c'est-à-dire leur état de bien-être, ce qui est très éloigné de la signification socialiste d'une aumône générale, l'allocation, c'est-à-dire le bien-être individuel fourni par l'État.

La première fois que les socialistes américains ont essayé de mettre en œuvre leur plan d'attaque du capital industriel, c'est probablement grâce à un plan astucieux proposé par Rexford Guy Tugwell. Ce plan consistait à nommer des consommateurs dans les vingt-sept conseils industriels qui devaient être mis en place dans le cadre de ce que l'on appelait "The National Recovery Act". Tugwell essayait en fait de supprimer le motif du profit ; dépouillé de son intention apparemment bienveillante de réduire les prix pour les consommateurs, l'intention réelle était de réduire les profits des entrepreneurs et d'augmenter les salaires des travailleurs en conséquence, mais le projet a été déclaré inconstitutionnel par une décision unanime de la Cour suprême. En 1935, la Cour n'était pas encore remplie de juges "libéraux" (c'est-à-dire socialistes). Roosevelt s'empresse de remédier à ce "déséquilibre". On peut dire sans se tromper que la Cour suprême des années 1920-1930 a réellement sauvé les États-Unis de la mainmise des socialistes fabiens qui avaient débarqué à tous les niveaux du gouvernement, des banques, de l'industrie et du Congrès, dans le but de littéralement submerger le pays.

Les socialistes, dans leur tentative de contourner la Constitution avec de soi-disant "lois" telles que la loi Brady anticonstitutionnelle ne savent pas que la Constitution des États-Unis est "l'équilibre ou la balance parfaite de la loi commune". La manière dont la Constitution a été rédigée est que toutes ses dispositions se rencontrent au centre pour se neutraliser mutuellement, ce qui explique pourquoi les projets de loi que les socialistes tentent de faire passer en partant du principe qu'ils peuvent diviser la Constitution sont nuls et non avenus. La Constitution doit être lue dans son ensemble, elle ne peut être isolée et divisée pour répondre aux aspirations étranges d'hommes comme le président Clinton. C'est ce à quoi Ramsey McDonald s'est heurté, et c'est ce qui a totalement frustré le professeur Laski.

La Fabian Society de Londres et son homologue américaine n'étaient pas connues pour laisser les obstacles se dresser sur leur chemin. Pour contourner les garanties constitutionnelles, la Fabian League américaine a eu l'idée de soumettre à un référendum toutes leurs propositions qui allaient à l'encontre de la constitution. Évidemment, avec leurs ressources considérables, et avec la quasi-totalité de la presse stipendiée dans leurs poches, les Fabiens étaient sûrs de pouvoir faire basculer l'opinion publique dans leur sens. Il suffit de voir ce qu'ils ont fait en soutenant la guerre du Golfe totalement illégale de George Bush.

En étant conscient de la véritable nature du socialisme et de ses objectifs, il est plus facile de comprendre pourquoi la révolution bolchevique a été achetée et payée par les banquiers de la City de Londres et de Wall Street, soutenue par l'action du gouvernement qui semblait toujours aider les bolcheviks. La révolution bolchevique, si chère à Gorbatchev, n'était pas une révolution indigène du peuple russe. Il s'agissait plutôt d'une idéologie étrangère, imposée à la nation russe au prix de millions de vies. Le bolchevisme n'a été ni voulu ni demandé par le peuple russe ; il n'a pas eu son mot à dire et n'a pu se défendre contre cette force politique, sociale et religieuse monstrueuse qui a envahi son pays.

Il en va de même pour le socialisme, qui oblige les êtres humains à accepter des changements délibérément conçus, d'une portée considérable, dont ils ne veulent pas et qui sont réalisés contre leur gré. Prenons l'exemple du traité dit du canal de Panama. La seule différence entre le bolchevisme et le socialisme est que le bolcheviste utilise la force brute et la terreur, tandis que le socialiste travaille lentement et furtivement, la victime visée ne sachant jamais qui est l'ennemi ni quel sera le résultat final.

Dans "World Revolution", nous trouvons les véritables objectifs des communistes et de leur jumeau socialiste :

> "Le but de la révolution mondiale n'est pas la destruction de la civilisation dans un sens matériel : la révolution souhaitée par les dirigeants est une révolution morale et spirituelle, et une anarchie d'idées par laquelle toutes les normes établies au cours des dix-neuf siècles seront renversées, toutes les traditions honorées foulées aux pieds, et surtout, l'idéal chrétien définitivement oblitéré."

Une étude du livre de Franklin Roosevelt, "On Our Way", aboutit sensiblement aux mêmes conclusions.

Emma Goldman, l'une des étoiles brillantes des socialistes, a organisé l'assassinat du président McKinley. C'était la méthode "directe" privilégiée par le communisme, mais au cours des deux dernières décennies, nous avons vu le type d'anarchie socialiste qui a recours à la calomnie, à la médisance, à la trahison, à la diffamation et au dénigrement de membres individuels de la Chambre, du Sénat et de la présidence, qui a tenté de révéler l'épouvantable sénateur Joseph McCarthy, le sénateur Huey Long, le vice-président Agnew — la liste est bien plus longue, mais ces noms devraient suffire à faire comprendre la situation.

La "noblesse" des socialistes fabiens est loin d'être vraie. Ils veulent prendre le contrôle de l'éducation et de l'édition dans le seul but de modifier l'esprit des gens en changeant faussement les prémisses sur lesquelles les opinions sont faites, individuellement et en masse. Un petit groupe de socialistes fabiens a entrepris d'accomplir cet objectif en se déplaçant silencieusement et furtivement, de manière à ne pas alerter le public qu'ils souhaitaient capturer, quant à leur véritable objectif. On peut dire avec un certain degré d'exactitude qu'aujourd'hui, en 1994, ce petit groupe a parcouru un long chemin et qu'il contrôle virtuellement le destin du monde anglophone.

La révolution bolchevique n'aurait jamais vu le jour sans le soutien total et les ressources financières des principaux socialistes de

Grande-Bretagne et des États-Unis. La montée du bolchevisme, et la façon dont il a été financé par Lord Alfred Milner et les banques de Wall Street, contrôlées au jour le jour par les émissaires de Milner, Bruce Lockhart et Sydney Reilly des services secrets britanniques MI6, sont détaillées dans "Diplomacy By Deception".[5]

Aux États-Unis, les pourvoyeurs de socialistes accrochent d'autres signes à l'extérieur de leurs vitrines politiques. Personne ne se dit jamais socialiste, du moins pas en public. Ils ne portent aucun badge, s'enregistrant eux-mêmes, "libéraux", "progressistes" et "modérés". Les mouvements avides de pouvoir sont déguisés en termes de "paix" et d'"humanitarisme". À cet égard, les socialistes américains ne sont pas moins retors que leurs contrôleurs britanniques. Ils ont adopté l'attitude des socialistes fabiens britanniques à l'égard du nationalisme, déclarant qu'il n'est pas pertinent ni essentiel pour atteindre ce qu'ils appellent "l'égalité sociale", c'est-à-dire le socialisme. Les socialistes américains ont rejoint leurs cousins britanniques en déclarant que la meilleure façon de briser le nationalisme et de faire avancer la cause du socialisme est de mettre en place un programme d'impôt progressif sur le revenu.

Les socialistes fabiens peuvent être identifiés par leurs fréquentations et les programmes qu'ils soutiennent. Cette règle empirique est très utile pour distinguer ses hommes et femmes secrets. Aux États-Unis, ils travaillent à un rythme plus lent que leurs homologues britanniques, ne montrant jamais la direction dans laquelle ils se déplacent. L'un des leurs, Arthur J. Schlesinger Jr, qui a remporté un prix Pulitzer pour son leadership socialiste, a écrit :

> "Il ne semble pas y avoir d'obstacle inhérent à la mise en œuvre GRADUELLE (c'est nous qui soulignons) du socialisme aux États-Unis par le biais d'une série de "nouveaux accords", qui est un processus de recul vers le socialisme". (*Partisan Review* 1947)

Nous devrions être conscients que les libertés traditionnelles que

---

[5] Cf, *La diplomatie par le mensonge — un compte rendu de la traîtrise des gouvernements de l'Angleterre et des États-Unis*, John Coleman, Omnia Veritas Ltd, www.omnia-veritas.com.

nous considérons comme acquises sont gravement menacées par le socialisme, qui apporte des changements profonds et préjudiciables de manière graduelle. Pendant ce temps, grâce à leur contrôle de l'industrie du livre, de l'édition en général et de la presse, nous sommes soumis à un processus continu de conditionnement par la "psychopolitique" pour accepter ces changements imposés par les socialistes comme inévitables. Les programmes socialistes mortels et destructeurs imposés aux États-Unis, à partir de la présidence de Wilson, ont toujours semblé bénéfiques et utiles, alors qu'en réalité, ils étaient destructeurs et source de division.

Le socialisme peut être décrit à juste titre comme une dangereuse conspiration dissimulée sous un manteau de réformes. Presque sans exception, leurs programmes ont été et sont toujours décrits comme des "réformes". Les socialistes ont "réformé" l'éducation, et ils "réforment" les soins de santé. Ils ont "réformé" le système bancaire, et cette "réforme" nous a donné les banques de la Réserve fédérale. Ils ont "réformé" les lois commerciales et supprimé les tarifs douaniers protecteurs qui avaient fourni la plupart des revenus nécessaires au fonctionnement du pays, jusqu'en 1913.

En matière d'éducation, les Fabian Socialists cherchent à créer une "majorité médiocre" qui a l'apparence, mais pas la substance, d'être éduquée.

Les socialistes fabiens ont mené une guerre secrète pour prendre le contrôle de l'éducation, qui a débuté dans les années 1920 et a triomphé en 1980 avec l'adoption du ministère de l'Éducation, promulgué par le président Carter. Cette grande victoire du socialisme garantissait que, désormais, seuls les élèves médiocres sortiraient du lycée. Telle était la somme et la substance de la "réforme" socialiste de l'éducation. Il existe une idée fausse à l'étranger selon laquelle nous sommes plus intelligents aujourd'hui que nos ancêtres. Pourtant, si nous examinons les programmes scolaires en 1857, nous constatons que cette idée est absolument fausse. Les matières dans lesquelles les lycéens devaient être suffisamment compétents pour obtenir leur diplôme comprenaient :

"L'arithmétique de Thompson" "L'algèbre de Robinson" "L'algèbre de Davie" "La géométrie de Davie" "La philosophie de Comstock" "L'histoire de Willard" "La physiologie de Cutter" "La grammaire de Brown" "La géographie de Mitchell" "La série de Sander".

Si l'on examine le programme des collèges à la fin des années 1880, on est stupéfait par la complexité et le nombre de matières enseignées. À cette époque, les étudiants étudiaient l'histoire et savaient tout sur Napoléon et Alexandre le Grand. Il n'y avait pas de devinettes, c'est-à-dire de questions à choix multiples. Les élèves pouvaient répondre aux questions posées dans leurs copies d'examen ou non. S'ils ne les connaissaient pas, ils étaient recalés et devaient rester à l'école pour approfondir leurs connaissances.

Il n'y avait pas de méthodes à option pour se débrouiller avec ce que l'on ne savait pas. Aujourd'hui, les cours facultatifs se succèdent, ce qui laisse les élèves sans éducation et sans préparation pour le monde extérieur. La médiocrité est le résultat, et c'est le but recherché par les "réformes" éducatives du socialisme fabien, produire une nation avec un niveau d'éducation médiocre.

Le grand méfait socialiste qui a mis à bas l'éducation aux États-Unis est apparu avec l'affaire de la Cour suprême des États-Unis, "Brown contre School Board, Topeka, Kansas". Dans cette affaire, les socialistes ont fait en sorte que les normes éducatives soient fixées juste au-dessus du plus petit dénominateur commun, légèrement au-dessus des éléments les plus arriérés de la classe. C'était le niveau auquel tous les enfants devaient dorénavant être enseignés. Évidemment, les élèves les plus intelligents étaient maintenus au niveau médiocre.

L'éducation a tellement régressé aux États-Unis, que même ceux que nous pensons élire pour nous servir au Congrès ne comprennent pas le langage de la Constitution des États-Unis et nos sénateurs, en particulier, deviennent de plus en plus incompétents en matière de Constitution avec chaque année qui passe.

Revenons à la révolution bolchévique. Les dirigeants socialistes anglais ont donné la fausse impression qu'il s'agissait d'une révolution "socialiste" destinée à améliorer le sort du peuple russe et à mettre fin à la tyrannie des Romanov. En fait, les Romanov étaient les monarques les plus bienveillants d'Europe, avec un amour et une attention véritable pour leur peuple. La tromperie est le signe distinctif du socialisme. Sa devise. "Hâtez-vous lentement" est trompeuse, car le socialisme n'a pas été lent et il n'est pas l'ami des travailleurs. Le socialisme est un communisme qui avance plus prudemment, mais les buts sont les mêmes, bien que les moyens diffèrent dans certains cas. L'objectif commun du communisme et du socialisme est de liquider le véritable système capitaliste de libre entreprise et de le remplacer par un gouvernement central fort qui contrôle tous les aspects de la production et de la distribution des biens et des services. Toute personne qui se met en travers de leur chemin est immédiatement qualifiée de "réactionnaire", d'"extrémiste de droite", de "réactionnaire de McCarthy", de "fasciste", d'"extrémiste religieux", etc. Lorsque vous entendez ces mots, vous savez que l'orateur est un socialiste.

Le communisme et le socialisme ont pour objectif commun d'instaurer un gouvernement fédéral, un gouvernement mondial unique, ou, comme on l'appelle plus communément, le "Nouvel ordre mondial". Découvrez ce que leurs dirigeants avaient à dire :

> "Je suis convaincu que le Socialisme est correct. Je suis un adepte du socialisme... Nous n'allons pas changer le pouvoir soviétique, bien sûr, ni abandonner ses principes fondamentaux, mais nous reconnaissons la nécessité de changements qui renforceront le socialisme" - Mikhaïl Gorbatchev.

> "Le but ultime du Council on Foreign Relations (CFR) est de créer un système socialiste mondial unique et d'en faire des États-Unis une partie officielle." - Sénateur Dan Smoot, *The Unseen Hand*.

> "Le peuple américain n'acceptera jamais sciemment le socialisme, mais sous le nom de libéralisme, il adoptera chaque fragment du programme socialiste, jusqu'à ce qu'un jour, l'Amérique soit une nation socialiste sans savoir comment cela est arrivé... Les États-Unis font de plus grands progrès vers l'adoption du socialisme sous Eisenhower que sous le président Franklin D. Roosevelt. — Norman Thomas. *Deux Mondes*.

Pour comprendre l'ensemble du plan et de l'objectif de l'"action législative" des socialistes américains de Florence Kelley, il faut d'abord lire attentivement la déclaration de principes des socialistes fabiens et du socialisme international :

> "Son but est d'obtenir la majorité au Congrès et dans chaque législature d'État, de gagner les principaux postes exécutifs et judiciaires, de devenir le parti dominant et, une fois au pouvoir, de transférer les industries à la propriété du peuple, en commençant par celles à caractère public, comme les banques,

les assurances, etc.".

Aux États-Unis, la grande majorité des socialistes se trouvent dans le parti démocrate, avec quelques "progressistes" dans le parti républicain. En ce sens, le socialisme fabien est un parti politique, bien que par adoption, comme ce fut le cas en Angleterre avec la prise de contrôle du parti travailliste. On se souviendra que Kelley était la force motrice derrière les "Brandeis Briefs", faux documents psycho-judiciaires hautement destructeurs qui ont changé la façon dont la Cour suprême rend ses décisions. Kelley était un ami proche de la lesbienne socialiste Eleanor Roosevelt. (La méthode des "Brandeis Briefs" a totalement saboté notre système juridique et constitue un autre exemple de changements non désirés et indésirables d'origine socialiste imposés au peuple des États-Unis).

Aux pages 9962-9977, Congressional Record, Sénat, 31 mai 1924, nous trouvons les objectifs des socialistes et des communistes expliqués encore plus clairement :

> "En bref, les communistes américains eux-mêmes admettent qu'il est impossible de promouvoir la révolution dans ce pays à moins que les droits des États ne soient détruits, et qu'une bureaucratie centralisée, sous la direction d'une caste de bureaucrates enracinés semblables à ceux d'Europe, pour les communistes (et les socialistes) les conditions de base de la révolution."

Bien que cela soit orienté vers les objectifs des communistes, n'oublions pas que c'est également le but des socialistes, qui ne diffèrent que par la méthode et le degré.

J'ajouterai que sous les présidents Johnson, Carter, Bush et Clinton, le programme socialiste des États-Unis est passé à la vitesse supérieure. Clinton ne fera qu'un seul mandat, mais il fera plus pour promouvoir fortement les plans socialistes, et fera plus de dégâts réels que Roosevelt, Eisenhower ou Johnson.

Il est évident pour ceux qui cherchent la vérité que le communisme n'est pas mort. Il ne fait que prendre un répit temporaire et attend actuellement dans les coulisses que le socialisme rattrape son retard. Ce que nous avons aujourd'hui est ce que Karl Marx appelait le "socialisme scientifique". Il a également été appelé "psychopolitique" par le professeur Harold Laski. Le président

Kennedy a adopté le "socialisme scientifique" — son programme "New Frontier" est directement tiré du plan de la Fabian Society britannique, "New Frontiers", par Henry Wallace (New York, Reynal and Hitchcock 1934). La "psychopolitique" a été résumée par Charles Morgan dans son livre "Liberties of the Mind" : "Les libertés de l'esprit".

"... Nous sommes tous conditionnés pour accepter des limitations de liberté... Je crains qu'inconsciemment, même si nous sommes prêts à accepter cette nouvelle infection... Il n'y a aucune immunité dans la grande masse de notre peuple et aucune conscience du danger... On peut penser à de nombreuses façons dont la population dans son ensemble est conditionnée ou préparée pour ce changement mental, cette perte d'individualité et d'identité."

Il serait difficile de trouver une explication plus claire du socialisme qui se détruit de l'intérieur.

Les socialistes pratiquent la psychopolitique sur les peuples d'Angleterre et des États-Unis depuis la parution du Manifeste communiste de 1848. C'est pourquoi, en 1994, nos sénateurs discutent des mérites d'un "plan national de santé" plutôt que d'un autre, au lieu de rejeter catégoriquement l'idée comme un subterfuge socialiste. C'est Lénine qui a dit qu'un plan national de santé est l'arche du socialisme. De même, le Sénat a débattu des mérites de la loi dite Brady, au lieu de la rejeter d'emblée comme un subterfuge socialiste visant à contourner la Constitution des États-Unis. Un livre entier pourrait être écrit sur ce seul sujet.

L'administration Kennedy comptait 36 socialistes fabiens. Deux étaient membres du cabinet, trois étaient des assistants de la Maison-Blanche, deux étaient sous-secrétaires et un était secrétaire d'État adjoint. Les autres occupaient des postes politiques d'importance vitale. C'est pourquoi tant de décisions politiques de l'ère Kennedy allaient à l'encontre des meilleurs intérêts des États-Unis et de son peuple et semblaient étrangement en désaccord avec ce que Kennedy disait représenter.

Depuis la mort de Kennedy, le socialisme s'est profondément enraciné aux États-Unis, toujours arrosé et entretenu par ceux que l'on appelle les "libéraux", les "modérés" et que l'on soigne à grands coups de "tolérance". Le colonel Mandel House et Sir William Wiseman, directeur du bureau nord-américain des services secrets britanniques, ont "encadré" le président Wilson, qui est devenu le premier président américain ouvertement socialiste à s'asseoir dans le bureau ovale.

Le socialisme fabien a dominé six présidents des États-Unis, à commencer par Woodrow Wilson. Les objectifs des socialistes n'ont jamais varié, notamment dans ce qu'ils décrivaient comme "les difficultés à surmonter", et celles-ci étaient, et dans certains cas sont toujours, présentes :

1. La religion, en particulier la religion chrétienne.

2. La fierté nationale des États-nations.

3. Le patriotisme.

4. La Constitution des États-Unis et les constitutions des États.

5. Opposition à un impôt sur le revenu progressif.

6. Abattre les barrières commerciales.

Ces objectifs sont décrits dans leur plan directeur, les "techniques fabiennes américaines", basé sur l'obscurantisme.

Le mouvement socialiste fabien ne s'intéressait qu'au recrutement de l'élite de la société britannique, des hommes comme Clement Atlee, Sir Stafford Cripps, Herbert Morrison, Emmanuel Shinwell, Ernest Bevin, Lord Grey, Lord Asquith et Ramsey McDonald, qui ont ensuite imposé leur volonté à l'Angleterre depuis le Parlement. Bien que ces noms puissent être étrangers aux lecteurs américains, ces hommes ont joué un rôle essentiel dans l'orientation que les États-Unis allaient prendre, et à ce titre, ils méritent d'être mentionnés.

Un aspect intéressant de la Fabian Society est que son comité a déterminé que pas plus de 5% de la population n'était digne de devenir de bons dirigeants socialistes. Certains socialistes fabiens britanniques ont joué un rôle essentiel dans le changement de cap et de direction des États-Unis et nous reviendrons sur cet aspect. Le socialiste fabien Macdonald, qui devint par la suite Premier ministre d'Angleterre, fut envoyé aux États-Unis en 1893, pour y faire de l'espionnage. À son retour, le 14 janvier 1898, Macdonald déclare aux membres de son comité :

> "Le grand obstacle au progrès socialiste aux États-Unis est sa Constitution écrite, fédérale et d'État, qui donne le pouvoir ultime à une cour de justice".

Macdonald a également déclaré qu'il serait nécessaire de travailler avec diligence pour exécuter la directive d'Edward Bellamy, un socialiste fabien américain. La plupart d'entre nous le connaissent comme l'auteur du livre "La Case de l'oncle Tom", rédigé par son mentor, le colonel Thomas Wentworth, un abolitionniste notoire et un socialiste fabien aussi ardent qu'on puisse l'être.

Bellamy était un vrai croyant et un adepte de la British Fabian Society et l'un des premiers membres du chapitre américain de la Fabian Society. Écrivant dans l'"American Fabian" en février 1895, trois ans avant que Macdonald ne présente son rapport d'enquête sur sa tournée des États-Unis, Bellamy a déclaré :

> "... Notre Constitution, largement individualiste, doit être modifiée pour admettre le socialisme, et chaque changement nécessite une crise politique. Cela signifie qu'il faut soulever de grandes questions."

Wilson n'a-t-il pas soulevé de "grandes questions" et Roosevelt, Truman, Eisenhower, Kennedy, Johnson et Bush n'ont-ils pas fait la même chose et n'est-il pas remarquable que Clinton ne cesse de "soulever de grandes questions" ? Telle est la méthodologie du socialisme : soulever de "grandes questions" comme la soi-disant "réforme des soins de santé" et, derrière les nuages de poussière soulevés par la question, faire le travail sale et sournois de sape de la Constitution des États-Unis.

C'est là que réside l'explication fondamentale des actions politiques entreprises par les présidents Wilson, Roosevelt, Truman, Eisenhower, Kennedy, Johnson, Bush et Clinton.

Les propositions de Macdonald suivaient très précisément le modèle établi par Bellamy. Macdonald soulignait que la nécessité de modifier la Constitution des États-Unis devait être prééminente dans la pensée du socialiste fabien. Nous soulignons une fois de plus que le socialisme fabien différait quelque peu du socialisme européen, plus particulièrement en ce qu'il prétendait n'avoir aucune affiliation à un parti. Cela serait vrai si nous ignorions le fait que, par "pénétration et imprégnation", il a pris le contrôle des partis travailliste et libéral britanniques et a maintenant pris le contrôle du parti démocrate des États-Unis.

Macdonald a indiqué que les principes sous-jacents de la Constitution des États-Unis reposaient sur les droits garantis par le cinquième amendement, en particulier le droit à la propriété, corollaire de la loi naturelle d'Isaac Newton. Par conséquent, a déclaré Macdonald, la modification de la Constitution devait se faire de manière indirecte, très secrète et sur une période de plusieurs années. Il a également souligné que la séparation des pouvoirs entre les trois ministères du gouvernement constituait un obstacle aux tactiques de pénétration et d'imprégnation des socialistes.

Les paroles de Macdonald étaient un écho de ce que Bellamy avait proposé en février 1895. Au moins, Bellamy était plus instruit en matière de constitution que la grande majorité des juges et des politiciens de notre époque. Il admettait volontiers que la Constitution des États-Unis n'était pas flexible. Cela met en évidence l'ignorance de la juge Ruth Ginsberg, récemment nommée à la Cour suprême par le président socialiste Clinton, qui a déclaré lors d'une audience de la sous-commission judiciaire du Sénat que la Constitution est "flexible", alors qu'elle est immuable.

La grande vision du socialisme fabien des années 1890 était de "réviser" la Constitution des États-Unis, c'est-à-dire de la "réformer". Bien qu'il ait semblé en surface qu'une telle tâche était au-delà de ses capacités, la capacité des Fabiens à travailler silencieusement et secrètement a malheureusement été sous-estimée et négligée. Cela me rappelle la chanson populaire de Frank Sinatra sur des fourmis ambitieuses et un arbre à caoutchouc. Les fourmis n'avaient aucune chance d'emporter l'arbre en une seule opération, mais elles ont néanmoins accompli l'impossible, en l'emportant, feuille par feuille, jusqu'à ce que l'arbre à caoutchouc soit démoli. Je crois que c'est une bonne analogie avec la façon dont le socialisme fabien travaille depuis 1895 (une tâche qui se poursuit toujours) pour emporter la Constitution des États-Unis, morceau par morceau.

Bellamy et Macdonald peuvent être décrits comme des

"visionnaires", mais il s'agissait de visionnaires socialistes fabiens ayant des idées précises sur la manière de réussir. Les méthodes décrites par "The American Socialist" prévoyaient l'établissement d'une élite socialiste aux États-Unis, puis l'apprentissage par le cadre de l'élite de la manière de tirer parti de chaque crise locale, nationale, et d'État pour les fins secrètes du socialisme et pour obtenir un soutien à ces idées par une pénétration bien organisée de la presse. La cristallisation du socialisme fabien américain a commencé pour de bon en 1905.

"The American Socialist" appelait également à la formation d'un cadre de professeurs socialistes fabiens qui, au cours des années suivantes, agiraient en tant que conseillers auprès d'une série de présidents, les orientant ainsi dans la direction du grand projet de socialisation des États-Unis. Ces professeurs d'extrême gauche de Marx et de Lénine étaient principalement issus des rangs de la faculté de droit de l'université de Harvard. Le "travail éducatif" était entrepris par l'élite du Harvard Socialist Club, qui lorsqu'on le superpose à la Fabian Society britannique — l'une des rares fois où ils ont eu l'audace de montrer leurs cols socialistes — révèle une correspondance étroite.

Parmi les membres fondateurs du Harvard Socialist Club figurait Walter Lippmann, l'un de ceux qui avaient été choisis par Macdonald et Bellamy pour établir un cadre d'élite socialiste aux États-Unis. Lippmann a passé des années à pénétrer le monde des affaires.

Le rôle joué par Lippmann dans l'orientation de ce pays vers le socialisme fabien sera examiné à un autre moment. Comme nous le verrons, les socialistes dans les cercles intérieurs du pouvoir étaient un ennemi plus à craindre que le communisme, bien que le public américain n'ait jamais été autorisé à le voir ainsi. Comme je l'ai si souvent dit dans le passé, "l'ennemi à Washington est plus à craindre que l'ennemi à Moscou".

L'Américain moyen, lorsqu'il entendait parler du socialisme sous sa propre étiquette, était repoussé. Dans les années 1890, l'American Fabian Society était une organisation naissante qui avait besoin d'être guidée, en particulier dans la technique consistant à aller lentement et à obscurcir ses objectifs. Ainsi, lorsque le socialisme était mentionné, il évoquait des visions de pratiques sexuelles bizarres — que les socialistes s'efforcent aujourd'hui de rendre culturellement acceptables — et la manière de rendre l'aide sociale abordable pour tous. Il n'était donc pas pris au sérieux, sauf par une poignée d'universitaires qui le considéraient comme un danger plus grand que le bolchevisme, du moins pour l'Amérique.

Et quand Engels, le modèle des pratiques trompeuses des socialistes et des marxistes, a visité les États-Unis en 1886, une erreur a été commise en promouvant son livre au vitriol, "L'origine de la famille", qui est devenu plus tard la Bible des avorteurs, des homosexuels et du soi-disant mouvement "women's lib"[6] de Molly Yard, Patricia Schroeder, Eleanor Smeal. Il existe des preuves que le but de la visite d'Engels était de jeter les bases du nouveau club socialiste américain Fabien.

De même, lorsqu'Eleanor Marx — la fille de Karl Marx, connue pour être la maîtresse de George Bernard Shaw — a fait une tournée aux États-Unis avec un autre amant, cette fois-ci Edward Aveling, la réaction du public a été extrêmement fâcheuse. Le tollé suscité par l'"amour libre" a surpris les socialistes européens, qui n'avaient aucune idée de l'ancrage des valeurs chrétiennes dans la société américaine de l'époque. Ils avaient fait un mauvais calcul en épousant l'"amour libre" (la base de l'avortement, c'est-à-dire l'amour libre sans responsabilité) et leurs attaques contre les valeurs de la famille n'ont suscité que des réactions de colère.

Cela a donné une grande leçon aux socialistes américains : "Plus de hâte" était une philosophie perdante. Il fallait "se hâter lentement". Mais les socialistes n'ont jamais abandonné, n'ont jamais perdu de vue leurs objectifs, et le résultat est qu'aujourd'hui, les maux du socialisme dominent l'Amérique de toutes parts, gagnant en force, culturellement, religieusement et socialement, comme ils ne l'ont jamais fait lorsque Engels, Eleanor Marx et Edward Aveling vantaient leurs mérites. Les lecteurs savent probablement qu'Aveling était le traducteur officiel de l'allemand vers l'anglais de "Das Kapital", le plus connu des ouvrages écrits par Marx.

---

[6] Libération des femmes, ancêtre du MLF. NDT.

Afin de détourner les critiques du socialisme, la Fabian Society britannique a décidé de créer un groupe aux États-Unis, connu sous le nom d'American Economic Association, qui s'est réuni le 9 septembre 1885. Seul le cadre d'élite des socialistes américains en devenir était invité à y participer. (C'est à la suite de cette réunion que les socialistes britanniques de la Fabian Society décidèrent que Mac Donald devrait se rendre aux États-Unis pour déterminer quels étaient les problèmes qui entravaient le socialisme et comment les surmonter).

Le 9 septembre 1885, l'American Economic Association a attiré à Saratoga, dans l'État de New York, tous les principaux dirigeants socialistes et aspirants socialistes de l'époque. Un grand nombre des "invités de marque", comme les journaux new-yorkais les décrivent, sont des professeurs socialistes de premier plan, parmi lesquels Woodrow Wilson, qui deviendra le premier président ouvertement socialiste des États-Unis.

Les autres participants étaient les professeurs Ely, H. R. Adams, John R. Commons et E. James, le Dr E. R. Seligman de Columbia, le Dr Albert Shaw et E. W. Bemis, qui devinrent par la suite les principaux disciples du socialisme en Amérique. Aucun d'entre eux n'était connu en dehors de ses cercles universitaires restreints, et le socialisme n'était pas considéré comme une menace sérieuse pour le mode de vie américain. C'était une erreur qui devait être commise à maintes reprises dans l'avenir, une erreur qui se répète aujourd'hui. De ce petit début est né le chêne du socialisme aux États-Unis, dont les branches étendues menacent aujourd'hui la République confédérée des États-Unis. Wilson, alors au Bryn Mawr College, a ensuite enseigné le socialisme à l'extension de l'université de Philadelphie en 1902, déguisé en sciences politiques.

Là, il s'est immergé avec d'autres grands socialistes dans la promotion des idées socialistes dans l'enseignement. Sur la liste des professeurs socialistes figurent des membres de la Fabian Society britannique, Sydney Webb, R. W. Alden et Edward R. Pease ; Ely et Adams, deux de ses associés américains que nous avons déjà mentionnés. D'autres socialistes américains éminents qui ont nourri Wilson de leurs idées socialistes sont Morris Hilquitt et Upton Sinclair. Leurs contacts avec les socialistes fabiens britanniques se sont étendus aux réunions tenues à Oxford entre 1805 et 1901.

Le Dr Seligman, de l'université de Columbia, a parrainé les réunions et on lui attribue la prévoyance d'avoir confié la présidence à Wilson. La similitude entre l'ascension de Wilson et celle de Clinton est tout à fait remarquable : tous deux étaient de conviction socialiste, tous deux étaient entourés d'un grand nombre d'intellectuels socialistes et tous deux ont été imprégnés des idéaux socialistes de manière indélébile grâce à leur contact avec l'université d'Oxford.

Wilson a été grandement influencé par des publications socialistes fabiennes telles que "The New Freedom". En outre, il a été le premier président des États-Unis à accepter des professeurs d'université comme conseillers — une rupture radicale avec les traditions passées et une stratégie socialiste pure et simple — une méthodologie visant à imposer au peuple américain des changements non désirés et inacceptables. Le raisonnement était que personne ne soupçonnerait les universitaires d'avoir des intentions infâmes.

Albert Shaw, qui a fait élire Wilson en divisant le vote, en présentant Theodore Roosevelt sous une étiquette indépendante, le parti Bull Moose. Comme le Dr Seymour l'a dit à l'époque, "la défection de Roosevelt a mis Wilson à la Maison-Blanche". Le subterfuge consistait à ce que House "dénonce" Roosevelt comme "un radical sauvage", et cela a fonctionné. Wilson est devenu président des États-Unis et son ami Albert Shaw a été nommé au comité du travail en guise de récompense lorsque Wilson est entré à la Maison-Blanche.

Bien que cela ait été soigneusement caché au public, les socialistes fabiens britanniques ont choisi Wilson, en raison de sa propension à s'intéresser aux questions socialistes, et sur la forte recommandation de House, dont le beau-frère, le Dr Sydney Mezes, était un affilié de longue date de la British Fabian Society et président du City College de New York. Mezes a joué un rôle de premier plan dans la planification socialiste avant et après la Première Guerre mondiale.

À cela s'ajoute le fait qu'un grand pourcentage des membres de la Fabian Society étaient des marxistes, l'un des plus notables de la Fabian Society de Londres étant le professeur Harold Laski, qui a ensuite joué un rôle profondément perturbateur dans la socialisation des États-Unis, jusqu'à sa mort en 1952. Il n'est pas contesté que

Bernard Baruch, qui devint le contrôleur absolu de Wilson pendant ses années à la Maison-Blanche, était également marxiste.

L'ensemble du programme de la présidence de Woodrow Wilson a été établi par des conseillers socialistes, tant ici qu'en Grande-Bretagne. L'un des premiers efforts socialistes de Wilson a été de fédéraliser les pouvoirs qui étaient interdits au gouvernement fédéral, étant réservés aux différents États. Il s'agissait notamment des pouvoirs de police en matière de santé, d'éducation, de travail et de protection policière garantis aux États par le 10e amendement de la Constitution des États-Unis.

Plus tard, le professeur Harold Laski devait exercer une forte pression sur le président Roosevelt pour qu'il brise et détruise, par un ordre exécutif, la séparation des pouvoirs entre les branches législative, exécutive et judiciaire du gouvernement. C'était la clé de la porte dérobée pour briser et rendre la Constitution "sans effet". L'un des principaux points du programme de Wilson était la destruction des tarifs douaniers qui, jusqu'en 1913, avaient procuré aux États-Unis des revenus suffisants pour payer les factures de la nation et avoir encore un excédent. L'objectif caché était de détruire cette source de revenus et de la remplacer par un impôt sur le revenu progressif d'inspiration marxiste. En dehors de tout autre résultat, l'impôt sur le revenu progressif marxiste était conçu pour accabler à jamais la classe moyenne. On se souvient que l'un des principaux obstacles à surmonter, selon Ramsey MacDonald, était la résistance à l'impôt progressif sur le revenu. Grâce au président Wilson, la Fabian Society britannique a pu imposer ce fardeau onéreux au peuple américain, réalisant ainsi l'une de ses ambitions les plus chères.

Il est nécessaire de le dire, et de le dire haut et fort : le communisme, bien qu'il en soit l'initiateur, n'a pas introduit l'impôt progressif sur le revenu aux États-Unis. C'était uniquement l'œuvre de la Fabian Society britannique. Au cours des 76 dernières années, le peuple américain a été berné en croyant que le communisme était le plus grand danger pour un monde libre. Nous espérons que les pages de ce livre contiendront suffisamment de preuves pour montrer que le danger du socialisme transcende tout ce qui a été vu jusqu'ici du communisme. Le socialisme a causé mille fois plus de ravages aux États-Unis que le communisme ne l'a jamais fait.

Considéré à deux reprises comme inconstitutionnel par la Cour suprême des États-Unis, l'impôt progressif sur le revenu a été proposé à Wilson par la Fabian Society britannique et son adoption, encouragée par les socialistes fabiens américains, a finalement été réalisée en 1916, juste à temps pour payer la Première Guerre mondiale. Alors que l'attention du peuple américain était concentrée sur les événements en Europe, le seizième amendement a été glissé au Congrès, avec l'aide et la complicité de toute une flopée de législateurs socialistes.

Le seizième amendement n'ayant jamais été ratifié par tous les États, il reste en dehors de la Constitution, mais cela n'a pas empêché ses partisans socialistes de faire ce qu'ils voulaient. Wilson a tenté d'assimiler la démocratie au parti démocrate, alors qu'en fait, un tel parti ne peut exister. Le titre correct devrait être le Parti démocrate. Nous ne pouvons pas avoir un "parti démocrate" dans une République confédérée ou une République constitutionnelle.

Le livre de Wilson "The New Freedom" (en réalité écrit par le socialiste William B. Hayle) dénonce le capitalisme. "Il est contraire à l'homme ordinaire", disait Wilson. À une époque où les États-Unis jouissaient d'une prospérité et d'un progrès industriel jamais vus auparavant, Wilson qualifiait l'économie de "stagnante" et proposait une révolution pour faire repartir les choses. Drôle de raisonnement en effet — si l'on oublie que Wilson prêchait un socialisme pur et dur :

> "Nous sommes en présence d'une révolution — pas une révolution sanglante, l'Amérique n'est pas faite pour verser du sang — mais une révolution silencieuse, par laquelle l'Amérique insistera pour retrouver dans la pratique les idéaux qu'elle a toujours professés, pour s'assurer un gouvernement dévoué à l'intérêt général et non à des intérêts particuliers."

La chose la plus importante qui a été omise dans le discours était que ce devait être une RÉVOLUTION SOCIALISTE, une révolution furtive et sans limites dans sa tromperie, basée sur les idéaux et les principes socialistes britanniques Fabien.

Wilson fait alors une prédiction prophétique — du moins, apparemment prophétique, sauf qu'en y regardant de près, il ne fait qu'énoncer le programme socialiste pour les États-Unis :

"... Nous sommes à l'aube d'une époque où la vie systématique du pays sera soutenue, ou du moins complétée, en tout point par l'activité gouvernementale. Et nous avons maintenant à déterminer quelle sorte d'activité gouvernementale ce sera ; si, en premier lieu, elle sera dirigée par le gouvernement lui-même, ou si elle sera indirecte, par l'intermédiaire d'instruments qui se sont déjà constitués et qui sont prêts à remplacer le gouvernement."

Le peuple américain est resté largement ignorant du fait qu'une force sinistre était à l'œuvre, totalement étrangère à lui-même et à la Constitution, qui s'était en quelque sorte insinuée au pouvoir en plaçant un chef de l'exécutif à la Maison-Blanche, un dirigeant totalement redevable à un groupe impitoyable et avide de pouvoir comme on peut en trouver partout dans le monde — y compris en Russie bolchevique — ce pouvoir amenant les socialistes fabiens en Grande-Bretagne et aux États-Unis.

Cette tendance s'est poursuivie jusqu'à aujourd'hui et, comme nous le constatons, le président Clinton en est maintenant le chef exécutif enthousiaste et soucieux de plaire. Les "grands espoirs" des fourmis qui cherchent à s'emparer de l'hévéa se réalisent lentement, et inexorablement. Une grande nation, les États-Unis d'Amérique, semble totalement inconsciente de la criminalité qui se cache derrière le socialisme et ignorante de ses objectifs, et est donc mal préparée à mettre un terme aux déprédations criminelles qui ont lieu au sein même de son gouvernement.

Comment Wilson a-t-il pu tromper le peuple américain sur une question aussi monstrueuse que l'impôt progressif sur le revenu, une chose étrangère à la Constitution, et dont le pays avait pu se passer jusqu'en 1913 ? Pour répondre à cette question, nous devons nous pencher à nouveau sur la capacité des socialistes à mettre en œuvre leur programme de manière furtive, par la tromperie et le mensonge, tout en le formulant dans un langage qui semblait indiquer que le plat empoisonné qu'ils préparaient était pour le bien du peuple.

Le premier obstacle que Wilson devait surmonter était la suppression des droits de douane qui avaient protégé le commerce de l'Amérique et en avaient fait une nation prospère, dont le niveau de vie faisait l'envie du monde entier. Le 4 juillet 1789, le président George Washington déclarait au premier Congrès des États-Unis :

"Un peuple libre doit promouvoir les manufactures qui tendent à le rendre indépendant des autres pour les fournitures essentielles, notamment militaires."

Ces sages paroles ont déclenché un système de barrières tarifaires qui imposaient des droits de douane aux pays souhaitant vendre leurs marchandises sur le marché américain, l'antithèse du soi-disant "libre-échange" qui n'était rien d'autre qu'un subterfuge imaginé par Adam Smith pour permettre à la Grande-Bretagne de déverser ses marchandises sur le marché sans réciprocité pour les marchandises américaines sur le marché anglais. L'impression a été en quelque sorte cultivée — peut-être par le contrôle de la presse — que les États-Unis avaient développé le niveau de vie de leur population sur la base du "libre-échange", alors qu'en réalité, c'était le contraire.

Nous avons vu cette tromperie apparaître au grand jour lors du débat Perot-Gore, lorsque Gore, à tort et avec une intention malveillante envers le peuple des États-Unis, a dénoncé le protectionnisme des barrières tarifaires comme étant la cause du krach de 1929 à Wall Street. Perot ne connaissait pas la loi Smoot-Hawley pour la défendre contre les mensonges du vice-président.

Le "libre-échange" a été défini comme une doctrine marxiste dans un discours prononcé par Marx en 1848. Ce n'était pas une nouveauté, mais une idée proposée pour la première fois par Adam Smith pour miner l'économie de la jeune nation américaine. Un Washington avisé a compris qu'il fallait protéger les industries naissantes de l'Amérique. Cette sage politique de protection a été poursuivie par Lincoln, Garfield et McKinley. Pendant 125 ans, les Américains ont grandement bénéficié de cette sage politique, jusqu'à ce que le boulet de démolition socialiste de Wilson soit utilisé pour changer le visage des États-Unis.

Même jusqu'à la Seconde Guerre mondiale, seuls deux pour cent de l'économie des États-Unis dépendaient du commerce extérieur. Pourtant, à l'entendre maintenant, les États-Unis périront s'ils ne suppriment pas les derniers vestiges de nos sages barrières tarifaires. Ce que Wilson a fait était une trahison et le Congrès a commis une sédition en acceptant son attaque dévastatrice contre le niveau de vie du peuple américain.

Pour la plupart, l'administration Wilson a malmené la Constitution. À peine Wilson avait-il été élu par les socialistes fabiens qu'il demandait une session conjointe du Congrès. En 1900, un gouvernement majoritairement républicain avait maintenu les barrières commerciales existantes et érigé de nouvelles barrières tarifaires pour protéger les agriculteurs, l'industrie et les producteurs de matières premières américains. L'agitation contre les barrières tarifaires protectrices avait son origine à Londres parmi les membres de la Fabian Society socialiste, qui contrôlaient le Royal Institute for International Affairs (RIIA). Des idées pour briser les barrières tarifaires étaient transmises à Wilson via la séditieuse Mandel House, directement depuis Londres.

La propagande anti-tarifaire qui jaillissait de Londres en un flot ininterrompu, et qui avait commencé sérieusement en 1897, dont voici un exemple :

"Le fabricant américain a atteint le plus haut niveau d'inefficacité en 1907, après un déclin notable qui a commencé en 1897, dans plusieurs domaines importants, les fabricants américains ne peuvent pas tenir tête aux concurrents étrangers sur le marché intérieur. Ce fait devrait être porté à l'attention du peuple américain, car à cause des tarifs douaniers, il paie un prix plus élevé pour les marchandises que ce ne serait le cas si les barrières tarifaires qui entravent le commerce étaient supprimées. L'expression "la mère de tous les trusts" pourrait être une façon utile de décrire le protectionnisme, surtout si elle est liée à l'augmentation du coût de la vie qui peut être attribuée aux politiques protectionnistes."

Note : Le département de recherche de la Fabian Society a commencé à produire des documents qu'ils appelaient "tracts" comme s'ils étaient alliés aux efforts des missionnaires chrétiens. Ces milliers de "tracts" ont ensuite été rassemblés dans des livres et des prises de position. La citation ci-dessus est tirée d'un tract publié en 1914.

Ce que cette propagande mensongère ne disait pas, c'est qu'il n'y avait aucun lien entre l'augmentation du coût de la vie entre 1897 et 1902, puisque les tarifs douaniers n'avaient aucun effet sur les prix intérieurs. Mais cela n'a pas empêché une attaque concertée des grands journaux appartenant à des investisseurs étrangers (en particulier le *New York Times*) de dénoncer la protection tarifaire comme cause de l'augmentation du coût de la vie. Le "London Economist" et d'autres magazines appartenant à des banquiers de la City de Londres s'en sont fait l'écho.

La sédition ne se limitait pas aux démocrates. De nombreux républicains dits "progressistes" ("progressistes" et "modérés" ont toujours signifié socialistes) se sont joints à l'attaque contre les tarifs protecteurs. Comment les socialistes ont-ils réussi à convaincre le Congrès de suivre leurs plans visant à ruiner notre commerce, envié par le monde entier ? Ils y sont parvenus en associant la sociologie à la politique, technique qui pousse les socialistes à occuper des postes élevés, d'où ils peuvent exercer la plus grande influence indue sur des questions nationales d'importance vitale.

À titre d'exemple, prenons la question de la reconnaissance diplomatique du gouvernement bolchevique barbare. Grâce aux bons offices d'Arthur Henderson, les Britanniques ont reconnu en 1929 les bouchers bolcheviques comme le gouvernement légitime de la Russie. Ils ont ensuite tourné leur attention vers les États-Unis et, grâce aux socialistes installés en haut lieu, ont obtenu que les États-Unis fassent de même. Ces actions des dirigeants du monde anglophone ont conféré aux bolcheviks un prestige et un respect auxquels ils n'avaient manifestement pas droit, et ont ouvert des portes à des contacts diplomatiques, commerciaux et économiques qui, autrement, seraient restés fermement fermés pendant des décennies, voire pour toujours.

Les socialistes fabiens, tant aux États-Unis qu'en Grande-Bretagne, apparaissaient sous un jour si bénin et leur milieu hautement cultivé ainsi que leur grand charme personnel rendaient très difficile à croire ceux qui avertissaient que cette élite sociale affable était un groupe subversif désireux de supprimer le droit à la propriété et menaçait d'emporter la Constitution des États-Unis, morceau par morceau. Il était tout simplement impossible de considérer cette élite comme des révolutionnaires et des anarchistes, ce qu'elle était en réalité.

Le colonel Edward Mandel House, qui était non seulement convenablement conventionnel dans tous les sens du terme, mais aussi conservateur dans ses manières et son discours — du moins lorsqu'il était à portée de voix du public, en était un bon exemple, mais il évoluait dans des cercles qui étaient loin de ressembler à ce que l'on pourrait imaginer d'un groupe d'anarchistes. C'est ce groupe d'"anarchistes affables" qui a élu Woodrow Wilson. Selon House, les citoyens américains ne sont guère plus que des pigeons qui peuvent être trompés par les apparences. Tellement certain que les électeurs ne verraient pas la nomination de Wilson comme un candidat "Made In England", House s'embarque pour l'Europe le jour où Wilson est nommé à la convention démocrate de Baltimore en 1912. "Je ne ressens pas le besoin de suivre les débats", déclare House à Walter Hines, qui l'avait présenté à Wilson l'année précédente. À son arrivée en Angleterre, House déclare à une assemblée de socialistes fabiens de la RIIA : "J'étais convaincu que le peuple américain accepterait Wilson sans poser de questions." Et ce fut le cas.

Wilson est ensuite devenu président, sa tâche principale étant de saper la Constitution telle que mandatée par Ramsey McDonald, sans que le peuple américain n'en prenne jamais conscience, dans le plus pur style socialiste fabien. House avait souvent exprimé sa haine de la Constitution lors de discussions privées avec ses commanditaires secrets de Wall Street. Il qualifiait la Constitution des États-Unis de "création des esprits du 18e siècle, non seulement dépassée, mais grotesque", ajoutant qu'"elle devrait être mise au rebut immédiatement". Nous reviendrons à l'homme que Wilson appelait son plus grand ami.

Comme le dit House, "Wilson a été élu pour mener à bien un programme socialiste sans alarmer le peuple". La manière dont cela devait être fait était exposée dans une version romancée du plan directeur des objectifs à long terme des socialistes fabiens. "Philip Dru, Administrateur" était une confession remarquable de la planification et des stratégies socialistes à utiliser contre le peuple américain, très révélatrice de la manière dont les socialistes s'attendaient à ce que la présidence des États-Unis soit subvertie et sapée.

Publié par le socialiste fabien B. W. Huebsch, le livre aurait dû déclencher des sonneries d'alarme dans toute l'Amérique, mais malheureusement, il n'a pas réussi à faire comprendre au peuple américain ce que House représentait. Il a établi le programme de la présidence de Wilson aussi clairement que s'il avait été présenté au Congrès par House lui-même. "Philip Dru" (en réalité House) proposait de devenir le dirigeant de l'Amérique par une série de décrets. Parmi les tâches que "Dru" s'est fixées, il y a la mise en place d'un groupe d'économistes pour travailler sur la destruction de la loi sur les tarifs douaniers qui, à terme, "mènerait à l'abolition de la théorie de la protection comme politique gouvernementale". Le groupe devait également mettre au point un système d'impôt sur le revenu progressif et instituer de nouvelles lois bancaires. Notez l'utilisation sournoise du mot "théorie". Les tarifs protecteurs ne sont pas une simple théorie : les droits de douane avaient permis aux États-Unis d'atteindre un niveau de vie que le monde entier leur enviait. La protection commerciale était une doctrine établie par George Washington, qui avait fait ses preuves pendant 125 ans, et n'était pas une simple théorie.

Comment "Dru" a-t-il pu qualifier la protection tarifaire de "théorie" ? De toute évidence, il s'agissait d'une tentative de dénigrer et de rabaisser le concept et d'ouvrir la voie à l'idéal socialiste du "libre-échange" qui amorcerait le déclin du niveau de vie du peuple américain. C'est également de là que Wilson a tiré son idée d'impôt sur le revenu, qui, une fois en place, éroderait encore plus le niveau de vie de la classe moyenne.

Wilson a violé son serment de respecter la Constitution des États-Unis à au moins 50 reprises. En Wilson, le Comité des 300 avait trouvé l'homme idéal pour commencer la socialisation de l'Amérique, tout comme, plus tard, ils ont trouvé un autre candidat idéal pour leurs objectifs anarchistes en Bill Clinton. Un deuxième parallèle entre Wilson et Clinton se trouve dans le type de conseillers dont ils se sont entourés.

Dans le cercle restreint de Wilson se trouvaient d'éminents anarchistes, socialistes et communistes : Louis D. Brandeis, Felix Frankfurter, Walter Lippmann, Bernard Baruch, Sydney Hillman, Florence Kelley et, bien sûr, Edward Mandel House. House, un ami proche de la mère de Roosevelt, vivait à deux pâtés de maisons du gouverneur de l'État de New York, Franklin D. Roosevelt, et se rencontrait fréquemment pour lui donner des conseils sur la manière de financer ses futurs programmes socialistes.

La première attaque contre la Constitution a été la déclaration de Ramsey McDonald selon laquelle la Constitution devait être modifiée. La deuxième attaque a été menée par House, dont le père avait gagné des millions de dollars pendant la guerre civile en travaillant pour les Rothschild et les Warburg. Après sa rencontre avec Wilson en 1911, grâce aux bons offices de Walter Hines, House est certain d'avoir trouvé l'homme idéal pour mener à bien le travail de modification de la Constitution des États-Unis demandé par McDonald le 14 janvier 1898.

House commence à cultiver Wilson, qui est flatté par l'attention d'un homme qui semble connaître tout le monde à Washington. Il existe un parallèle distinct entre House et Mme Pamela Harriman, qui voyaient en Clinton l'homme idéal pour mener à bien une grande variété de réformes socialistes sans alarmer le peuple. Mme Harriman connaissait également tout le monde à Washington.

House sait que Wilson aura besoin de l'aide d'un fervent socialiste. Il lui fait donc rencontrer Louis D. Brandeis, professeur de droit à Harvard. Cette rencontre devait s'avérer de mauvais augure pour le bien-être futur de la nation, car Brandeis s'engageait à rendre la Constitution inopérante par la voie législative. Brandeis avait déjà inscrit ses prédilections dans la loi en "interprétant" la Constitution de manière à la rendre inopérante sur la base de prémisses sociologiques et non de la loi constitutionnelle.

La troisième attaque socialiste fabienne contre la Constitution des États-Unis a eu lieu avec la fondation de l'American Civil Liberties Union (ACLU) en janvier 1920 par le socialiste fabien Philip Lovett. Huebsch, l'éditeur de "Philip Dru, Administrateur" était l'un des membres fondateurs de cet organisme socialiste dont le principal objectif dans la vie était de modifier la Constitution des États-Unis par ce que Florence Kelley appelait "la voie législative".

Bien que cela soit nié, des enquêtes ont montré qu'il y avait quatre communistes connus au conseil d'administration de l'ACLU. Dans les années 1920, Kelley et ses associés ont travaillé dur pour détruire la Constitution des États-Unis par le biais d'une série de faux fronts tels que la National League of Women's Voters, et nous y reviendrons plus tard. C'est le début de la "déféminisation" des femmes par les socialistes.

Plusieurs des plus importants dirigeants socialistes (et communistes) des États-Unis étaient étroitement associés à l'ACLU, certains siégeant même à son comité national. L'un d'entre eux était Robert

Moss Lovett, un directeur et un ami proche de Norman Thomas et Paul Blanchard qui étaient alliés aux "Protestants et autres Américains unis pour la séparation de l'Église et de l'État."

Thomas est un ancien ecclésiastique devenu communiste. Les manières charmantes et le comportement agréable de Lovett démentent le fait que sous ses manières affables se cache un dangereux anarchiste-radical de la pire espèce. Dans une crise de colère, Lovett a un jour explosé et révélé sa véritable nature :

> "Je déteste les États-Unis, je serais prêt à voir le monde entier exploser, si cela pouvait détruire les États-Unis."

Lovett personnifiait le côté très dangereux du socialiste fabien.

En recherchant les déclarations faites par les communistes contre les États-Unis, je n'ai jamais pu en trouver une aussi venimeuse dans son intention que celle de Lovett de l'ACLU. Il pourrait être utile de faire un bref historique de l'ACLU à ce stade du livre :

L'ACLU est issue du Bureau des libertés civiles de 1914-1918, qui était contre le militarisme. L'un de ses premiers directeurs était Roger Baldwin, qui avait passé du temps en prison pour s'être soustrait au service militaire. Dans une lettre d'information très révélatrice adressée aux membres, aux affiliés et aux amis de l'ACLU, Baldwin a utilisé les tactiques trompeuses traditionnelles des Fabiens Socialistes pour dissimuler les véritables intentions et objectifs de l'ACLU :

> "Évitez de donner l'impression que c'est une entreprise socialiste. Nous voulons aussi avoir l'air de patriotes dans tout ce que nous faisons. Nous voulons avoir un bon nombre de drapeaux, parler beaucoup de la Constitution et de ce que nos ancêtres voulaient faire du pays et montrer que nous sommes vraiment les gens qui défendent l'esprit de nos institutions."

Si jamais le futur emblème de la Fabian Society britannique convenait, c'était bien celui-là — le loup déguisé en mouton par excellence.

En 1923, Baldwin a oublié son propre conseil, révélant son vrai visage :

> "Je crois en la révolution — pas nécessairement la prise de pouvoir par la force dans un conflit armé, mais le processus

d'une croissance des mouvements de classe déterminés à exproprier la classe capitaliste et à prendre le contrôle de tous les biens sociaux. Étant pacifiste — parce que je crois que les moyens non violents sont les mieux calculés à long terme pour obtenir des résultats durables, je suis opposé à la violence révolutionnaire. Mais je préfère voir une révolution violente plutôt que pas de révolution du tout, même si je ne la soutiendrais pas personnellement parce que je considère que d'autres moyens sont bien meilleurs. Même le coût terrible d'une révolution sanglante est un prix moins cher à payer à l'humanité que la poursuite de l'exploitation et du naufrage de la vie humaine sous la violence installée du système actuel."

En 1936, Baldwin a expliqué une partie de la terminologie utilisée par les socialistes fabiens :

"Par progressiste, j'entends les forces qui travaillent à la démocratisation de l'industrie en étendant la propriété et le contrôle publics, qui seuls aboliront le pouvoir de ceux, relativement peu nombreux, qui possèdent la richesse... La vraie démocratie signifie des syndicats forts, une réglementation gouvernementale des affaires, la propriété par le peuple des industries qui servent le public."

Il suffit de visiter n'importe quelle usine pour constater à quel point les socialistes ont progressé sur la voie de l'asservissement des États-Unis. Sur les murs du bureau, on peut voir un éventail ahurissant de "permis" autorisant une chose ou une autre. Les inspecteurs de l'OSHA, de l'EPA et de l'"égalité des chances" ont le "droit" de venir à l'improviste à tout moment, d'interrompre et même d'arrêter les opérations, pendant qu'ils effectuent une inspection pour voir si les conditions énoncées dans leurs "permis" ont été violées.

Le langage trompeur utilisé par Baldwin ne signifiait pas ce que l'Américain moyen croyait qu'il signifiait. Baldwin mettait en pratique les techniques socialistes fabiennes sur un groupe d'élite "d'arrière-garde" qui conduirait doucement l'Amérique par la main sur le chemin de l'esclavage. C'est le socialisme dans ce qu'il a de pire. Personne n'aurait pu mieux expliquer les objectifs et les méthodes du socialisme que le président de l'ACLU, qui, aujourd'hui, n'a pas modifié ses positions et ses méthodes d'un seul iota. Bien que le nombre de ses membres n'ait jamais dépassé 5000 entre 1920 et 1930, l'ACLU a néanmoins réussi à infiltrer et à imprégner tous les aspects de la vie américaine, qu'elle a ensuite mis sens dessus dessous.

La principale tâche de l'ACLU dans les années 1920 est de bloquer légalement le grand nombre d'arrestations et d'expulsions de communistes, d'anarchistes. Au début des années 1920, les socialistes commençaient leur campagne de subversion de la Constitution des États-Unis par des moyens détournés, en utilisant des étrangers pour prêcher — et réaliser des actes de sédition. Le professeur socialiste de Harvard Felix Frankfurter servait de guide juridique à l'ACLU, dont Roger Baldwin décrivait les anarchistes, les communistes et les séditieux comme "des victimes de la loi, des membres de mouvements ouvriers et d'assistance sociale qui sont insidieusement attaqués par des hommes sans scrupules travaillant sous le couvert du patriotisme".

Frankfurter — aidé par Harold Laski dans les coulisses — a aidé le président Wilson à mettre en place un comité de médiation, lequel comité, sous l'impulsion de Frankfurter, n'a cessé d'utiliser la Constitution pour qualifier les séditieux, les anarchistes, les ennemis avoués des États-Unis pour la protection de la Constitution des États-Unis. C'était une tactique sordide qui a remarquablement bien fonctionné : depuis 1920, l'utilisation abusive de la Constitution des États-Unis pour accorder des "droits" et une protection à tous les Dick, Tom et Harry qui tentent de saper la République confédérée s'est développée à un degré terriblement alarmant.

D'autres personnes, comme le professeur Arthur M. Schlesinger Sr et le professeur de droit de Harvard Francis B. Sayre, le gendre de Wilson, ont pesé de tout leur poids en faveur des "immigrés persécutés" et des "victimes de la loi", catégorie dans laquelle on retrouve tous les gauchistes, pyromanes, agitateurs socialistes, meurtriers et séditieux. Ce fut le début d'une énorme campagne visant à fouler aux pieds le but et l'intention réels de la Constitution des États-Unis, et elle fut couronnée d'un succès dépassant les rêves les plus fous des sapeurs du socialisme dans ce pays.

C'était une période où les États-Unis tentaient de se débarrasser d'un flot de communistes venus commettre des actes de sédition dans le but de communiser et de socialiser le pays. Le socialiste Upton

Sinclair a écrit des rames pour défendre les séditieux purs et durs et la faculté de droit de Harvard a envoyé quelques-uns de ses meilleurs socialistes dans la mêlée, y compris son doyen, Roscoe Pound. Les médias d'information, y compris des magazines comme "The Nation" et la "New Republic", font de leur mieux pour brouiller les pistes juridiques en faisant constamment référence à "la peur rouge".

En 1919, le comité Overman sur le bolchevisme du Sénat des États-Unis, après des enquêtes exhaustives, est arrivé à la conclusion que le socialisme fabien constituait une grave menace pour les citoyens des États-Unis, en particulier pour les femmes et les enfants.

L'ACLU a été à l'avant-garde de la "déféminisation" des femmes sous le couvert des "droits des femmes". L'ACLU a réussi à protéger les principaux acteurs du socialisme, en se précipitant pour les défendre chaque fois qu'ils craignent que les véritables dirigeants et objectifs du socialisme ne soient exposés. C'est le but premier de l'ACLU : dévier les attaques contre la direction intellectuelle socialiste, les "réformateurs" aux "bonnes intentions" et les professeurs de droit de Harvard à l'arrière.

Depuis 1920, le modus operandi de l'ACLU est resté le même, et peut être mieux décrit par lui-même :

> "Contre les mesures fédérales, étatiques et locales aveugles qui, bien que visant le communisme (notez l'exclusion du socialisme), menacent les libertés civiles de tous les Américains ; pour faire d'un programme efficace de droits civils la loi du pays ; contre la censure des films, des livres, des pièces de théâtre, des journaux, des magazines et de la radio par les groupes de pression gouvernementaux et privés et pour promouvoir des procédures équitables dans les procès, les audiences du Congrès et les audiences administratives."

L'ACLU n'a laissé aucun doute sur son intention de réécrire la Constitution "par la voie législative". Il ne fait pas non plus de doute que cet important appareil socialiste a changé le visage de l'Amérique dans une interview avec Fareed Zakaria de "Foreign Affairs", on a demandé à Lee Kuan Yew, ancien premier ministre de Singapour :

> "Qu'est-ce qui, à votre avis, a mal tourné dans le système

américain ?"

"Ce n'est pas à moi de dire aux gens ce qui ne va pas dans leur système. Mon rôle est de dire aux gens de ne pas imposer leur système de manière discriminatoire à des sociétés dans lesquelles il ne fonctionnera pas", a répondu Yew.

Zakaria a ensuite demandé : "Ne considérez-vous pas les États-Unis comme un modèle pour les autres pays ?", ce à quoi Lee a répondu :

"... Mais en tant que système global, je trouve certaines de ses parties (les États-Unis) totalement inacceptables. Le vagabondage, les comportements inconvenants en public, l'expansion du droit de l'individu à se comporter comme il l'entend s'est faite au détriment d'une société ordonnée. En Orient, l'objectif principal est d'avoir une société ordonnée afin que chacun puisse jouir au maximum de sa liberté. Cette liberté n'existe que dans un état ordonné et non dans un état naturel de dispute et d'anarchie."

"... L'idée de l'inviolabilité de l'individu (aux États-Unis) a été transformée en dogme. Et pourtant, personne ne s'oppose à ce que l'armée aille capturer le président d'un autre État, l'amène en Floride et le mette en prison. (Ceci en référence à l'action de bandit de l'ancien président George Bush qui a enlevé le général Noriega du Panama)."

Zakaria a ensuite demandé :

"Serait-il juste de dire que vous admiriez l'Amérique plus qu'il y a 25 ans ? Qu'est-ce qui, à votre avis, a mal tourné ?"

Lee a répondu :

"Oui, les choses ont changé. Je dirais que cela a beaucoup à voir avec l'érosion des fondements moraux de la société et la diminution de la responsabilité personnelle. La tradition intellectuelle libérale qui s'est développée après la Seconde Guerre mondiale prétendait que les êtres humains étaient arrivés à cet état parfait où tout le monde se porterait mieux si on les laissait faire leurs propres affaires et s'épanouir. Cela n'a pas fonctionné et je doute que cela fonctionne. Certains éléments fondamentaux de la nature humaine ne changent pas. L'homme a besoin d'un certain sens moral du bien et du mal. Le mal existe et il ne résulte pas du fait d'être une victime de la société…"

Il ne fait aucun doute que l'ACLU a joué un rôle crucial en étirant les "droits" existants et en inventant des droits qui n'existent pas dans la Constitution, à tel point que les États-Unis sont aujourd'hui dans un état d'anarchie virtuelle. Prenons l'exemple du défilé de la "Gay Pride" organisé à San Francisco le dimanche de la fête des Pères, le 19 juin 1994.

Le choix du jour et de la date n'était pas un accident, mais une insulte délibérée et étudiée au christianisme, à la tradition du mariage et de la famille. Le défilé se composait de lesbiennes roulant à toute allure sur des motos, nues ou à moitié nues (appelées "gouines à vélo"), d'hommes portant des costumes de travestis obscènes et de hordes d'autres hommes dont les organes génitaux étaient entièrement exposés et s'agitaient en courant de-ci de-là. Il s'agissait d'un étalage de vulgarité tout à fait dégoûtant dans les rues de la ville, qui n'aurait jamais été toléré auparavant et qui ne devrait pas l'être maintenant.

Mais que quelqu'un évoque la "parade" dégoûtante et suggère peut-être une action appropriée pour limiter à l'avenir des manifestations aussi laides et totalement abjectes, et il est sûr de trouver l'ACLU en train de protéger les "droits civils" du secteur le plus amoral de la population. La déplorable "parade" a été louée par le *San Francisco Chronicle*, qui a également publié une critique élogieuse d'un film sur deux lesbiennes "tombant amoureuses". Le journal a décrit cette pièce dégoûtante d'amoralité comme "convenant aux hétéros". Nous avons donc, en tant que société, sombré au fond du cloaque socialiste. Les socialistes fabiens ont toujours été de grands admirateurs de Karl Marx. Ils n'admettent pas volontiers ce "culte du héros", de peur que les moutons qu'ils méprisent tant ne s'alarment. Pendant mes cinq années d'études intensives au British Museum de Londres, j'ai examiné en profondeur les écrits économiques de Marx. J'ai pu le faire parce que Karl Marx avait passé 30 ans à étudier dans ce même British Museum, et certains de mes mentors savaient quels livres il aimait et lisait le plus, et m'ont dit lesquels.

Ce que j'ai découvert à propos de ses écrits, c'est qu'il y avait très peu de pensées originales. Ceci est commun à la plupart des grands "penseurs" socialistes. Toutes les théories de Marx sur l'économie, dépouillées du verbiage dense qui les entoure, peuvent être ramenées à sept ou huit équations mathématiques de base que je pouvais faire en classe de quatrième.

Les théories de Marx se résument au précepte selon lequel les capitalistes qui financent les entreprises finissent par voler de grosses sommes d'argent aux travailleurs. Cela ne tient absolument pas compte de la prémisse réelle selon laquelle, ayant pris tous les risques pour lancer l'entreprise, l'investisseur a droit à son profit. Voilà, en substance, la somme et la substance des théories de Marx et de son verbiage.

La Ligue de la démocratie industrielle (LDI) se classait juste derrière l'ACLU. Fondée en 1905, issue de l'Inter-collegiate Socialist Society, la Ligue allait jouer un rôle important dans la dénaturation de l'éducation, de l'industrie et du travail. La LID a été soutenue par Eleanor Roosevelt tout au long de sa vie, tout comme Florence Kelley et Frances Perkins. Eleanor Roosevelt a promu la "social-démocratie" à l'intérieur et à l'extérieur de l'organisation avec Frances Perkins, commissaire au travail de l'État de New York de son mari et grande amie du juge socialiste Harlan Stevens.

Morris Hillquit a été trésorier de la LID de 1908 à 1915. Lovett, le leader de l'ACLU pendant si longtemps, a toujours été étroitement affilié à la League for Industrialized Democracy, qualifiant un jour cette période de sa carrière socialiste de "jours les plus heureux de ma vie". Morris Hillquit avait très tôt dans sa carrière socialiste prôné le "socialisme industriel."

Hillquit et Eugene V. Debbs ont toujours suivi le modèle de la Fabian Society de Londres, qui consiste à ne pas avoir de programmes et de plates-formes, mais plutôt à utiliser les instituts d'enseignement comme un public captif et à inspirer aux étudiants des idées et des philosophies socialistes de manière à ce qu'ils puissent plus tard infiltrer les partis politiques existants. Les cours de socialisme ont été introduits discrètement, du moins au début des années 1900, mais dans les années 1970, dans la plus pure orthodoxie socialiste fabienne, le processus a été considérablement accéléré dans de nombreux instituts d'enseignement.

On dit que la Ligue de la démocratie industrielle a revitalisé le socialisme américain qui, en 1900, était en perte de vitesse. À cette époque, plusieurs membres éminents de l'élite de la société américaine ont rendu visite aux socialistes fabiens en Angleterre. Parmi eux, des chefs religieux, des enseignants et des politiciens : Paul Douglas, qui deviendra plus tard le sénateur Douglas, Arthur M. Schlesinger, dont le fils s'est illustré dans les administrations Kennedy et Johnson, Melvyn Douglas, l'acteur, et sa femme, Helen Douglas, et Walter Raushenbusch, ancien pasteur de la Second Baptist Church de New York. Raushenbusch était un disciple dévoué de Giuseppe Mazzini, John Ruskin, Edward Bellamy et Marx. Mazzini était un leader mondial de la maçonnerie. Ruskin s'est autoproclamé "communiste de la vieille école" et a enseigné à Oxford. Bellamy était le principal socialiste américain de l'époque.

Raushenbusch a renoncé à prêcher le christianisme pour prêcher la politique socialiste, qu'il a essayé d'endoctriner chez le plus grand nombre possible de ses collègues baptistes. La LID figurait sur la liste des services de renseignement de l'armée américaine en tant qu'organisation subversive, mais comme de nombreuses organisations socialistes et communistes similaires, Woodrow Wilson a ordonné à l'armée de détruire les listes qu'elle détenait, ce qui constituait une perte qui ne pourrait jamais être réparée. Le fait que Wilson ne disposait d'aucun pouvoir, en vertu de la Constitution, lui permettant de donner un tel ordre, a été mis de côté comme étant sans importance par les socialistes de son administration à Harvard et à Wall Street.

Mais ce ne sont ni les agents allemands de la Première Guerre mondiale ni les agents russes de l'époque de la Guerre froide, mais les socialistes fabiens britanniques qui ont pénétré et imprégné tous les aspects du gouvernement, de ses institutions et de la présidence elle-même. L'éducation étant reconnue comme le moyen de faire progresser le socialisme, de grands efforts ont été déployés pour s'emparer du "marché des étudiants". Lorsque la commission Lusk a enquêté sur la Rand School de New York, elle a fait référence à cela :

> "Nous avons déjà attiré l'attention sur la Fabian Society comme un groupe très intéressant d'intellectuels qui s'engage dans une très brillante campagne de propagande."

Apparemment, le Comité Lusk a été quelque peu dupé par le faux air de candeur qui imprégnait les publications de la LID et aucun type de révolutionnaire violent n'a été autorisé à souiller ses listes de membres. Le Comité Lusk distrait et à la recherche de communistes — tout comme les États-Unis l'ont fait à l'infini — est passé complètement à côté de la très subversive et dangereuse LID. Les observateurs ne cessent de s'étonner de l'habileté avec laquelle les socialistes ont réussi à détourner l'attention d'eux-mêmes en se référant de manière répétée à "la peur rouge" et en dénigrant tous les efforts visant à assurer la sécurité intérieure comme étant fondés sur une "menace communiste" inexistante. Nous sommes encore largement trompés de la même manière en 1994 que l'était le comité Lusk en 1920.

Après la Première Guerre mondiale, la LID s'est associée à plusieurs organisations socialistes de premier plan aux États-Unis, parmi lesquelles l'ACLU, Federated Press et le Garland Fund, cité par les services de renseignements militaires comme étant bien disposé à financer les communistes et certaines organisations résolument socialistes. Robert Moss Lovett, de l'ACLU, était directeur de tous les organismes susmentionnés, dont "Protestants et autres Américains unis pour la séparation de l'Église et de l'État".

Les membres de la LID étaient encouragés à désavouer le socialisme en public et à désavouer leur parent, la Fabian Society, fondée par Sydney et Beatrice Webb. C'était la pratique socialiste standard : nier, nier, nier. Lorsqu'on a demandé à l'un des membres les plus honorés de la Fabian Society s'il était socialiste, John Kenneth Galbraith a répondu "bien sûr que non". Au cours de la Seconde Guerre mondiale, lorsqu'il était évident que Roosevelt ferait tout pour que les États-Unis s'engagent dans la guerre contre l'Allemagne, la LID a jugé opportun de modifier sa position et a publié en 1943 une déclaration indiquant que la LID avait pour objectif d'accroître la compréhension de la démocratie par l'éducation, et non de faire la guerre.

Ce que la LID n'a pas dit, c'est que la "démocratie" qu'elle avait à l'esprit était ce que Karl Marx appelait la "démocratie socialiste scientifique". Le fait que les États-Unis soient une république et non une démocratie a simplement été mis de côté. C'est ainsi que par subterfuge, par furtivité et par ruse, la LID est devenue le principal organisme socialiste des États-Unis, dédié à la chute de la République. L'histoire de la LID montre qu'elle a joué un rôle clé dans la mise en avant des "réformes" socialistes au sein des administrations Wilson et Roosevelt.

Lorsque Roosevelt était gouverneur de New York, il a nommé Frances Perkins comme commissaire industriel. (Nous donnons les réalisations remarquables de Perkins dans les chapitres sur les femmes socialistes). Perkins fit appel à l'économiste du LID, Paul H. Douglas, pour rédiger un programme de lutte contre le chômage qui fut adopté par le gouverneur Roosevelt. L'un de ses collaborateurs est le Dr Isadore Lubin, un socialiste convaincu, qui, avec Perkins, fait pression pour un traitement préférentiel de l'Union soviétique, conseil que Roosevelt s'empresse d'accepter.

Perkins et Lubin ont entamé le long processus basé sur la stratégie socialiste fabienne britannique visant à transformer les États-Unis d'un État capitaliste en un État socialiste, via un État providence. Ce plan comprenait le "plan national d'assurance maladie" sorti tout droit de l'Union soviétique. Il convient de noter que la "réforme des soins de santé", les pensions de vieillesse nationales et l'assurance chômage faisaient toutes partie du plan visant à modifier la structure des États-Unis, dont la "sécurité sociale" n'était pas le moindre élément.

En 1994, nous avons une autre femme socialiste, Hillary Clinton, qui s'est emparée de l'expression "réforme de la santé" comme s'il s'agissait de sa propre invention, alors qu'il s'agissait en fait de l'expression utilisée par Presotonia Martin Mann, l'une des femmes socialistes les plus dévouées de la scène américaine, qui l'avait elle-même empruntée au leader socialiste fabien britannique Sydney Webb. Cette phrase était un chef-d'œuvre de psychologie appliquée, au même titre qu'une autre pièce de psychologie appliquée destinée à tromper, la "loi sur la sécurité sociale", inventée en Angleterre et introduite dans ce pays par le père Ryan. Le plan socialiste fabien a ensuite été adapté aux conditions américaines par Prestonia Martin, comme nous le trouvons dans son livre "Prohibiting Poverty", défendu par Eleanor Roosevelt.

Le LID n'a jamais revendiqué le moindre mérite pour son implication dans les coulisses de Perkins et Martin, tout comme il n'a jamais prétendu que Felix Frankfurter était l'un des siens. Les dommages considérables causés aux États-Unis par le LID sont remarquables, compte tenu de la relative petitesse du groupe. C'est précisément la façon dont fonctionne le socialisme fabien — se fondre dans l'arrière-plan, infiltrer tous les gouvernements et les organes décisionnels importants, puis promouvoir (toujours depuis l'arrière-plan) une étoile politique montante pour lancer des programmes conçus par les socialistes.

C'est ainsi que le socialisme a fonctionné dans les années 1920, et fonctionne toujours de cette manière aux États-Unis, et c'est ainsi que les socialistes et leurs alliés marxistes/communistes ont été dangereusement proches de prendre le contrôle des États-Unis dans les années 1920 et au début des années 1930. Wilson, Roosevelt, Johnson, Bush et, aujourd'hui, le président Clinton et sa femme, Hillary Clinton, sont des exemples presque parfaits du travail du socialisme par le biais de politiciens en pleine ascension. Clinton a été sélectionné par la Fabian Society britannique, mais la tâche de le "gonfler" a été confiée en secret à la socialiste Pamela Harriman.

Le président Clinton, qui n'a qu'un seul mandat, a pour tâche de faire passer en force des programmes socialistes aux conséquences dévastatrices et de grande portée. Parmi ses succès à la mi-1994, citons la plus forte augmentation de l'impôt sur le revenu au monde, des accords commerciaux avec un gouvernement mondial unique et peut-être une "réforme nationale de la santé". Par trois fois déjà, le socialisme fabien britannique a changé le visage de l'Amérique en utilisant des groupes de dirigeants et des "conseillers" du président, et via les tribunaux, pour atteindre les objectifs socialistes. C'est la LID qui a fourni le personnel dont Perkins et Roosevelt avaient besoin pour mettre en œuvre le "New Deal". Il est intéressant de noter que le "New Deal" était une copie conforme d'un livre socialiste britannique Fabien. Le quatrième mouvement de socialisation de l'Amérique est apparu avec la présidence Clinton.

L'un des "grands" de la LID était Walter Reuther. Mais, à la manière socialiste typique, Reuther a choisi de nier qu'il était socialiste. Lors d'une interview de "Face the Nation" en 1953, Reuther a été interrogé sur ses origines socialistes. Il a sorti l'excuse socialiste standard :

> "... Je l'ai été quand j'étais très jeune et très stupide, et j'en suis sorti très rapidement, ce dont je suis très reconnaissant".

Mais cela était loin d'être la vérité. Reuther avait en fait servi dans un comité de la LID dont il était membre depuis le début des années 1940. En 1949, il était l'invité d'honneur d'un dîner socialiste fabien à Londres.

Les membres de la LID ont joué un rôle de premier plan pour faire passer les programmes socialistes au Sénat, et leur effet sur les écoles ne connaissait aucune limite. Theodore "Ted" Sorenson, qui est ensuite devenu un acteur clé de l'administration Kennedy, était un socialiste de toujours qui a obtenu sa nomination grâce au sénateur Paul Douglas de la LID. D'autres sénateurs américains qui s'étaient qualifiés en socialisme auprès de la LID, étaient les sénateurs Lehman, Humphrey, Neuberger et Morse (de l'"Oregon conservateur".) On peut ajouter à la liste les sénateurs Jacob Javitts, et Philip Hart. Bien qu'ils l'aient vigoureusement nié à un homme, en 1950, l'ancien procureur général Francis Biddle (un ancien président d'Americans For Democratic Action [ADA] successeur de la LID) les a nommés comme membres connus de la LID et de son successeur, l'ADA.

Un examen du registre des votes de Javitt au Sénat montre qu'il a soutenu la LID et l'ADA dans 82 des 87 mesures socialistes sur lesquelles il a voté. De parents originaires d'Europe de l'Est qui se sont installés dans le Lower East Side de New York, dans le quartier de l'habillement, Javitts a rejoint le LID au début de sa vie adulte et est devenu l'un des orateurs les plus prisés du LID, tout en niant catégoriquement tout lien avec le socialisme dans ses convictions personnelles et ses liens avec des groupes socialistes comme le LID. Quoi qu'il en soit, Javitts est l'orateur principal du séminaire parrainé par le LID en 1952, sous le titre "Needed, A Moral Awakening In America". Walter Reuther, "non socialiste", a également assisté à cette manifestation qui a soigneusement évité de discuter de la corruption dans le monde du travail tout en attaquant vigoureusement les corporations patronales et les entreprises en général.

Le Congressional Record Senate d'octobre 1962 contenait une longue liste de socialistes éminents dans le gouvernement, la santé, l'éducation, le mouvement des droits des femmes, la religion, les syndicats. La liste contenait les noms de plus de 100 professeurs et éducateurs de certains des collèges et universités les plus prestigieux du pays. La liste contenait les noms de plus de 300 membres et anciens membres de la LID qui s'étaient répandus et avaient infiltré toutes les branches du gouvernement, le droit, l'enseignement, les conseillers en politique étrangère, les églises et les organisations dites de défense des droits des femmes. Lorsque la LID a changé de nom pour devenir Americans For Democratic Action (ADA), de nombreux anciens membres de la LID se sont retrouvés sur la liste des membres d'ADA.

L'Inter-Collegiate Socialist Society (ISS), qui a précédé la LID, a ouvert les portes des universités et donné l'occasion de diffuser des programmes socialistes parmi des étudiants impressionnables. C'est l'agenda socialiste caché qui allait changer le visage de l'éducation aux États-Unis.

Rien de tout cela n'était apparent à la naissance de cette entreprise socialiste fabienne. La première réunion du SSI s'est tenue au Peck's Restaurant à New York, le 12 septembre 1905. Parmi les personnes présentes figuraient le colonel Thomas Wentworth, Clarence Darrow, Morris Hillquit et deux jeunes auteurs socialistes, Upton Sinclair et Jack London. Ces deux auteurs sont des socialistes enthousiastes qui parcourent le pays pour prêcher l'évangile socialiste fabien dans les universités et les clubs socialistes.

Un autre notable d'une trempe un peu plus rude qui a participé au dîner du restaurant Peck's était William Z. Foster, qui a ensuite joué un rôle de premier plan dans le parti communiste des États-Unis. L'amour de Foster pour Karl Marx avait été amplement démontré pendant un certain nombre d'années. Le véritable objectif de ce dîner n'a été révélé que 25 ans plus tard : il s'agissait en fait de la première réunion de l'American Fabian Society.

On se souviendra surtout de Hillquit comme de la force motrice du Parti socialiste américain créé en 1902. Deux ans plus tard, le parti socialiste a obtenu 400 000 voix aux élections — principalement des ouvriers du commerce de la confection qui avaient afflué de Russie aux États-Unis au début des années 1890, amenant avec eux un assortiment de révolutionnaires et d'anarchistes. Pourtant, malgré son visage révolutionnaire peu reluisant, le Socialist Party of America attire un nombre étonnant de membres de l'élite de la société new-yorkaise. Mais les socialistes fabiens de Grande-Bretagne conseillent la prudence — se hâter si vite entraînerait un désastre et c'est ainsi que le "parti" est discrètement dissous.

Comme l'a dit Edward R. Pease, secrétaire de la Fabian Society de Londres :

> "Les pays européens avec leurs grandes capitales ont développé des cerveaux nationaux. L'Amérique, comme les organismes inférieurs, possède des ganglions à des fins diverses dans différentes parties de sa gigantesque charpente."

Pease faisait partie de l'élite de la Fabian Society qui ne supportait pas l'Amérique, n'ayant jamais pardonné aux colons d'avoir infligé une défaite aussi sévère aux armées du roi George III. Malgré cette insulte étudiée, un certain nombre d'Américains éminents se rendirent à Londres et signèrent avec les socialistes fabiens.

Les objectifs à long terme de la Fabian Society britannique par rapport aux États-Unis devaient encore être définis et développés. Il restait à trouver et à nommer un président qui serait très ouvert aux idées socialistes, afin de pouvoir mettre en œuvre les techniques socialistes bien cachées de conquête du pouvoir par la voie subreptice. Comme l'avait dit Ramsey McDonald, les États-Unis seraient très difficiles à socialiser — mais pas impossibles.

La principale pierre d'achoppement était bien sûr la Constitution. À cela s'ajoutent l'immensité du pays et les six groupes raciaux différents aux croyances religieuses très diversifiées. L'éducation et les emplois bien rémunérés, estimait-on, étaient deux autres obstacles qu'il fallait surmonter. Comme le dit Webb, "la maternité et la tarte aux pommes" font obstacle aux ambitieux promoteurs du socialisme. London ordonna au Parti socialiste de se dissoudre et de s'effacer pour se regrouper sous un autre nom à un moment plus propice pour que ses méthodes garantissent le succès.

La formation d'un parti politique n'est pas à l'ordre du jour des socialistes. Il fallait suivre le modèle des "ligues" et des "sociétés" de l'ISS. C'est par des subterfuges qu'ils espéraient éventuellement coopter les partis politiques existants, mais jamais plus ils n'essaieraient de former un parti propre. Ainsi, en 1921, la League of Industrial Democracy (LID) et l'ISS sont fondées et deviennent le siège socialiste de la Fabian Society britannique aux États-Unis.

L'un des moyens les plus subtils imaginés par les socialistes américains pour dissimuler leurs intentions et leurs traces a été de nommer des professeurs socialistes comme responsables de la politique présidentielle. Cette technique a commencé avec Wilson et s'est poursuivie depuis. Les professeurs décideurs annonçaient rarement leur programme, mais rédigeaient des documents de synthèse qu'ils signaient. Ces documents avaient une diffusion strictement limitée, ce qui tenait le grand public à l'écart.

En dehors du cercle des professeurs, d'autres notables ont joué un rôle majeur dans la présidence de Wilson. Parmi eux, Walter Lippmann se démarque de la tête et des épaules des autres. Ce socialiste fabien de formation britannique était considéré comme leur apôtre n° 1 aux États-Unis, qui, avec Mandel House, avait façonné les "14 points", première tentative d'un président américain de façonner un "nouvel ordre mondial". Il est généralement admis que le discours de guerre de Wilson prononcé devant le Congrès des États-Unis le 6 avril 1917 a fait tomber le rideau sur l'ordre ancien, obligeant les États-Unis à faire les premiers pas sur le long chemin socialiste vers l'esclavage.

Wilson a jeté les bases des mensonges sur lesquels le socialisme américain allait être construit. Les Américains sont le peuple le plus menteur de la planète. Depuis que Wilson est entré sur la scène politique, et bien sûr, même avant cela, toute la structure socialiste consistait en mensonges sur mensonges assortis d'autres mensonges. L'un des plus gros mensonges est que nous appartenons aux Nations Unies. D'autres mensonges affirment que l'avortement est légal, que le ramassage scolaire et le soi-disant "contrôle des armes à feu" sont légaux ; le GATT, l'ALENA, la guerre du Golfe, Waco, la FEMA, le raid du "roi" George Bush sur le Panama et l'enlèvement de son chef d'État, ainsi que le règne de Mandela sur l'Afrique du Sud, ne sont que la pointe d'un énorme iceberg de multiples couches de mensonges socialistes.

L'un des plus singuliers de ses gros mensonges est peut-être que le socialisme s'efforce d'améliorer le sort des gens ordinaires et que, contrairement au capitalisme, les socialistes ne s'intéressent pas à la richesse personnelle. Les socialistes ne cessent de prêcher sur les méfaits du capitalisme. Mais un rapide coup d'œil à certains des principaux socialistes révèle rapidement que leurs dirigeants sont issus des éléments les plus élitistes de notre société, des personnes qui utilisent les causes socialistes pour se remplir les poches.

Rien n'était trop bas et aucun cloaque trop profond à sonder pour

Franklin D. Roosevelt et sa famille dans leur quête d'argent. Les Delano (Roosevelt a épousé Sara Delano) ont fait fortune grâce au commerce de l'opium. L'un des plus proches "conseillers" de Roosevelt, Bernard Baruch, et son partenaire avaient le monopole de l'industrie du cuivre, ce qui a permis à Baruch de gagner des millions et des millions de dollars grâce à la Première Guerre mondiale, alors que "l'homme du peuple" mourait par millions dans la boue et le sang des tranchées en France.

Roosevelt a siégé au conseil d'administration de l'Association internationale des banquiers jusqu'au moment où il est devenu gouverneur de New York. Pendant son mandat de banquier, il a obtenu des prêts pour les nations européennes s'élevant à des milliards de dollars à une époque où le travailleur américain avait du mal à rembourser ses hypothèques et, plus tard, pendant les années de dépression, à trouver un emploi. Roosevelt était un menteur socialiste consommé, au même titre que les meilleurs d'entre eux. Il n'a pas dit au peuple américain que l'argent irait aux banquiers dont les usines produiraient des marchandises à vendre sur les marchés américains, grâce à l'abolition des barrières tarifaires par son prédécesseur, Wilson. On estime que 12 millions d'hommes ont perdu leur emploi grâce à l'assaut de Wilson-Roosevelt contre nos barrières commerciales destinées à protéger les emplois américains.

Un exemple flagrant parmi les milliers de gros mensonges de Roosevelt se trouve aux pages 9832-9840, Congressional Record, Sénat, 25 mai 1935 :

"... Et comme il avait annoncé à la convention qu'il l'était pour la plate-forme démocrate à 100%, il était difficilement concevable que le peuple comprenne s'il réduisait immédiatement, avec son Congrès soumis, les tarifs douaniers (droits de douane sur les produits agricoles importés et les produits manufacturés auxiliaires) avec 12 millions d'hommes au chômage. C'est ainsi que lui, ses amis banquiers et les grandes entreprises (c'est-à-dire les entreprises du Comité des 300) ont immédiatement conçu l'idée de lancer le N.R.A — le soi-disant National Recovery Act, mieux connu aujourd'hui sous le nom de 'National Ruin Act'".

"Il a été rapporté que Bernard Baruch et ses amis ont établi

1800 usines dans des pays étrangers et que les tarifs républicains étaient un peu trop élevés pour qu'ils puissent faire notre marché avec une main-d'œuvre étrangère bon marché pour satisfaire leurs idées de gros sous. Alors pourquoi ne pas, sous couvert de guerre contre la dépression refiler au peuple la National Racketeer Association et placer le partenaire de Barney Baruch, le brigadier 'Crackup' Johnson en charge de veiller à ce que les prix soient relevés au niveau de 1928 tout en fixant les prix de l'agriculture entre 1911 et 1914."

"Les agriculteurs ne remarqueraient pas la disparité et s'ils le faisaient — puisque dans ces circonstances il pouvait contrôler les journaux, la radio, les films et toutes les voies d'information des gens avec l'argent des contribuables, leur remplir les oreilles avec la propagande qu'il désirait..."

Roosevelt, le leader socialiste américain, et ses amis banquiers internationaux, aidés par la sédition commise par la Réserve fédérale, ont joué avec la vie des gens de la nation et ont délibérément provoqué la récession de 1922, le krach de 1929 à Wall Street, la Seconde Guerre mondiale et au-delà. Roosevelt souhaitait avoir plus de pouvoirs en tant que président que son prédécesseur Wilson, fou de pouvoir, n'en avait eu.

Bien que le peuple américain ne le sache pas — et des millions ne le savent toujours pas — Wilson a entraîné les États-Unis dans la Première Guerre mondiale et son conseiller non élu, Mandel House, a préparé le terrain pour la Deuxième Guerre mondiale. Roosevelt a veillé à ce que le processus de prêt de milliards par les banques internationales aux puissances européennes pour déclencher des guerres soit poursuivi. Selon des documents mis à ma disposition au British Museum, Lord Beaverbrook, le grand socialiste fabien britannique, utilisait pratiquement la Maison-Blanche comme son bureau de Washington, montrant à Roosevelt comment déverser des milliards et des milliards de dollars en Allemagne pour financer la montée en puissance d'Hitler.

Wilson ne montra aucun scrupule à placer des socialistes ouvertement déclarés à des postes clés de son administration, d'où ils pouvaient faire le maximum pour faire avancer la cause du socialisme aux États-Unis. Fred C. Howe, l'un des socialistes nommés par Wilson, fut nommé commissaire à l'immigration à New

York. Son passe-temps favori consistait à libérer les séditieux et les anarchistes détenus dans le port de New York en attendant leur expulsion.

Une autre nomination "ex-officio" de la Chambre a été celle de Walter Lippmann en tant que secrétaire d'un groupe de "remue-méninges" mis sur pied pour inventer des objectifs de guerre plausibles et des raisons pour lesquelles les États-Unis devraient participer à la Première Guerre mondiale. C'est Lippmann qui a inventé le slogan "la paix sans la victoire", qui est devenu la base des guerres de Corée et du Vietnam. La nomination du scandaleux Ray Stannard Baker comme correspondant confidentiel de Wilson lors des négociations du traité de Versailles était une autre de ces "nominations cruciales".

On a dit que Baker était le principal responsable de la dépendance de Wilson à l'égard de la Fabian Society britannique, au point qu'il n'a pu prendre aucune décision de son propre chef à la Conférence de paix de Paris, sans consulter au préalable Sydney Webb, fondateur de la Fabian Society, Graham Wallas, Bertrand Russell et George Lansbury. C'est ce groupe qui parle constamment de l'administration de Wilson comme d'une administration "démocratique". Les dépêches de Baker à Wilson à Washington, faisaient délibérément référence à "votre administration démocratique".

La Conférence de paix de Paris a échoué sur la Constitution. Quelque 59 sénateurs éclairés, pleinement conscients des intentions du socialiste, refusèrent d'adopter le traité de la Société des Nations, le reconnaissant comme un document de gouvernement mondial unique qui cherchait à placer la Société au-dessus de la Constitution des États-Unis. À ce moment-là, House aurait dit à Sydney Webb que la seule façon de contourner la Constitution des États-Unis était d'imprégner toutes les futures administrations américaines de socialistes clés qui adopteraient une "approche bipartisane des questions de grande importance". Depuis que ces mots ont été prononcés, l'"approche bipartisane" est devenue un euphémisme pour désigner une approche socialiste des questions d'importance vitale pour le peuple américain.

Afin de donner vie à la nouvelle idée "bipartisane", House organise un dîner à l'hôtel Majestic à Paris le 19 mai 1919 pour une sélection de fabianistes et de socialistes américains. Parmi les invités figurent les professeurs James Shotwell, Roger Lansing (secrétaire d'État de Wilson), John Foster et Allen Dulles, Tasker Bliss et Christian Herter, qui devait plus tard placer Mao tse Tung au pouvoir en Chine. Du côté britannique, John Maynard Keynes, Arnold Toynbee et R. W. Tawney, tous grands praticiens du socialisme fabien et ses porte-drapeaux, étaient également présents.

Le groupe a déclaré que pour contourner la Constitution des États-Unis, il serait nécessaire de créer une organisation aux États-Unis sous la direction du Royal Institute of International Affairs (RIIA). La branche américaine devait s'appeler "Institute of International Affairs". Son mandat, donné par son parent londonien, était de "faciliter l'étude scientifique des questions internationales". Le Fabian International Bureau devait agir en tant que conseiller auprès du RIIA et de son cousin américain, qui, en 1921, a changé de nom pour devenir le "Council on Foreign Relations" (CFR).

Ces trois institutions ont été créées avec quatre objectifs principaux :

1. Créer de la confusion autour de la Constitution des États-Unis.

2. Utiliser ces organisations pour influencer et tromper le Congrès des États-Unis et le public.

3. Diviser l'opposition aux causes socialistes à la Chambre et au Sénat par le subterfuge des "comités d'étude bipartites".

4. Détruire la séparation des pouvoirs entre les branches législative, exécutive et judiciaire du gouvernement, comme le recommande le professeur Harold Laski.

Mandel House est à l'origine des "conversations au coin du feu", un outil de propagande essentiel largement utilisé par Roosevelt, et il a "suggéré" la plupart des nominations au cabinet socialiste. Dans de nombreux cas, il a consulté le professeur Charles W. Elliot de Harvard — ce foyer du socialisme qui a joué un rôle si crucial, bien que secret, dans notre histoire. Cela n'est pas surprenant, étant donné que Harvard était totalement dominé par le socialiste fabien Harold Laski, dont les fréquentes conférences à Harvard ont donné le ton à des méthodes d'enseignement fortement orientées vers le socialisme.

La plupart des opinions défendues par House ont été publiées dans la "New Republic", un magazine très apprécié des socialistes américains, dont Wilson lui-même. House avait de nombreux intimes socialistes parmi le Socialist Register. L'un d'entre eux, Joseph Fels, a été convaincu par House de prêter 500 livres anglaises à Lénine et Trotsky à une occasion où ils étaient bloqués à Londres avant de rencontrer Lord Alfred Milner. Baruch a dit un jour : "House a une main dans chaque nomination au cabinet et dans toutes les autres nominations importantes." C'était en effet un euphémisme.

On pense que Wilson était parfaitement au courant des activités de la socialiste Nina Nitze, qui était le principal trésorier des espions allemands opérant aux États-Unis. Cela n'a apparemment pas dérangé Wilson ou House, pas plus que cela n'a affecté plus tard le jugement des présidents Kennedy et Johnson, qui ont nommé le frère de Nina, Paul Nitze, secrétaire de la marine dans les deux administrations et porte-parole principal à diverses conférences de désarmement. Nitze est connu pour avoir fait pencher la balance du pouvoir en faveur de la Russie à chacune des conférences de désarmement, lors desquelles il représentait les États-Unis.

Toujours selon les documents du British Museum, le financement d'Hitler s'est fait par l'intermédiaire de la famille Warburg des deux côtés de l'Atlantique ; en Europe, notamment par l'intermédiaire de la banque socialiste Mendelssohn d'Amsterdam, en Hollande, de la banque Schroeder à Londres et à Francfort, en Allemagne, tandis que la même banque s'occupait du plan de financement d'Hitler par l'intermédiaire de sa succursale de New York. Les transactions étaient contrôlées par le cabinet juridique du Comité des 300, Sullivan et Cromwell, dont l'associé principal était Allen Dulles, de la célèbre famille Dulles. Les frères Dulles ont pris le contrôle du Sénat et du Département d'État pour s'assurer que les voix dissidentes de ceux qui auraient pu tomber sur l'arrangement conclu seraient étouffées avant qu'ils ne puissent alerter la nation.

Ce type d'arrangements financiers était également courant à l'approche de la Seconde Guerre mondiale. Au cours de mes cinq années d'études, j'ai découvert au British Museum de Londres des documents relatifs à la manière dont les socialistes travaillaient des deux côtés de la barrière. Des télégrammes envoyés par l'ambassadeur d'Allemagne à Washington à ses supérieurs du ministère des Affaires étrangères à Berlin indiquaient qu'à partir de 1915, J. William Byrd Hale était l'un des leurs, employé par le ministère allemand des Affaires étrangères pour un salaire de 15 000 dollars par an.

Hale, l'un des membres du cercle restreint de Turtle Bay, une colonie d'été exclusive où résidait l'élite de l'élite des socialistes américains. Parmi eux, le professeur Robert Lovett et un grand nombre d'autres professeurs de la Harvard Law School. House vivait non loin de là, à Manchester. Tous étaient décrits par une presse adoratrice de l'époque comme des "produits polis de Harvard et de Groton", mais la presse était tellement aveuglée par ces personnes glamour qu'elle a omis de préciser qu'ils étaient également des socialistes sortis du tiroir supérieur de la Fabian-American Society. Lovett adorait le travail de John Ruskin, qui s'autoproclamait "communiste de la vieille école", et de William Morris.

Hale, un socialiste "chrétien" dévoué, a fait sa marque avec Wilson au Mexique en orchestrant le vol du pétrole mexicain pour ses principaux collègues socialistes. (Voir "Diplomacy By Deception" pour un compte rendu complet de ce vol scandaleux du peuple mexicain). Il s'est avéré que Hale représentait en fait le ministère allemand des Affaires étrangères jusqu'au 23 juin 1918, et ce, alors que des milliers de soldats de la Citizen Militia américaine mouraient "pour la cause de la liberté". Par la suite, ce socialiste "chrétien" s'est rendu en Allemagne en tant que correspondant de l'American Press Service. Ses reportages pro-socialistes, très orientés, figuraient en bonne place dans les journaux de l'époque, que l'on peut trouver dans les archives du British Museum.

Grâce à ces transactions, l'élite du monde socialiste s'est enrichie. Non pas qu'il y avait quelque chose de nouveau dans ces arrangements dégoûtants. À l'approche de la guerre civile, et pendant toute sa durée, le communisme et le socialisme ont fait d'énormes progrès en Amérique, un fait qui n'est pas mentionné dans nos livres d'histoire et qui est bien caché au public dans les énormes extravagances hollywoodiennes sur cette guerre, la plus tragique de toutes.

Un fil conducteur traverse le mouvement socialiste fabien : un désir passionné de tout démolir et de tout détruire. Cela est confirmé aux pages 45944595, Congressional Record, 23 février 1927, sous le titre "General Deficiency Bill". Cette page de notre histoire décrit les socialistes et les communistes et leurs efforts pour détruire la République confédérée des États-Unis d'Amérique. Vous trouverez de nombreuses informations sur la façon dont les socialistes ont coopéré avec leurs frères communistes dans la brochure "Key Men of America".

Le socialisme est une révolution mondiale bien plus que ne l'était le communisme, mais à un rythme plus lent et à un niveau plus sédentaire. Mais la révolution souhaitée par les socialistes est la même : l'anarchie spirituelle, la destruction de dix-neuf siècles de civilisation occidentale, la dispersion des traditions et la fin du christianisme. Si le lecteur en doute, la lecture du livre de Franklin D. Roosevelt, "On Our Way", convaincra les sceptiques que le socialisme ne diffère du communisme que par la méthode.

Le bolchevisme était l'expérience violente et radicale qui a tenté de débarrasser la Russie du christianisme : aux États-Unis, d'autres moyens plus subtils sont employés, comme l'interdiction de la prière dans les écoles, la soi-disant "séparation de l'Église et de l'État", et dans les salles de classe, où des myriades de professeurs socialistes font subir aux élèves un lavage de cerveau propre à promouvoir la révolution silencieuse que les socialistes sont en train de mener. Le bolchevisme, le marxisme. Le socialisme, tous ont le même objectif commun, et ils vont de pair avec le "libéralisme", le "pacifisme", la "tolérance", le "progressisme", la "modération", la "paix", la "démocratie", le "peuple" et les subterfuges utilisés pour dissimuler et déguiser les véritables objectifs du socialisme.

Ces termes sont destinés à tromper les imprudents afin que le socialisme ne soit pas associé à la révolution. Mais le but du socialisme et du bolchevisme est le même : la destruction de la civilisation construite sur dix-neuf siècles de tradition et de christianisme. Les objectifs du socialisme sont :

1. L'abolition du gouvernement.

2. L'abolition du patriotisme.

3. L'abolition du droit de propriété. (Alors que les communistes le banniraient purement et simplement, les

socialistes choisissent la voie furtive et sournoise de la taxation des droits de propriété privée pour les faire disparaître.

4. L'abolition de l'héritage. (Là encore, les communistes le banniraient purement et simplement, les socialistes au moyen de lois sur l'impôt sur les successions).

5. Abolition du mariage et de la famille.

6. Abolition de la religion, en particulier du christianisme.

7. Destruction de la souveraineté nationale des pays et du patriotisme national.

Woodrow Wilson connaissait ces objectifs, mais il n'a pas reculé devant eux et n'a pas hésité à devenir un instrument des socialistes internationaux, embrassant avec enthousiasme les programmes socialistes américains, pour lesquels il avait besoin de pouvoirs qui ne lui étaient pas accordés par la Constitution des États-Unis. Wilson n'hésitait pas à utiliser les méthodes sournoises des socialistes pour atteindre ses objectifs. Par exemple, il réussit à faire entrer les États-Unis dans la Première Guerre mondiale en qualifiant de "devoir patriotique" le fait de défendre l'Amérique, qui n'a à aucun moment été menacée par l'Allemagne !

Wilson n'a pas été le premier président assoiffé de pouvoir, même s'il a été le premier ouvertement socialiste. La distinction douteuse de l'accaparement du pouvoir revient au président Lincoln qui a été le premier à sortir des proclamations, aujourd'hui appelées ordres exécutifs. Le président George Bush a suivi les traces de Roosevelt, utilisant les mêmes méthodes anticonstitutionnelles pour faire son nid, plongeant dans tous les cloaques où il y avait de l'argent à gagner au détriment du peuple américain.

Un soi-disant "républicain", Bush a fait autant de mal aux "gens ordinaires" des États-Unis que Roosevelt l'avait fait, et que Wilson l'avait fait avant lui. Méfiez-vous des étiquettes des partis. George Washington a qualifié les partis politiques de "fâcheux et inutiles" et l'histoire moderne montre qu'ils sont source de division. Les tyrans ont réussi grâce aux partis politiques et à leur mentalité "diviser pour régner". La Constitution des États-Unis prévoit la mise en accusation d'hommes comme Wilson, Roosevelt et Bush. En fait, le patriotique membre du Congrès Henry Gonzalez a déposé six articles de mise en accusation contre Bush pendant la guerre du Golfe, mais la politique partisane a empêché que l'article 2, section 4, article 1, section 3, soit utilisé pour traduire George Bush en justice.

Il y avait une multitude de raisons de mettre Bush en accusation, la moindre n'étant pas son incapacité à respecter la Constitution et à obtenir une déclaration de guerre correctement rédigée. Ensuite, sa remise inconstitutionnelle de la dette égyptienne de 7 milliards de dollars, sa corruption de la Syrie et d'autres nations qui ont rejoint sa "Tempête du désert" contre la nation irakienne : Son utilisation abusive et continue des trois branches des services en violation de la Constitution, et le fait qu'il se soit autoproclamé commandant en chef des services armés, ce qu'il n'était pas, sont également passibles de poursuites.

Il convient de répéter que la guerre du Golfe était illégale. Elle a été menée sans déclaration de guerre, au mépris de la Constitution. Le Congrès, largement conditionné par les sentiments des partis, a essayé de rédiger un type de résolution — pas une déclaration de guerre — qui prétendait donner un semblant de légalité à l'action de Bush. Mais le Congrès a ajouté l'insulte à la blessure au peuple américain en faisant l'erreur de rédiger sa version d'une déclaration de guerre en accord avec le mandat des Nations Unies donné à Bush, et non en accord avec la Constitution des États-Unis.

C'était absolument faux : les États-Unis n'ont jamais adhéré constitutionnellement aux Nations Unies et une déclaration de guerre par cet organe du gouvernement mondial unique NE PEUT PAS figurer sur le même instrument ni même être associée à une déclaration de guerre du Congrès. L'article 1, section 9 de la Constitution des États-Unis nie et/ou limite le pouvoir du Congrès de légiférer. Le Congrès n'a pas le pouvoir absolu de légiférer et ne peut le faire qu'en accord avec la Constitution.

La résolution "mi-figue, mi-raisin" adoptée par le Congrès, derrière laquelle Bush a essayé d'obtenir un semblant de légalité pour sa guerre illégale, était en dehors du cadre et de l'esprit de la Constitution des États-Unis et ne constituait pas une déclaration de guerre. Une analyse de la façon dont le Congrès a voté montre de façon spectaculaire que, presque à un homme près, les centaines de socialistes qui infestent la Chambre et le Sénat ont voté pour Bush afin de lui permettre de continuer à bafouer la Constitution. Bush aurait dû être mis en accusation et jugé. Si la Constitution avait été suivie dans une telle procédure, il ne fait aucun doute qu'il aurait été emprisonné, comme il le mérite à juste titre.

Les pouvoirs du président sont contenus dans la section II de la Constitution des États-Unis. Les actions qui ne figurent pas dans la section II sont des exercices de pouvoir arbitraire. Les socialistes, à commencer par House, Frankfurter et Brandeis, suivis de Katzenbach et consorts, prétendent que les trois branches du gouvernement sont égales. C'est un mensonge — un autre des mensonges qui constituent l'énorme iceberg sur lequel cette nation fera naufrage si nous ne changeons pas de cap. Le professeur Harold Laski a été le principal instigateur de ce mensonge, considéré comme la première étape vers l'affaiblissement de la séparation des pouvoirs telle qu'elle est prévue par la Constitution des États-Unis.

Les trois branches du gouvernement ne sont pas co-égales et ne l'ont jamais été. La Chambre et le Sénat ont créé le pouvoir judiciaire, et la Chambre et le Sénat n'ont jamais eu l'intention de leur donner des pouvoirs égaux. Bien sûr, si cela venait à être connu, le détournement socialiste de la Constitution "par la voie législative" serait jeté par la fenêtre. Peut-être le peuple américain se réveillera-t-il avant qu'il ne soit trop tard de la manière dont les juges gribouillent la Constitution.

Le Congrès a des pouvoirs supérieurs — l'un d'entre eux est le pouvoir de dépenser. Un autre moyen simple de se débarrasser des juges socialistes est d'appliquer l'article III, section I, qui stipule que les juges ne peuvent "recevoir pour leurs services une rémunération qui ne sera pas diminuée pendant la durée de leur mandat".

Cela signifie que les juges de la Cour suprême des États-Unis ne peuvent pas, selon la loi, être payés en monnaie dévaluée, et qu'il n'existe pas de meilleur exemple de "monnaie" dévaluée que les billets de la Réserve fédérale, communément (et par erreur) appelés "dollars". Quel coup dur ce serait pour les héritiers de la doctrine Kelley si nous, le peuple, fermions la Cour suprême par manque d'argent qui n'est pas débité !

Wilson aurait également dû être mis en accusation. Sa folle prise de pouvoir s'est faite à l'instigation de Mandel House, l'archi-ennemi socialiste du peuple des États-Unis qui travaillait dans l'ombre à ses plans sinistres, scabreux et maléfiques pour renverser et détruire la République confédérée des États-Unis d'Amérique. À cette fin, House a fait nommer par Wilson toutes sortes de socialistes d'élite à des postes clés.

Les objectifs du socialisme américain ont été bien dissimulés dans le passé, notamment au cours de la période précédant la Seconde Guerre mondiale. Il est clair que le socialisme a atteint nombre de ses objectifs. Il l'a fait en formant des mouvements destinés à briser la morale de l'Amérique, comme en témoigne la croissance étonnante de "l'amour libre" (amour sans responsabilité) qui a jusqu'à présent coûté la vie à plus de 26 millions de bébés assassinés, sanctionnés par les décisions pro-avortement de la Cour suprême, toutes 100% inconstitutionnelles, car la Constitution est muette sur l'avortement. Lorsque la Constitution est silencieuse sur un pouvoir, il s'agit d'une interdiction de ce pouvoir.

Le président Clinton croit fermement à l'infanticide et, en bon socialiste qu'il est, soutient l'avortement de toutes les forces de son administration. Il est intéressant de noter que la première fois que l'on a pensé aux cliniques d'avortement, c'était lorsque Mme Laski, épouse du professeur Laski de la Fabian Society, a commencé à établir des cliniques de contrôle des naissances en Angleterre. Les tactiques de Mme Laski utilisaient les méthodes du célèbre commissaire communiste, la camarade Alexandra Kollontay.

Lorsque les socialistes sont confrontés et exposés en faisant avancer la cause du communisme par des tactiques différentes, ils protestent bruyamment. Mais le vieux dicton, "blessez un communiste et un socialiste saigne" n'a jamais été aussi vrai qu'aujourd'hui. Ce que nous avons aux États-Unis, c'est un gouvernement socialiste parallèle secret, de haut niveau, connu sous le nom de Council on Foreign Relations (Conseil des Relations Étrangères), créé en 1919 par les archi-socialistes Mandel House et Walter Lippmann, sous la direction et le contrôle du RIIA à Londres.

Souvent, nous voyons dans la presse des histoires de désaccord ouvert entre communistes et socialistes. Cela est fait pour tromper les imprudents et garder en ligne ceux qui ont été dupés en croyant que "progressiste", "libéral", "modéré" signifie vraiment autre chose que ce que les socialistes veulent dire. Ainsi, ils sont capables de garder en ligne un grand nombre de personnes qui, autrement, reculeraient en état de choc s'ils savaient qu'ils encouragent les objectifs d'un gouvernement révolutionnaire mondial. Le fait que notre nouveau président, accusé d'être un coureur de jupons, un libertin sans morale, soit acceptable pour des millions d'Américains qui ne sont pas socialistes, est un triomphe pour les méthodes du socialisme fabien.

Leurs méthodes sont si subtiles que leurs objectifs ne sont pas toujours reconnus au premier abord. Dernièrement, il y a eu beaucoup de discussions (la plupart d'entre elles d'un faible niveau montrant le peu de compréhension de la Constitution des États-Unis parmi la majorité des sénateurs) sur le droit de veto censé être le droit du président. Il s'agit là d'une pure propagande socialiste anticonstitutionnelle, et de la poursuite du processus entamé par les socialistes sous la présidence de Wilson, qui consiste à céder au président les droits qui appartiennent normalement au pouvoir législatif. L'objectif des socialistes est de donner au président des pouvoirs qu'il n'a pas et auxquels il n'a pas droit, afin qu'ils puissent faire passer la Constitution au rouleau compresseur et l'écarter du chemin de leurs plans pour le Nouvel Ordre Mondial.

Les socialistes veulent que le président dispose de pouvoirs de veto non accordés par la Constitution dans le cadre d'une " résiliation renforcée". Dans la tradition socialiste, ils ne disent pas directement "nous voulons que le président puisse opposer son veto à n'importe quelle partie d'un projet de loi adopté par la Chambre et le Sénat". C'est ce que l'on entend par "veto par article".

Ce subterfuge fait suite à la directive de Florence Kelley selon laquelle les changements doivent être effectués à l'avance, "par la voie législative" s'ils ne peuvent être réalisés par des moyens constitutionnels. Comme nous le voyons ailleurs dans ce livre, le professeur Harold Laski a consacré une grande partie de son temps à discuter avec Felix Frankfurter et le président Roosevelt, de la manière de subvertir la disposition constitutionnelle selon laquelle les pouvoirs de chaque branche du gouvernement accordés par la constitution ne peuvent être transférés. Laski s'en prenait fréquemment à cette pierre d'achoppement de la promotion du socialisme, via "la voie législative". L'hypocrisie choquante des socialistes se révèle dans leur insistance à faire appliquer strictement l'idée de la soi-disant "séparation de l'église et de l'État". Apparemment, ce qui est sauce pour l'oie n'est pas sauce pour le jars. Remettre ce genre de pouvoir au président est un acte de suicide — et très probablement, une trahison. Le véritable enjeu ici est le pouvoir, et la manière dont les socialistes peuvent s'en emparer de plus en plus par l'intermédiaire d'un de leurs serviteurs qu'ils placent à la Maison-Blanche. Il n'y a rien de plus dangereux que la volonté des socialistes de confier au président des pouvoirs réservés à la Chambre et au Sénat, ce qui produirait des super-Wilson, Roosevelt, Bush et Clinton et précipiterait les États-Unis dans une dictature socialiste — ce qui est déjà pratiquement le cas.

Le droit de veto deviendrait une querelle de partis politiques, intimidant les législateurs que le peuple des États a renvoyés à Washington pour qu'ils fassent ce que le peuple des États leur demande — et non le gouvernement fédéral. L'abandon du droit de veto aux pouvoirs du Congrès garantira l'avènement de futurs tyrans encore pires que George Bush dont la guerre privée pour et au nom de la couronne britannique a coûté la vie à des centaines d'Américains et 200 milliards de dollars. Le droit de veto pour le président serait un grand triomphe pour Florence Kelley.

L'octroi au président d'un droit de veto sur un article précis plongerait la Chambre et le Sénat dans la confusion, paralyserait leurs efforts et, d'une manière générale, accélérerait l'effondrement du gouvernement dans ce pays — autant d'objectifs déclarés des socialistes. Les tensions et les passions entre les pouvoirs législatifs se déchaîneraient et rendraient le Congrès totalement soumis à un président belliqueux et déterminé à suivre l'agenda socialiste. La Constitution des États-Unis deviendrait une feuille de papier blanche, avec des contrôles et des équilibres réduits à une ruine fumante.

Cette nation a déjà beaucoup trop souffert des excès des présidents socialistes qu'ils ont mis en place (Wilson, Roosevelt, Kennedy, Johnson, Carter, Eisenhower, Bush et Clinton). Ces présidents ont précipité la nation dans des guerres meurtrières dans lesquelles nous n'aurions jamais dû nous engager, au prix de millions et de millions de vies, sans parler des milliards de dollars que ces guerres ont générés, des milliards qui sont allés aux banquiers de Wall Street et de la City de Londres, à la Banque des Règlements Internationaux, à la Banque mondiale, etc.

Les pouvoirs de veto et les soi-disant ordres exécutifs illégaux feront d'un futur président tyran du calibre de Roosevelt et Bush un roi, aussi sûrement que si le titre leur avait été conféré. Donner au président le pouvoir constitutionnel d'opposer son veto aux projets de loi du Congrès nécessiterait un amendement à la Constitution des États-Unis. Les trois départements ne peuvent légiférer ou, par tout autre moyen, transférer des fonctions ou des pouvoirs à une autre division du gouvernement. Les Pères fondateurs ont rédigé cette disposition pour empêcher les tyrans potentiels de s'emparer des pouvoirs par cette méthode.

Si nous voulons un exemple de tyrannie, il ne faut pas chercher plus loin que l'attaque d'une église chrétienne à Waco par le gouvernement fédéral, en violation totale de la Constitution des États-Unis. Il y a eu 87 personnes assassinées à Waco. Le "massacre" de la place Tienanmen (description de l'événement par les médias socialistes) a tué 74 Chinois. Pourtant, Clinton était prêt à croiser le fer avec la Chine pour ses violations des "droits de l'homme" occasionnées par le soulèvement de la place Tienanmen contre le gouvernement de Pékin, mais n'a jusqu'à présent rien fait pour traduire en justice les auteurs de Waco. C'est typique de l'hypocrisie flagrante d'un vrai socialiste.

Dans la Constitution des États-Unis, où est-il dit que le gouvernement fédéral a le droit d'intervenir dans les États et de persécuter un groupe religieux ? Nulle part ! Le gouvernement fédéral n'a pas à se mêler des affaires des États, surtout lorsqu'il s'agit de pouvoirs de police. Le 10e amendement est parfaitement clair à ce sujet : les pouvoirs de police en matière de santé, d'éducation et de protection policière, appartiennent exclusivement aux États. Si les Branch Davidians avaient par hasard commis un crime justifiant une action policière à leur encontre, cette action aurait dû être menée par la police locale et personne d'autre. Le département du shérif de Waco a lamentablement manqué à son devoir de protéger correctement les davidiens à l'intérieur de leur église.

Le gouvernement fédéral a une fois de plus montré son attitude arrogante à l'égard de la Constitution des États-Unis en violant l'article 1 de la Déclaration des droits de la Constitution des États-Unis, qui stipule que :

> "Le Congrès ne fera aucune loi concernant l'établissement d'une religion ou interdisant le libre exercice de celle-ci, ou restreignant la liberté de parole ou de la presse, ou le droit des gens de se réunir pacifiquement et d'adresser des pétitions au gouvernement pour la réparation des torts."

Ce qui s'est passé à Waco, c'est que le gouvernement fédéral a pris des pouvoirs qu'il n'a pas et s'est rendu à Waco avec l'intention expresse d'interdire le libre exercice des croyances religieuses et la liberté d'expression. C'est l'humanisme séculier en action qui n'a pas sa place dans notre Constitution. Les socialistes sont très attachés à la "séparation de l'Église et de l'État" — quand cela les arrange. Qu'est-il arrivé à la "séparation de l'Église et de l'État" à Waco ? Elle n'y était pas !

Le gouvernement fédéral a décidé qu'il pouvait simplifier la religion, qui est un sujet complexe qui défie toute simplification. À la page E7151, Congressional Record, House, 31 juillet 1968, le juge Douglas a exprimé la question de la manière suivante ;

> "...Il est impossible pour le gouvernement de tracer une ligne entre le bien et le mal (la nostrum de l'humanisme séculaire) et pour être fidèle à la Constitution, mieux vaut laisser de telles idées tranquilles."

Au lieu d'écouter ses propres juges socialistes, le gouvernement fédéral a décidé qu'il avait le droit de décider entre une "bonne" religion et une "mauvaise". Les agents du gouvernement sur le terrain à Waco ont pris sur eux de simplifier à l'extrême la complexité de la religion. L'expérience au cours des siècles a montré que la religion ne peut être simplifiée. De plus, elle se situe en dehors des questions politiques et elle n'a jamais été censée être simplifiée.

Les 10 premiers amendements de la Constitution des États-Unis constituent une restriction pour le gouvernement fédéral. En outre, l'article 1, section 9 de la Constitution des États-Unis dénie au gouvernement fédéral tout droit de légiférer sur les questions religieuses. Les pouvoirs primaires de la Chambre et du Sénat se trouvent à l'article 1, section 8, clause 1-18. Rappelez-vous que le gouvernement fédéral n'a aucun pouvoir absolu. Le gouvernement fédéral n'a aucun droit de décider ce qui est une église et ce qui est un culte. Apparemment, les agents du gouvernement sur le terrain à Waco, ont fait cette détermination avec l'aide d'un "déprogrammeur de secte" d'une sorte ou d'une autre. L'idée même d'une telle action est répugnante, pour ne pas dire carrément illégale.

Si le gouvernement fédéral disposait de ce pouvoir — ce qui n'est pas le cas — il aurait le pouvoir de détruire toutes les religions — un élément du programme socialiste et l'un des objectifs de la révolution mondiale. Ce pouvoir ne figure pas dans le premier amendement de la Constitution des États-Unis, ni dans les pouvoirs délégués du Congrès ou dans les pouvoirs primaires du Congrès à l'article 1, section 8, clauses 1-18. Lorsque la Constitution des États-Unis est muette sur un pouvoir, il s'agit d'une interdiction de ce pouvoir.

Alors, d'où le FBI et l'ATF tiennent-ils leur pouvoir qui leur a permis d'attaquer une église chrétienne ? Apparemment du président et du procureur général, qui n'ont ni l'un ni l'autre de tels pouvoirs et, puisqu'ils admettent tous deux leur responsabilité dans l'acte épouvantable de Waco, ils devraient être mis en accusation. Plus d'Américains sont morts à Waco que d'étudiants chinois sur la place Tienanmen. La presse à scandale des États-Unis a-t-elle qualifié les étudiants chinois de "secte" ? Bien sûr que non. Le gouvernement fédéral n'a pas non plus le droit de qualifier un mouvement chrétien de "secte".

La Constitution des États-Unis a été compromise par les actions du gouvernement fédéral à Waco. La Constitution des États-Unis ne peut être compromise. Aucune agence gouvernementale n'est au-dessus de la Constitution, et les agences du gouvernement fédéral qui ont pris part à l'attaque de Waco ont enfreint la loi. Elles n'avaient aucun droit constitutionnel d'intervenir dans une affaire qui relevait de la compétence de l'État du Texas, mais pas du gouvernement fédéral. Le gouvernement fédéral a qualifié les Branch Davidian de "terroristes", mais n'aurait pas dû avoir son mot à dire dans cette délimitation. C'était à l'État du Texas de le faire.

Nulle part dans la Déclaration des droits, le gouvernement fédéral n'a l'autorité de qualifier une église chrétienne d'organisation "terroriste". L'autorité pour l'attaque de Waco ne se trouve pas dans l'Article 1, Section 8, Clauses 1-18. Il aurait fallu un AMENDEMENT CONSTITUTIONNEL pour autoriser le gouvernement fédéral à lancer une attaque armée contre l'église Branch Davidian à Waco. Pour bien comprendre l'horreur de Waco, il faut lire la Déclaration d'Indépendance, où l'on trouve une récapitulation des actes de brutalité perpétrés contre les colons par le roi George III. Waco, c'est le roi George III revécu — en pire. Le Congrès (la Chambre et le Sénat) a le pouvoir de réparer cette erreur. Il peut ordonner une audience complète du Congrès. Le Congrès peut également couper le financement des agences fédérales qui ont pris part à cette attaque moderne du roi George III contre les citoyens des États-Unis. Des articles de mise en accusation sont nécessaires de toute urgence. Le Congrès doit assumer la majeure partie de la responsabilité. Les agents fédéraux qui ont pris part à l'assaut de l'église Branch Davidian ont probablement pensé qu'ils agissaient sous l'autorité de la loi, alors qu'ils ne l'étaient pas. Le Congrès est censé le savoir, et le Congrès est censé corriger la situation, de peur qu'elle ne se perpétue ailleurs. Birch Bayh, ancien sénateur socialiste de l'Indiana, a été utilisé par la Fabian Society pour saper la Constitution des États-Unis, et il l'a fait à chaque occasion, comme l'établit clairement la lecture des pages S16610-S16614, Congressional Record, Sénat.

Où est-il dit dans l'article 1, section 8 ou dans les pouvoirs délégués au Congrès que le gouvernement fédéral a le pouvoir d'utiliser des véhicules militaires pour attaquer une église ? Où est-il dit que les agents fédéraux sont habilités à qualifier une église de "culte" ? Cette attaque contre l'église chrétienne Branch Davidian est une violation des 1er, 4e et 5e Amendements et constitue un acte d'accusation contre les citoyens des États-Unis à Waco. Ni le pouvoir législatif, ni le pouvoir exécutif, ni le pouvoir judiciaire du gouvernement fédéral n'ont le droit de qualifier une église chrétienne — ni d'ailleurs aucune église — de "secte". Depuis quand le gouvernement fédéral a-t-il le pouvoir de décider de ces questions religieuses complexes ? Depuis quand le gouvernement fédéral peut-il exercer un Bill of Attainder ?

Ce que le gouvernement fédéral a fait à Waco, c'est prendre une question religieuse complexe et la transformer en une simple question de "secte" qu'il n'aimait pas. En vertu de l'article II de la Constitution des États-Unis, le pouvoir exécutif n'a pas le pouvoir d'attaquer ce que le président et son procureur général ont appelé "une secte". Ce n'est pas la première fois que le gouvernement fédéral lance une attaque contre un groupe religieux qu'il n'aime pas. Ce n'est pas une excuse pour dire simplement que le président et son procureur général assument la responsabilité d'avoir enfreint la loi.

Aux pages 1195-1209, Congressional Record, Sénat 16 février 1882, nous voyons que le Sénat a essayé d'agir comme Dieu en nommant une commission de cinq hommes pour empêcher les mormons de voter simplement parce qu'ils étaient mormons. Il s'agissait d'une violation flagrante d'un bill of attainder. Le seul point positif de cet horrible épisode de l'histoire est qu'il y a eu un débat au Sénat. Les victimes du gouvernement fédéral à Waco n'avaient pas ce droit. Sur les efforts pour empêcher les mormons de voter, et nous le trouvons à la page 1197 — et ceci est très pertinent pour l'attaque de Waco, nous lisons : "Ce droit appartenait à la civilisation et à la loi américaines bien avant l'adoption de la Constitution."

Ce droit existait déjà à l'époque coloniale, tout comme le droit de porter des armes, et ces droits ont été intégrés à la Constitution par une série d'amendements, en plus de ceux figurant dans l'instrument original. Ces amendements visaient à protéger les droits. Ils ne faisaient que garantir des droits qui existaient déjà avant la Constitution, qui n'était pas la créatrice des droits elle-même. Ce que le gouvernement fédéral a fait à Waco n'était pas très différent du type d'action préconisé par le socialiste international Karl Marx — que le gouvernement chinois a observé sur la place Tienanmen. Les citoyens qui sont morts dans l'incendie de Waco n'ont pas bénéficié de leurs droits constitutionnels à un procès équitable et à une procédure légale régulière, comme le stipule le 5e amendement.

Je poursuis la lecture d'un extrait du Congressional Record, Sénat, 16 février 1882, à la page 1200 :

> "Par exemple, personne, nous le présumons, ne soutiendra que le Congrès peut faire une loi dans un territoire concernant l'établissement de la religion ou le libre exercice de la religion, ou restreindre la liberté de parole ou de la presse, ou le droit de

la population du territoire de s'assembler pacifiquement et d'adresser des pétitions au gouvernement pour le redressement des griefs. Le Congrès ne peut pas non plus refuser au peuple le droit de garder et de porter des armes ni le droit à un procès par jury ni obliger quiconque à témoigner contre lui-même dans une procédure criminelle. Ces pouvoirs, en relation avec les droits de la personne, qu'il n'est pas nécessaire d'énumérer ici, sont en termes exprès et positifs refusés au Gouvernement général ; et le droit à la propriété privée doit être préservé avec le même soin."

Ce qui s'est passé à Waco, c'est du socialisme sans entrave en action, bafouant grossièrement la Constitution des États-Unis. Puisqu'il est clair que ni le Congrès (Chambre et Sénat), ni le pouvoir judiciaire, ni le pouvoir exécutif (le Président) n'avaient le moindre droit constitutionnel d'ordonner une attaque armée contre l'église Branch Davidian à Waco, la question suivante est : que fait le Congrès pour réparer cette violation flagrante de la Constitution et que fait-il pour traduire en justice les coupables au sein du gouvernement fédéral ?

Dans un État socialiste/marxiste, Waco aurait été un simple exercice du pouvoir gouvernemental. Mais les États-Unis, grâce à leur Constitution, ne sont pas un État socialiste/marxiste ; ils demeurent une république confédérée, malgré les assauts horribles dont ils ont fait l'objet de la part de Fabiens socialistes comme Harold Laski, Felix Frankfurter, Hugo Black, Franklin Roosevelt, Dwight Eisenhower, George Bush et, maintenant, le président William Jefferson Clinton. Waco était un exercice cynique de pouvoirs non accordés aux branches judiciaire ou exécutive du gouvernement et apparaît au même niveau que les excès du passé concernant l'intolérance religieuse.

Pour en revenir aux tentatives des socialistes de transférer des pouvoirs d'une branche du gouvernement à une autre. Même sans les pouvoirs de veto, nous avions déjà un roi au lieu d'un président. Je veux parler du "roi" George Bush, dont la soif de pouvoir a engendré plus de pouvoir et encore plus de pouvoir jusqu'à ce que la nation soit emportée par la marée de sa folle prise de pouvoir et atterrisse dans une guerre aussi inconstitutionnelle que n'importe quelle autre dans l'histoire des États-Unis.

Ce qui a été entièrement perdu de vue dans le débat à la Chambre et au Sénat sur la question de savoir s'il faut "donner" un tel pouvoir au président, c'est qu'étant 100% inconstitutionnel, cela nécessiterait un amendement à la Constitution des États-Unis. Le Congrès (Chambre et Sénat) n'a pas le pouvoir d'accorder au président un droit de veto sur un article précis : cela ne peut être fait par le Congrès, mais uniquement par le biais d'un amendement constitutionnel.

Les Pères fondateurs voulaient éviter que la Constitution ne soit contournée par les trois départements qui se renvoient les pouvoirs. L'article 1, section 9 de la Constitution des États-Unis nie ou limite sévèrement le pouvoir du Congrès de légiférer. Le Congrès ne peut pas transmettre ses fonctions à la Cour suprême ou au président sans un amendement constitutionnel. Cette disposition était destinée à empêcher les socialistes fous de pouvoir comme Wilson, Roosevelt et Bush de précipiter le pays dans une guerre après l'autre, mais cela n'a pas empêché Wilson, Roosevelt et Bush de faire exactement cela.

Clinton attend sa chance de déclencher une nouvelle guerre. Il l'a ratée de peu contre la Corée du Nord, mais son tour viendra peut-être avant la fin de son unique mandat. Le pouvoir de veto par article est un autre pas vers l'objectif socialiste de "rendre la Constitution des États-Unis sans effet". Le pouvoir constitutionnel du président se trouve dans la section II de la Constitution des États-Unis. Il n'a aucun autre pouvoir.

La Fabian Society a poursuivi la guerre perdue par les armées du roi George III. Ils ont provoqué la guerre civile et toutes les guerres depuis lors, dans l'espoir de renverser la République confédérée des États-Unis. Les Annales du Congrès, les Globes du Congrès et le Congressional Record fournissent une foule d'informations et de détails qui confirment cette opinion. À la page 326, Congressional Globe, House, 12 juillet 1862, nous trouvons un discours de l'honorable F. W. Kellogg, intitulé "Origine de la rébellion" : "…

> "L'orgueil national a été gratifié, également l'accroissement de la puissance, et la certitude que dans un demi-siècle encore, les États-Unis doivent être de loin la nation la plus puissante du globe. Mais les grandes puissances d'Europe ont assisté avec inquiétude à cette croissance rapide ; et défendent l'Amérique, qui n'a jamais été, à aucun moment, menacée par les

Allemands !"

Les méfaits commis par les socialistes américains des temps modernes sont énormes. Jacob Javitts a vu dans ce qu'il appelait les "questions des droits civiques" une occasion en or de remuer les eaux raciales en infiltrant des socialistes dans des organismes gouvernementaux clés tels que la Commission pour l'égalité des chances. Sur la scène internationale, Javitts, en utilisant les tactiques d'intimidation que les socialistes maîtrisent si bien, a été responsable de la création de ce que l'on appelle les "banques internationales" et a ensuite obtenu du Congrès qu'il les finance d'une manière tout à fait inconstitutionnelle.

Un autre grand promoteur du socialisme dans ce pays était le juge Abe "Fixer" Fortas, qui, plus que tout autre socialiste, a été responsable de la "légalisation" d'un flot de littérature obscène et de pornographie. Cette mesure visait à affaiblir encore davantage la moralité de la nation. Fortas a émis le vote décisif sur la décision totalement erronée de la Cour suprême des États-Unis d'autoriser la pornographie sous le couvert de la "liberté d'expression". Les psychologues et les psychiatres nous disent que cela a conduit directement à une énorme augmentation de la criminalité, car ce type de "divertissement" titille les centres inférieurs du cerveau.

Les membres de la Chambre et du Sénat doivent porter leur part de responsabilité dans cette situation et dans l'augmentation choquante du chômage et de la criminalité en tandem. La Chambre et le Sénat peuvent, par un vote des deux tiers, annuler n'importe quelle décision de la Cour suprême, et ils auraient dû le faire il y a dix ans, sans attendre que la situation devienne incontrôlable, pour ensuite laisser les socialistes en leur sein mettre le problème sur le compte des "armes à feu". Il y a des socialistes vraiment très chauds à la Chambre et au Sénat. Le représentant Bill Richardson en est un exemple notable : Aux pages E2788 E2790, Congressional Record, le mercredi 31 juillet 1991, Richardson s'est lancé dans un éloge de l'un des pires socialistes au monde : le représentant de l'époque, Stephen Solarz, qui s'est immiscé dans les affaires de la Rhodésie, de l'Afrique du Sud, des Philippines, de la Corée du Sud et de tous les pays non gauchistes sous le soleil. Comme si cela ne suffisait pas, les enquêteurs qui ont enquêté sur le scandale bancaire de la Chambre des représentants ont découvert que Solarz avait signé le plus grand nombre de chèques sans provision.

D'autres "saints" socialistes qui ont causé à ce pays un préjudice illimité et provoqué l'effondrement non seulement de nos systèmes économiques, politiques et judiciaires, mais qui ont activement cherché à faire avancer l'agenda socialiste au détriment du peuple américain sont : Harry Dexter White, John Kenneth Galbraith, Arthur Schlesinger, Telford Taylor, Robert Strange Mc Namara, David C. Williams, George Ball, Felix Frankfurter, Bernard Baruch, Arthur Goldberg, Alger Hiss, le juge Gesell, Ralph Bunche, Nicholas Katzenbach, Cora Weiss, Louis Brandeis, McGeorge Bundy, Henry Kissinger, Allen et John Foster Dulles, Sam Newhouse et Walt Whitman Rostow. Certains d'entre eux, ainsi que d'autres "guerriers" socialistes, sont présentés dans les chapitres "Les étoiles du firmament socialiste", avec un compte rendu de leurs actions.

Leurs plans et objectifs étaient d'amener lentement, insidieusement, les États-Unis à adopter le socialisme, par étapes faciles qui ne seraient pas remarquées par le peuple. Le programme a été élaboré par la Fabian Society de Londres, tel que détaillé par ses principaux acteurs, le professeur Laski, Graham Wallas et Kenneth Galbraith. Ces plans ont été élaborés de manière à coïncider ou à s'accorder avec ce que les "libéraux" faisaient en Amérique, en particulier dans les domaines de l'éducation, de l'affaiblissement de la Constitution des États-Unis, du système américain d'économie politique basé sur une monnaie saine et des tarifs de protection commerciale.

Ceux-ci coïncidaient largement avec les plans des socialistes internationaux pour la formation d'un éventuel gouvernement mondial unique — le Nouvel Ordre Mondial. Pour les Fabiens d'Angleterre, adapter leurs plans à un calendrier américain était une entreprise de taille. Leur succès peut être mesuré par le fait qu'entre les années 1920 et 1930, ils ont presque réussi à socialiser totalement les États-Unis.

Chapitre 3

L'ÉDUCATION CONTRÔLÉE PAR LES SOCIALISTES : LE CHEMIN VERS L'ESCLAVAGE

L e seul secteur de la vie aux États-Unis qui a été complètement coopté par le socialisme fabien est l'éducation. Dans aucun autre domaine de leurs efforts pour socialiser l'Amérique, leur méthodologie indirecte, furtive et dissimulée n'a réussi autant que dans la longue marche du socialisme fabien pour s'emparer du système éducatif de cette nation. Les socialistes ont pris le contrôle de Yale, Harvard, Columbia et de nombreuses autres universités, censées être au service direct du socialisme. Elles devaient être les futurs centres éducatifs et les "écoles de finition" des socialistes en Amérique, comme Oxford et Cambridge le sont pour la Fabian Society en Angleterre.

Dans ces universités s'est développée une couche d'éducateurs d'élite de haut niveau dont les liens avec le fabianisme britannique étaient forts. Parmi les membres les plus éminents de ce groupe d'élite figuraient Walter Lippmann et John Reed, qui est enterré dans les murs du Kremlin à Moscou. La pression socialiste sur l'éducation s'est étendue avec des professeurs gauchistes/socialistes menaçant de donner de mauvaises notes aux étudiants conservateurs pour avoir donné de mauvaises réponses - mauvaises dès qu'elles étaient en contradiction avec les idées socialistes fabiennes. C'est ainsi que les opinions conservatrices chrétiennes américaines traditionnelles ont subi une terrible érosion. Une enquête menée pendant deux ans (1962-1964) dans un district scolaire de Californie a montré que les mêmes pressions s'exerçaient dans les salles de classe où travaillaient des enseignants socialistes, comme c'était le cas dans les universités du pays. Les parents hésitaient à se plaindre, car dans les cas où des plaintes étaient déposées auprès du conseil scolaire, leurs enfants recevaient de mauvaises notes et perdaient des crédits.

Dès la visite de Ramsay McDonald aux États-Unis, les socialistes fabiens de Londres savaient qu'une attaque frontale contre l'éducation aux États-Unis était hors de question. Lors de l'une des plus mémorables des nombreuses réunions socialistes tenues à New York en 1905, au Peck's Restaurant, l'Intercollegiate Socialist Society (ISS) fut créée. C'était la tête de pont qui allait donner aux socialistes fabiens d'Amérique une autoroute vers leur prise de contrôle du système éducatif.

L'homme que la Fabian Society a choisi pour socialiser l'éducation en Amérique était John Dewey, professeur de philosophie à l'université Columbia de New York. Dewey est connu comme le père de l'éducation progressive (socialiste), identifié à des organismes marxistes tels que la League of Industrial Democracy (LID), dont il était président. Dewey s'est d'abord fait remarquer par la hiérarchie socialiste alors qu'il enseignait à la Lincoln School du Teachers College, un foyer d'éducation marxiste-libéraliste, soutenu par le General Education Board.

C'est là que Dewey a rencontré Nelson Aldrich et David Rockefeller. Des deux, Dewey aurait dit que David était complètement socialisé, adhérant de tout cœur à ses philosophies. Le Un -American Committee cite Dewey comme appartenant à 15 organisations marxistes de façade. Quelques années plus tard, Rockefeller récompense Dewey en le nommant gouverneur de New York et membre du Council on Foreign Relations (CFR). Bien que Dewey ait ensuite occupé la plupart des postes politiques, c'est l'endoctrinement de Nelson et David Rockefeller dans le socialisme et le marxisme qui a fait le plus de dégâts, puisque des millions et des millions de dollars ont ensuite été donnés pour lutter contre les affaires scolaires liées à la "clause religieuse" devant la Cour suprême, miner l'éducation et infecter le système scolaire américain avec le virus socialiste.

Le 10e amendement de la Constitution des États-Unis réserve aux États les pouvoirs de police en matière d'éducation, de santé et de protection policière. Les pouvoirs du gouvernement fédéral sont des pouvoirs délégués par les États. Les 10 premiers amendements de la

Constitution des États-Unis sont une interdiction de pouvoir, l'un des plus stricts étant que l'éducation est du ressort des États.

Jusqu'à ce qu'ils soient en mesure de progresser par la voie législative, comme Florence Kelley (de son vrai nom Weschnewetsky) l'avait déclaré, les socialistes fabiens Américains devaient s'employer à saper l'éducation aux États-Unis d'une manière typiquement fabienne. La réunion de l'Intercollegiate Socialist Society (ISS) au restaurant Peck's a été la première étape lente pour pénétrer et imprégner l'éducation sans révéler la direction à prendre. Lorsque nous repensons à la formation apparemment lente et presque hésitante de la SSI, il est difficile de croire que le même mouvement socialiste fabien américain qui l'a créée galope aujourd'hui, entraînant notre système éducatif par les cheveux.

D'autres pensaient comme le juge Douglas, Felix Frankfurter, Frank Murphy, William J. Brennan, Arthur Goldberg, le juge Hugo Black et Abe Fortas. En plus d'être d'ardents socialistes, Douglas, Murphy et Brennan étaient des francs-maçons de haut rang. C'est au cours de la période 1910-1930 que la Cour suprême a commencé à s'intéresser de près aux affaires d'enseignement scolaire dites "clauses religieuses", dont elle s'était éloignée pendant au moins deux décennies. C'est à cette époque que le système éducatif américain a subi le plus de dommages, permettant au socialisme de faire des percées énormes qui semblaient auparavant hors de question.

Alors que la Cour suprême avait interdit l'éducation religieuse — en particulier les prières dans les écoles — leurs frères maçons avaient très bien réussi à pénétrer et à imprégner les écoles de littérature maçonnique socialiste. En 1959, Franklin W. Patterson a persuadé le directeur d'un lycée de Baker, dans l'Oregon, d'utiliser des manuels scolaires à orientation socialiste dans l'établissement. La même chose s'est produite en Caroline du Nord où la littérature maçonnique socialiste a été distribuée dans toutes les classes de toutes les écoles de Charlotte.

Comme l'a dit le président de la commission bancaire de la Chambre des représentants, Louis T. McFadden :

> "En matière d'éducation, les Illuminati fabiens ont suivi une théorie qui n'est autre que celle suggérée par le promoteur de

l'Illuminisme bavarois, Nicolai, au dix-huitième siècle. Ayant obtenu des postes dans les commissions scolaires du pays, il est devenu très facile pour les socialistes fabiens d'instiller leurs principes éducatifs et déchristianisés dans les programmes scolaires. Leur attaque contre l'enseignement religieux était subtile, mais mortelle, comme en témoigne le projet de loi sur l'éducation de 1902."

Ils se vantent ouvertement d'avoir dans leurs rangs plusieurs évêques et théologiens, la liste étant dirigée par l'évêque Headlam, l'un des premiers Fabiens... Dans le cadre des projets éducatifs des Fabiens, on trouve la formation des groupes éducatifs de la "nursery", cette dernière étant conçue comme une sorte d'école de formation pour les très jeunes socialistes potentiels. (Le gouverneur Clinton de l'Arkansas a modelé son "école du gouverneur" socialiste sur ce modèle)... Mais la mesure de loin la plus importante prise par les Fabiens dans le domaine de l'éducation a été l'inauguration, dans les universités existantes, de "sociétés universitaires socialistes". Le point culminant du triomphe des Fabiens dans le domaine de l'éducation a été la création de la London School of Economics and Political Science à l'Université de Londres, où l'un des principaux conférenciers est aujourd'hui le socialiste Harold Laski...".

On peut dire des plans socialistes qu'ils ont infectés le domaine de l'éducation avec un virus dont ils espéraient qu'il se propagerait et changerait radicalement notre ordre social. Ce "virus" devait pénétrer dans la moelle épinière des "études sociales" et des "sciences sociales" et faire dévier toutes les études vers la gauche. Telle était la prémisse de base de la National Education Association, énoncée dans son 14e annuaire en 1936, position dont les éducateurs socialistes n'ont jamais dévié : "Nous sommes pour la socialisation de l'individu."

Dans cette optique, dans les années 1920, les socialistes qui ont déferlé sur les États-Unis comme un nuage de sauterelles avaient l'intention de mettre en œuvre le plus grand nombre possible des idées formulées dans le Manifeste communiste de 1848 dans la législation relative à l'éducation. Ils espéraient contourner la constitution par ce que Florence Kelley appelle "l'action législative". Aux pages 4583-4604, Congressional Record, 23 février 1927, sous le titre "General Deficiency Appropriation

Bill", nous trouvons leurs méthodes exposées.

"... Les groupes communistes doivent montrer aux enfants comment convertir la haine secrète et la colère refoulée en une lutte consciente... Le plus important est la lutte contre la tyrannie de la discipline scolaire."

John Dewey et ses disciples ont tenté de limiter l'apprentissage du vocabulaire à l'école, sachant que la profondeur de l'éducation est proportionnelle au vocabulaire de chacun. Le vocabulaire doit être enseigné aux enfants, même s'il n'est enseigné qu'à partir d'un dictionnaire. Tous les candidats à un emploi dans la fonction publique devraient être obligés de passer un test de vocabulaire anglais, et cela pourrait être étendu aux candidats à un emploi dans l'État. Même les candidats à l'aide sociale devraient être obligés de passer un test de compétence en vocabulaire anglais. Cela annulerait l'effet du socialisme dans l'éducation et contrecarrerait l'objectif du socialisme de former une majorité d'enfants médiocres qui grandiront pour devenir des adultes médiocres, des "assistés" pour cautionner un régime de socialisme.

Une autre tactique spécialisée consiste à gaspiller la substance des Nations par des dépenses irresponsables, de sorte que le "destructif" devient l'ordre du jour. Cela a pour effet d'augmenter régulièrement les frais d'enseignement supérieur. Nous voyons l'effet cumulatif des politiques de John Maynard Keynes dans le nombre d'étudiants qui ne vont pas à l'université, et ceux qui abandonnent, car les frais deviennent trop élevés pour eux. De cette façon, le nombre d'étudiants ayant des qualités de leadership futures est réduit, intentionnellement et à dessein.

L'idée générale de l'"éducation" socialiste est de réduire l'intelligence au minimum dans la mesure du possible, tout en favorisant la médiocrité. Bien entendu, cela ne s'applique pas aux futurs dirigeants qu'ils ont eux-mêmes choisis parmi les meilleurs et les plus brillants socialistes et qui sont envoyés à l'"école de finition" d'Oxford en tant que boursiers Rhodes. Une excellente référence à l'éducation comme moyen de confondre le communisme et le socialisme se trouve dans le Congressional Record, House, 26 juin 1884, page 336, annexe :

"Je crois que l'intelligence est le point d'ancrage de notre forme de gouvernement, c'est pourquoi je suis un fervent défenseur de l'éducation populaire. Daniel Webster a exprimé ce sentiment dont l'histoire a démontré la véracité lorsqu'il a dit : "C'est l'intelligence qui a élevé les colonnes majestueuses de notre gloire nationale, et c'est elle aussi qui peut les empêcher de tomber en cendres". La diffusion de l'intelligence doit être le gouvernement — elle ne sera pas seulement une protection contre la centralisation du pouvoir politique et financier d'une part, mais notre défense sûre et sûre contre le communisme, le nihilisme et les tendances révolutionnaires d'autre part."

"Mais avec une population dense, des richesses accumulées et un certain féminisme, de nouveaux dangers apparaissent, et nous devons compter sur l'éducation et l'intelligence pour les contrer autant que possible, car 'ce que tu sèmes, tu le récolteras' s'applique aux États aussi bien qu'aux hommes. Après la religion chrétienne, le plus grand civilisateur de l'homme est l'école. Les écoles publiques, comme tout le reste, sont critiquées, mais jusqu'à ce que quelque chose de mieux soit conçu, je suis en faveur de leur maintien et de leur extension…"

Ce grand discours a été prononcé par l'honorable James K. Jones, de l'Arkansas, et montre à quel point nos représentants étaient plus avancés dans les années 1800 que ceux qui siègent actuellement au Congrès. Il montre également de la manière la plus claire possible pourquoi les socialistes se sentent obligés de prendre en charge l'éducation à leurs propres fins sinistres, et pourquoi ils ressentent également le besoin de nier le christianisme. Il est clair que la moralité, l'éducation et la religion vont de pair, et les socialistes le savent.

Les socialistes ont réussi à faire nommer l'un de leurs plus importants protagonistes, Hugo Lafayette Black, sur le banc de la Cour suprême. Black, membre de l'église unitarienne (sans Dieu) et franc-maçon n'aurait jamais dû être confirmé, car il enfreignait toutes les règles du Sénat. La situation grave posée par la nomination de Black a été soulevée par les sénateurs William Borah (R.ID) et Warren Austin (R.NH). Ils ont fait remarquer que Black était constitutionnellement inéligible parce qu'il était membre du Congrès lorsque celui-ci a promulgué une loi augmentant le salaire des juges de la Cour suprême et que, par conséquent, il ne pouvait pas être promu à un poste plus rémunérateur que celui qu'il recevait en tant que membre du Congrès.

La Constitution est parfaitement claire sur ce point :

> "Aucun sénateur ou représentant ne pourra, pendant la période pour laquelle il a été élu, être nommé à un poste civil sous l'autorité des États-Unis, qui aura été créé, ou dont les émoluments auront augmenté pendant cette période."

Au moment de la nomination de Black, il était payé 109 000 dollars en tant que membre du Congrès, tandis que le salaire des juges était porté à 20 000 dollars par an. Pourtant, malgré cette violation manifeste de la loi, le procureur général de Roosevelt, Homer Cummings, a jugé que la nomination de Black à la Cour suprême était légale !

L'alliance entre les socialistes et les maçons avait besoin de Black à la Cour suprême parce qu'ils savaient qu'il était favorable à leur cause et qu'il se prononcerait toujours en leur faveur dans les affaires d'éducation relevant de la "clause religieuse", et leur confiance en Black a été amplement récompensée. Black était de mèche avec Samuel Untermeyer, Schofield, Gunnar Myrdal, les juges Earl Warren et Louis D. Brandeis, Roosevelt et Florence Kelley qui travaillaient tous à placer l'éducation sous le contrôle du socialisme.

La loi suprême et organique du pays est la loi basée sur les enseignements de la Bible chrétienne. En ne l'obéissant pas, la Cour suprême des États-Unis est en état de transgression. L'éducation moderne, sur la base des décisions de la Cour suprême, a enfreint la loi biblique. Les écoles et les collèges sont devenus les endroits les plus dangereux pour laisser nos jeunes sans surveillance et sans encadrement. L'un des moyens par lesquels les socialistes ont pris le dessus a été la non-reconnaissance des écoles religieuses et surtout des écoles catholiques.

Dans ce cas, les services du juge Hugo Black, nommé illégalement, ont été inestimables pour statuer sur des affaires introduites en vertu de la soi-disant "clause religieuse" par les ennemis de la Constitution des États-Unis. Black, connu pour son anti-catholisme militant et son opposition à l'enseignement scolaire en général, suivait servilement les "principes" maçonniques dans ses décisions de justice ; en fait, la plupart d'entre eux étaient tirés directement de la littérature maçonnique. Les "principes" les plus notables sur lesquels Black fondait ses décisions étaient les suivants :

> Principe n° 1 : "L'enseignement public pour tous les enfants de tout le peuple."

> Principe n° 5 : "La séparation totale de l'Église et de l'État, et l'opposition à toute tentative d'appropriation des fonds publics, directement ou indirectement, pour le soutien d'institutions sectaires ou privées".

Comme nous le verrons dans les chapitres traitant de la corruption de la Constitution, dans les deux ans qui ont suivi la nomination de Black, la Cour suprême a fait un énorme virage à gauche et a déclaré inconstitutionnel le financement par l'État des écoles religieuses, sur la base du postulat totalement faux du Bill for Religious Freedom de Jefferson, qui ne figurait pas dans la Constitution, mais était réservé à la Virginie. C'est ainsi qu'est né le "mur de séparation de l'Église et de l'État", totalement inconstitutionnel et fondé sur la tromperie et la fraude pure et simple.

La question de l'aide "fédérale" aux écoles religieuses a été soulevée à nouveau par le représentant Graham Barden en 1940. Barden était un franc-maçon socialiste et, au fur et à mesure, nous verrons à quel point la maçonnerie et le socialisme se sont combinés pour détruire l'éducation en Amérique. L'intention du projet de loi Barden était de contrôler les écoles afin que le socialisme puisse être enseigné librement. Cela a été confirmé par le Dr Cloyd H. Marvin, président de l'Université George Washington, dans une lettre datée du 11 mai 1944, adressée à la commission de la Chambre des représentants sur les anciens combattants de la guerre mondiale. Ce que Burden s'efforçait de faire, c'était d'éliminer le droit des anciens combattants à fréquenter les séminaires théologiques, en particulier les séminaires catholiques, s'ils le souhaitaient. Barden avait assisté à la Fabian Conference of Representatives of Educational Associations en 1941, conférence qui était un outil de la franc-maçonnerie et du socialisme.

Selon le Dr Marvin, il ne devrait pas y avoir d'écoles privées, car selon ses mots, "nous ne pouvons pas maintenir deux systèmes pour interférer avec les politiques d'éducation régulière." C'était l'un des cas les plus clairs dans les archives de la maçonnerie comme force motrice derrière la Conférence des représentants de l'association éducative. Bien qu'ostensiblement le projet de loi en discussion concernait principalement le G.I. bill, ses ramifications étaient néanmoins très larges, car le Rep. Barden a tenté de mettre les écoles privées religieuses hors de portée des anciens combattants qui fréquentaient l'université grâce au "G.I. bill".

Le Dr Marvin n'était pas un éducateur ordinaire. Il était un socialiste de longue date et un maçon du 33e degré. À l'université George Washington, il a pu exercer une puissante influence grâce à la subvention de 100 000 dollars qu'il a reçue du Rite écossais de la franc-maçonnerie. Marvin trouve un ami dans le juge Hugo Black, qui doit son poste à la Cour suprême aux francs-maçons. Après son départ du Sénat, les socialistes ont obtenu que le siège de Black au Sénat soit occupé par Lister Hill de l'Alabama, un croisé socialiste régulier et un franc-maçon convaincu. Pendant des années, Hill a pu bloquer le financement fédéral des écoles privées, en particulier des écoles religieuses. Hill figure dans le Congressional Directory, 79e Congrès, 1ère session, août 1985, page 18, en tant que maçon du 32e degré.

La pression socialiste sur l'éducation ne s'est manifestée nulle part aussi fortement qu'à travers la National Education Association (NEA). Avec l'adoption du GI Bill, on assiste à une nouvelle tentative de supprimer le financement fédéral des écoles privées sans condition, les conditions étant toujours entre les mains de la NEA. Le 10 janvier 1945, la NEA a parrainé une nouvelle législation qui ne permettrait pas le financement fédéral des écoles privées. La législation a été rédigée par le juge Hugo Black. Le but de la mesure était d'atteindre, par omission plutôt que par exclusion directe, les objectifs souhaités par la NEA. C'est un texte de loi habilement rédigé. La même habileté a été démontrée en 1940 lors de la rédaction de la législation dite de "séparation de l'église et de l'État".

Les décisions des juges socialistes-unitaires qui ont dominé la Cour suprême de 1935 à 1965 ont effectivement interdit les programmes d'éducation chrétienne dans les écoles publiques. Dans l'atmosphère d'hystérie de guerre des années 1940, personne n'a jugé bon de souligner que toute ingérence du gouvernement fédéral dans l'éducation constituait une violation flagrante du

10e amendement. La décision de grande portée de la Cour sur la soi-disant "séparation de l'Église et de l'État" était totalement illégale et ne se trouvait pas dans la Constitution. Il n'existe aucune base constitutionnelle pour la "séparation de l'Église et de l'État" qui a été utilisée pour détruire la base de l'instruction religieuse dans les écoles.

L'acceptation de ce texte de loi biaisé, une forte attaque contre les droits constitutionnels de Nous, le peuple, a eu une incidence directe sur la qualité de l'éducation américaine, qui s'est effondrée, immédiatement après cette décision frauduleuse et inconstitutionnelle. L'éducation américaine a ensuite été envahie par l'enseignement de toutes sortes de "droits" qui n'existaient pas, "droits des femmes", "droits civiques" et "droits des homosexuels". L'interdiction de l'enseignement religieux dans les écoles et l'introduction de l'"humanisme" par John Dewey ont été suivies presque immédiatement d'une augmentation très importante de la criminalité violente.

L'Amérique, fondée sur le christianisme, a été enlevée, rançonnée, violée, victime de la barbarie socialiste, battue et meurtrie, et à peine capable de ramper sur les genoux dans les années 1990, à peu près aussi loin qu'il est possible de l'être du pays que les Pères fondateurs se sont efforcés de faire. Dans cet assaut sauvage contre la République vertueuse des États-Unis, le contrôle maçonnique socialiste de l'éducation, dès la première année, a joué le rôle principal.

Il a été prouvé à maintes reprises que les enfants commencent à apprendre dans les classes primaires, 1ère, 2ème, 3ème. Dans les foyers de la classe moyenne, où l'on accorde une plus grande importance à l'apprentissage, les parents aident leurs enfants à lire, mais dans les familles de la classe inférieure, les parents n'aident invariablement pas leurs enfants, avec pour résultat que les enfants qui lisent mal gravitent vers des activités criminelles. Il y a toujours des exceptions, mais les éducateurs qui ne sont pas aveuglés par les œillères des "minorités" reconnaissent que ce qui précède est généralement vrai.

Dans le cadre d'une conspiration pourrie conclue entre le socialiste et le président Harry Truman, l'arrêt Plessy contre Ferguson, la doctrine de l'éducation "séparée, mais égale", a été sapée par le président Truman, tout en prétendant sournoisement y être favorable. La véritable question était que ni Truman ni quiconque au sein du gouvernement fédéral n'avait le droit d'interférer dans les questions d'éducation, puisque, comme nous l'avons dit ailleurs, le 10e amendement de la Constitution des États-Unis réserve les pouvoirs en matière d'éducation aux États. Il est interdit au gouvernement fédéral de se mêler de l'éducation, qui appartient uniquement aux États.

L'une des principales causes de l'horrible déclin de l'éducation dans notre pays se trouve dans l'affaire historique Everson contre Board of Education, portée devant la Cour suprême du New Jersey le 5 octobre 1943. L'affaire découle des questions soulevées par le représentant Graham Barden en 1940 concernant les écoles religieuses recevant des subventions gouvernementales. L'affaire Everson était une reprise du projet de loi de Barden qui avait été rejeté. Comme je l'ai indiqué précédemment, les socialistes sont tenaces dans leurs efforts pour renverser la Constitution des États-Unis, qu'ils considèrent comme la principale pierre d'achoppement de leur ardent désir de socialiser le peuple de cette nation.

L'affaire Everson concernait l'État du New Jersey qui autorisait la ville d'Ewing à prendre en charge le coût du transport (volontaire et non obligatoire) des écoliers vers toutes les écoles, y compris les écoles religieuses. Le plaignant, M. Arch Everson, s'était opposé au financement du transport des enfants fréquentant des écoles religieuses. Il était soutenu en cela par les francs-maçons et l'American Civil Liberties Union (ACLU), bien que l'ACLU se soit tenue à l'écart des procédures judiciaires de l'État. Ostensiblement, l'objection ne venait que de M. Everson dans ces procédures. Les socialistes avaient besoin de gagner l'affaire afin de l'utiliser comme une pierre angulaire créant un précédent pour les futures attaques planifiées contre les cas de "clause religieuse" en matière d'éducation qu'ils prévoyaient d'intenter si Everson obtenait gain de cause.

L'affaire a été entendue par la Cour suprême du New Jersey qui a autorisé la ville d'Ewing à continuer de financer le transport des enfants vers toutes les écoles. Soutenu par l'ACLU, qui sortait de sa cachette, et les francs-maçons, Everson porte son affaire devant la Cour suprême. C'était la chance de sa vie pour Black de démontrer son ignorance de la Constitution et ses préjugés contre le christianisme, tout en frappant un coup pour le socialisme. La Cour suprême a statué contre l'État du New Jersey, l'ACLU s'étant manifestée ouvertement en tant qu'"ami de la cour". Le mémoire de l'ACLU était pratiquement une copie conforme d'une citation de Mason faite par Elmer Rogers plusieurs années auparavant. Superposé à la citation Mason, le mémoire de l'ACLU était presque parfaitement adapté.

La décision majoritaire de la Cour a été rédigée par le juge Hugo Black. Remplie de socialistes et de francs-maçons, la Cour aurait difficilement pu se prononcer contre les préjugés de ses membres, des haineux violemment opposés à l'enseignement des croyances chrétiennes dans les écoles recevant une aide dite "fédérale".

Avant 1946, le "mur entre l'Église et l'État" n'avait pratiquement jamais été utilisé dans une argumentation juridique. Après tout, il ne s'agissait que des mots de Thomas Jefferson, une simple phrase, qui ne se trouvait pas dans la Constitution. Mais après l'affaire Everson, dans laquelle le juge Hugo Black avait été élevé à la Cour suprême spécialement pour se prononcer en faveur du plaignant Everson, les tribunaux ont déclenché un torrent d'injures contre le christianisme en particulier, et contre l'instruction religieuse dans les écoles en général.

Les tribunaux ont rendu illégales les prières dans les écoles, interdit les lectures orales de la Bible, déclaré que l'athéisme et l'humanisme séculier étaient des religions protégées par le premier amendement et ont annulé la coutume de permettre aux enfants d'assister à des services de prière dans l'enceinte de l'école, tout cela contre des traditions et des coutumes de longue date, comme le fait de chanter des chants de Noël, ont interdit l'instruction religieuse par les enseignants et, comme nous le verrons dans les chapitres consacrés au droit, ont dépassé le cadre de la Constitution. La Cour suprême a pris une phrase prononcée par Jefferson, "le mur de séparation entre l'Église et l'État", qui n'a aucune valeur constitutionnelle, et l'a insérée dans la Constitution, transformant ainsi les États-Unis d'Amérique en une société dans laquelle la religion chrétienne n'est pas autorisée à jouer un rôle quelconque dans les affaires de l'État, ce qui n'était certainement pas l'intention des Pères fondateurs.

Black avait des préjugés si flagrants que ses collègues juges ont eu l'occasion d'écrire à son sujet en termes peu flatteurs. Dans une entrée de journal datée du 9 mars 1948, Frankfurter écrit que le juge Harold O. Burton "n'a pas la moindre idée de la malignité d'hommes comme Black et Douglas qui non seulement peuvent être, mais qui sont pervers". Cela s'est manifesté dans l'affaire Everson, où Black a démontré sa détermination pleine de préjugés, fondée sur la haine du Christ, à ce que la religion ne joue pas de rôle dans la vie de notre nation. La pourriture a commencé avec Everson, s'est poursuivie avec Brown vs Board of Education et, inévitablement, Roe vs Wade, qui reste à ce jour la plus grande victoire et le plus grand triomphe sur la Constitution des États-Unis et le peuple américain, jamais obtenus par les socialistes fabiens. La Cour Suprême est devenue corrompue avec l'avènement de Black et l'est restée depuis.

Il n'y a jamais eu de cas plus clair de violation du 9e amendement que la décision Everson. Le 9e amendement interdit aux juges d'intégrer leurs propres idées dans des questions de droit qui ne sont pas énoncées dans la Constitution. Cela s'appelle une prédilection, et c'est précisément ce que Black et ses collègues juges ont fait dans l'affaire Everson. Ils ont tordu et comprimé la Constitution pour qu'elle corresponde à leurs propres préjugés puants et se sont rangés du côté de la maçonnerie socialiste, en souillant totalement la Constitution.

Les socialistes sont sur le point de porter l'affaire Brown contre School Board, Topeka, Kansas, devant la Cour suprême. Le juge Vinson avait dit à Truman que l'affaire Brown contre School Board serait réglée et que l'éducation "séparée, mais égale" resterait en place. Vinson a fait cela en sachant très bien que ce n'était pas vrai. Ainsi, lorsque le juge en chef Earl Warren, socialiste et franc-maçon au 33e degré, lit la décision sur l'affaire Brown contre School Board, les spectateurs poussent des cris de surprise, certains d'entre eux, bien informés, étant venus pour entendre la Cour confirmer Plessey contre Ferguson.

Peu de personnes présentes au tribunal en ce jour fatidique pouvaient se rendre compte de l'énorme coup qui venait d'être porté à l'éducation "standardisée", "socialisée", en violation la plus flagrante de la Constitution jusqu'alors. Il est vrai que plusieurs tentatives avaient été faites dans le passé pour contourner la

Constitution par une "action législative" telle que proposée par la socialiste Florence Kelley (Weschnewetsky). Un projet de loi a été introduit en 1924, avec l'intention et le but de violer le 10e amendement de la Constitution des États-Unis, dans la mesure où le projet de loi visait à créer un département de l'éducation, qui prenait son titre du département communiste de l'éducation dans la Russie bolchevisée. L'idée était de "nationaliser", "standardiser" et "fédéraliser" l'éducation aux États-Unis comme en URSS.

Le projet de loi visait à forcer tous les enfants américains à lire les mêmes manuels scolaires "standardisés", qui incluraient une bonne dose de manuels marxistes, socialistes et léninistes, afin que les enfants sortent du système scolaire comme de bons petits socialistes prêts à marcher vers le gouvernement mondial unique — le nouvel ordre mondial. Les principaux socialistes de la Fabian Society ont toujours dit que la standardisation de l'éducation était le moyen le plus rapide de faire tomber les barrières naturelles contre le socialisme en Amérique, dues à l'étendue du territoire, à la géographie, au climat, aux coutumes locales, aux commissions scolaires locales. Webb avait remarqué que la diversité était un problème pour le socialisme, et la diversité existait en Amérique en abondance, ce qui rendait le pays difficile à pénétrer avec le marxisme, le communisme, le socialisme.

C'est pourquoi nos Pères fondateurs, dans leur clairvoyance et leur sagesse, ont veillé à ce que les pouvoirs en matière d'éducation restent entre les mains des États et soient interdits au gouvernement fédéral. Ce système d'éducation des États était une protection contre l'anarchie et le nihilisme au sein de la nation. Bien qu'ils aient échoué dans ce cas, les socialistes n'ont jamais abandonné leur tentative de prendre le contrôle de l'éducation, et leur chance s'est présentée avec la conduite traître du président Jimmy Carter et des séditieux de la Chambre et du Sénat, qui ont fait adopter un projet de loi fédéralisant l'éducation, en violation du 10e amendement. En conséquence, le département illégal de l'éducation des États-Unis a été créé.

Carter restera dans l'histoire comme un président qui a commis une trahison et une sédition à grande échelle. "Je ne vous mentirai pas" a déclaré Carter, puis il s'est attelé à la mise en œuvre d'une législation socialiste qui a empêché les États de prendre leurs propres décisions en matière d'éducation et a privé le peuple de la nation du canal de Panama. Les 13e, 14e et 15e amendements à la Constitution des États-Unis n'ont jamais été ratifiés, de sorte que toute législation adoptée par le Congrès en vertu de ces amendements échappe au contrôle et à la portée de la Constitution. Le Dr William H. Owen aurait adoré Carter. Owen était le président du Chicago Normal College, Chicago, Illinois et président de la NEA, qui a été choisi pour représenter la NEA à la Conférence mondiale sur l'éducation, le 23 juin 1923, à San Francisco. Dans son discours, il a notamment déclaré :

" ... Malgré ce que nous écrivons et disons, le monde ne croit pas que l'éducation, en tant que forme de contrôle social, soit comparable aux armées, à la marine et à l'art de gouverner... Nous devrions consacrer notre temps et nos efforts à partager un programme éducatif constructif qui démontrera ce que l'éducation peut faire en tant que forme de contrôle social comparable aux armées...".

Ce qui précède démontre pourquoi il est si dangereux de laisser l'éducation à la merci du gouvernement fédéral, surtout avec l'avènement du socialiste Woodrow Wilson, dont l'administration a rassemblé des socialistes par bonds quantiques, jusqu'à ce qu'aujourd'hui, nous ayons l'administration Clinton criblée de socialistes, en fait, elle diffère peu des gouvernements du parti travailliste socialiste en Angleterre. Nos Pères fondateurs étaient assez sages pour prévoir le moment où des agents socialistes comme Wilson, Kennedy, Johnson, Carter, Bush et Clinton, et des socialistes comme Owen, déguisés en "éducateurs", essaieraient de diriger notre nation vers la gauche par le biais de leurs programmes d'"éducation" séditieux, et ils se sont donc assurés que les pouvoirs d'éducation étaient interdits au gouvernement fédéral.

Cependant, l'utilisation de la Cour suprême pour contourner la Constitution était une évolution dangereuse que les Pères fondateurs n'auraient pas pu prévoir. Ils savaient que les traîtres existaient à leur époque, mais ils ne pouvaient pas se douter qu'un homme comme le juge en chef Earl Warren viendrait et se moquerait de la Constitution. On dit de Warren qu'il a fait en sorte que le 14e amendement de la Constitution des États-Unis signifie "tout et n'importe quoi". C'est grâce à cet horrible subterfuge, à des amendements non ratifiés et à une Cour suprême étouffée par des juges ayant la sédition à l'esprit, que l'odieux arrêt Brown contre Board of Education est devenu une "loi", ce qu'il n'est pas, mais à laquelle les États sont néanmoins obligés d'obéir.

Un autre affreux subterfuge et une autre tromperie pure et simple ont été l'utilisation par Warren de données sociologiques totalement préjudiciables déterrées par le Dr Gunnar Myrdal, un réprouvé socialiste dont les théories économiques ont coûté des milliards de dollars à la Suède, et nous reviendrons sur ce menteur en temps voulu.

Le ministère de l'Éducation a été créé pour retirer le contrôle de l'éducation aux États et remplacer l'éducation américaine par un système qui garantirait que les enfants grandissent dans le format socialiste et deviennent des leaders politiques, à la manière socialiste de promouvoir un nouvel ordre politique basé sur le système soviétique, qui conduira au gouvernement mondial unique — le Nouvel ordre mondial.

Ce que la Cour Warren a essayé de faire dans l'affaire Brown contre Board of Education, et que d'autres juges de la Cour suprême ont également essayé de faire, c'est de séparer la 1ère section du 14ème amendement de l'ensemble de la Constitution, de sorte qu'elle puisse signifier tout ce qu'ils voulaient y lire — prédilection classique interdite par le 9ème amendement. Toute partie de la Constitution DOIT être interprétée à la lumière de l'ensemble de la Constitution, qui ne peut être fragmentée. Les décisions de l'Abattoir se sont moquées de l'arrêt Brown contre Board of Education de Warren, qui, s'il l'avait observé, aurait montré à Warren l'erreur de ses méthodes.

Le juge Warren ayant décidé de ne pas lire la décision relative à l'abattoir, il a statué sur l'affaire Brown contre Board of Education en se basant sur la loi dite des "droits civiques" de 1964. Nous abordons ce sujet plus en détail dans les chapitres consacrés à la Constitution. Dans l'affaire Brown contre Board of Education, nous avons la communisation de l'éducation aux États-Unis. Quelle est la différence entre le transport forcé d'enfants hors de leur localité et le transport de prisonniers politiques vers les goulags de Sibérie, ou le transport de colons vers l'Angleterre pour y être jugés, contre lequel Thomas a lancé toute sa fureur ?

Il n'y a aucune différence ! Les enfants, noirs et blancs, sont transportés contre leur gré vers d'autres lieux. Il s'agit d'une violation de la vie, de la liberté et de la propriété, ainsi que de l'application régulière de la loi, ce que Brown vs Board of Education a refusé aux enfants et aux parents. Rien qu'en cela, Brown vs Board of Education est à 100% inconstitutionnel. Pourquoi les parents et les enfants devraient-ils souffrir d'une violation de leurs droits au 5ème amendement afin d'accomplir les desseins socialistes des éducateurs socialistes et de leurs amis au tribunal ? Nos enfants subissent une "punition cruelle et inhabituelle" en étant transportés hors de leur région vers des écoles d'aimants, des paring schools et autres, en raison de leur race. Ils ne bénéficient d'aucun procès par jury, d'aucune procédure régulière, mais sont simplement rassemblés dans des bus en vertu de "lois" totalitaires de type communiste.

Les enfants et leurs parents sont des citoyens des États, PREMIÈREMENT : Article IV section 2, partie 1. Les citoyens de chaque État auront droit à tous les privilèges et immunités des citoyens de plusieurs États et des citoyens américains, deuxièmement. Le 14e amendement constitue toujours une restriction pour le gouvernement fédéral, même s'il n'a pas été ratifié, de sorte que les États ont conservé leur souveraineté et ne pouvaient pas être imposés en matière d'éducation par le gouvernement fédéral.

Une pression énorme est exercée sur les juges pour qu'ils se prononcent en faveur de l'American Civil Liberties Union (ACLU) dans les affaires impliquant la religion dans les écoles. L'ACLU dépose 23 mémoires de ce type et dans les affaires entendues par le juge Felix Frankfurter, celui-ci se prononce toujours en faveur de l'ACLU. L'un des alliés de l'ACLU est le pasteur Davies de l'église unitarienne dont le juge Hugo Black est membre. Voici ce que Davies avait à dire sur les affaires scolaires de "clause religieuse" :

> "Comme la liberté de saint Paul, la liberté religieuse doit être achetée à un prix élevé. Et pour ceux qui l'exercent le plus pleinement, en insistant sur l'éducation religieuse de leurs enfants, mélangée à la laïcité selon les termes de notre Constitution, le prix est plus grand que d'autres... Les religions des credo sont obsolètes, le fondement de leurs revendications a

expiré avec hier."

Le juge Hugo Black était à 100% favorable à ce que la Cour suprême des États-Unis soit remplie de juges socialistes, ce que Roosevelt et Truman ont certainement fait.

Le juge Hugo Black était un franc-maçon convaincu, et l'on doit supposer qu'il tenait aux tentes maçonniques en matière d'éducation :

> "À côté de cela, la forme de société littéraire savante est la mieux adaptée à nos objectifs et si la Maçonnerie n'avait pas existé, cette couverture aurait été employée et elle peut être beaucoup plus qu'une couverture, elle peut être un moteur puissant entre nos mains. En créant des sociétés de lecture et des bibliothèques d'abonnement, en les prenant sous notre direction et en les alimentant par notre travail, nous pouvons faire évoluer l'esprit public dans le sens que nous voulons... Nous devons gagner les gens du peuple dans tous les coins. Nous l'obtiendrons principalement au moyen des écoles, et par un comportement ouvert et chaleureux, la popularité et la tolérance de leurs préjugés qui, à loisir, les extirpent et les dissipent... Nous devons acquérir la direction de l'éducation et de la gestion de l'église — de la chaire professionnelle et de l'autel."

Ce qui est vraiment étonnant, c'est que si nous prenons les écrits de Beatrice et Sydney Webb et les superposons aux vues maçonniques de l'éducation, nous constatons qu'ils sont presque toujours identiques ! L'assaut sur l'éducation américaine a été dirigé par l'Institut Tavistock des relations humaines, le premier établissement de lavage de cerveau au monde, et ses "éducateurs", Kurt Lewin, Margaret Meade, H. V. Dicks, Richard Crossman et W. R. Bion. Ces ennemis de la République américaine ont été lâchés sur un public innocent et sans méfiance, avec des conséquences désastreuses pour l'éducation.

Parmi leurs projets scientifiques, de "nouvelle science" destinée aux écoles américaines figuraient l'étude de la masturbation, de l'homosexualité, du travestissement, du lesbianisme, de la prostitution, des religions exotiques, des cultes et du fondamentalisme religieux.

La soi-disant "loi sur les droits civiques" de 1870, qui était censée faire appliquer le 15e amendement, lequel n'a jamais été correctement ratifié, s'appliquait spécifiquement aux Chinois amenés par les trafiquants d'opium et les magnats des chemins de fer comme les Harimans, et ne devrait avoir aucune incidence aujourd'hui, puisque le 15e amendement n'a jamais été correctement ratifié. Impliquer que "l'égale protection des lois" dans la section 1 du 14e amendement signifie que chaque personne a le même niveau d'intelligence — c'est plus que ce que même le pire des libéraux étoilés pourrait tenir pour vrai ! Mais c'est exactement et précisément ce que Brown vs Board of Education a tenté de faire — niveler tous les esprits à un niveau moyen ou moyen. C'est le cœur de l'affaire Brown vs Board of Education et c'est l'égalitarisme en action.

La sédition dans l'éducation est une réalité tout autant que le "contrôle des armes à feu", tout comme la sédition pratiquée par le sénateur Meztenbaum et le représentant Schumer. En pervertissant l'éducation, d'abord par l'établissement d'un département de l'éducation du gouvernement fédéral et ensuite par une action de la Cour suprême de l'ordre de Brown vs Board of Education, la trahison et la sédition se produisent. Détruire le système éducatif américain et le remplacer par un système marxiste/léniniste/socialiste entraînera le pourrissement de la nation de l'intérieur. Le juge Warren, humaniste séculaire, s'est rendu coupable de trahison lorsqu'il a permis à l'affaire Brown contre Board of Education de devenir "loi".

La National Education Association (NEA) est une organisation 100% socialiste-marxiste. Sa première tâche a été de retirer des écoles l'enseignement approprié de l'histoire, de la géographie et de l'instruction civique et de mettre en place à leur place des études sociales favorables au communisme. La NEA est une organisation socialiste qui s'est activement engagée à saper l'éducation aux États-Unis depuis les années 1920. Ils étaient sans doute à l'avant-garde de ceux qui ont porté l'affaire Brown contre Board Education en 1954, "arrangée" par le juge Earl Warren, à la manière d'Abe Fortas.

Avec la prise de contrôle des écoles américaines par les socialistes, de nouveaux programmes scolaires ont été introduits, les enfants se voyant attribuer des crédits dans des cours tels que les feuilletons et les "questions environnementales" absurdes. " En tout, l'institut Tavistock a recruté 4000 nouveaux spécialistes des sciences sociales pour travailler à détourner l'éducation américaine des valeurs traditionnelles. Le résultat de leurs efforts est visible dans l'énorme recrudescence de la criminalité violente chez les adolescents, des délits scolaires, des viols. Ces statistiques reflètent le succès des méthodes de l'Institut Tavistock.

Parmi les "éducateurs" recrutés par les socialistes figurent le socialiste Gunnar Myrdal et son épouse, originaires de Suède. Les Myrdal ont une longue histoire de fidélité aux idées socialistes/marxistes. Le Dr Myrdal avait travaillé comme assistant du socialiste avoué Walt Whitman Rostow, à la Commission économique pour l'Europe des Nations unies à Genève. Les activités de trahison de Rostow sont relatées dans d'autres chapitres de ce livre. Avant de rejoindre Rostow, Myrdal avait travaillé en Suède en tant que ministre du Commerce, fonction dans laquelle il a causé des dommages presque irréparables à l'économie suédoise, dans le plus pur style socialiste dépensier.

Myrdal a été choisi par la fondation socialiste Carnegie pour mener une étude sur les relations raciales aux États-Unis, grâce à une subvention de 250 000 dollars. On pensait que, puisque Myrdal n'avait aucune expérience des Noirs, puisqu'il n'y en avait pas en Suède, son étude serait impartiale. Ce que l'on n'a pas compris à l'époque, c'est que tout cela n'était qu'un coup monté : Myrdal devait produire une série de conclusions qui seraient utilisées dans la fameuse affaire Brown contre Board of Education. Myrdal a produit un rapport rempli de conclusions sociopolitiques totalement frauduleuses qui affirmaient, en substance, que les Noirs étaient lésés en matière d'éducation. Les conclusions de Myrdal étaient criblées de trous béants.

De plus, loin d'être un scientifique désintéressé, Myrdal était un ennemi déclaré de la Constitution des États-Unis, qu'il qualifiait de

> "culte presque fétichiste... une Constitution vieille de 150 ans (qui est) à bien des égards impraticable et mal adaptée aux conditions modernes... Les études historiques modernes révèlent que la Convention constitutionnelle n'était qu'un complot contre le peuple... Jusqu'à récemment, la Constitution a été utilisée pour bloquer la volonté populaire."

Myrdal et sa femme ont fait une tournée des États-Unis sous les auspices du socialiste Benjamin Malzberger. Parmi les nombreuses remarques désobligeantes faites par Myrdal, il y a celle dans laquelle il décrit le peuple américain comme "des Blancs à l'esprit étroit, dominés par la religion Évangéliste", et les Blancs du Sud comme "pauvres, sans éducation, grossiers et sales". C'est cet homme qui a rédigé le rapport sociologique "impartial" qui, dit-on, a permis au juge en chef Earl Warren de décider de la décision à prendre dans l'affaire Brown contre Board of Education.

Qu'est-ce qui se cache derrière la grande campagne socialiste des années 1920 et 1950 visant à détruire le système éducatif américain ? On peut le résumer en quelques mots : l'idée centrale était de "fabriquer de nouveaux esprits", car ce n'est qu'à travers de nouveaux esprits que l'humanité pourrait se refaire — ceci selon l'un des grands prêtres de l'éducation socialiste, Eric Trist, qui ajoutait que le nouvel esprit exclurait la croyance en la religion chrétienne. Et comme l'a dit Myrdal, "quel meilleur endroit pour commencer que les écoles ?".

Pour porter l'affaire Brown contre School Board devant la Cour suprême, la NAACP a reçu dix millions de dollars de diverses sources, dont le Political Action Group, une organisation de façade socialiste, et la franc-maçonnerie. Les avocats de la NAACP ont reçu des instructions détaillées de Florence Kelley et de Mary White Ovington. Kelley était à l'origine des "Brandeis Briefs", qui consistaient en des centaines d'opinions sociologiques et n'étaient souvent couvertes par pas plus de deux pages de références juridiques. La méthode des Brandeis Briefs était la manière dont la Cour suprême devait statuer dans toutes les affaires futures impliquant des questions constitutionnelles.

Les programmes scolaires américains corrompus par la société n'enseignent pas la Constitution, car si les enfants recevaient une instruction à ce sujet, il faudrait leur apprendre que la Constitution est là comme première défense contre le gouvernement fédéral et des présidents comme George Bush et Bill Clinton, qui aspireraient à devenir des tyrans, s'ils n'étaient pas soumis à ses contraintes. L'objectif des éducateurs socialistes est d'éroder progressivement les sauvegardes constitutionnelles qui garantissent la vie, la liberté et la propriété de tous les citoyens et de les remplacer par un socialisme totalitaire.

Seul un système éducatif fondé sur la Bible est bon. Tous les autres systèmes ont été conçus par des hommes et doivent donc nécessairement être imparfaits. Nos écoles sont tombées entre les mains de personnes profondément influentes dont le but principal dans la vie est de les transformer en un rempart socialiste. Ils sont soutenus en cela par le pouvoir judiciaire. Le but est d'avancer, lentement, dans le vrai style socialiste, vers un gouvernement socialiste/marxiste, en modifiant l'orientation et la direction de ce qui est enseigné dans les écoles. Si les socialistes continuent à progresser comme ils l'ont fait au cours des trois dernières décennies, d'ici 2010, nous aurons une nation de jeunes adultes et de citoyens d'âge moyen qui n'auront rien à redire à l'agenda secret du pouvoir centralisé dans une dictature socialiste, soutenue par une force de police nationale.

Il est clair que l'un des objectifs déjà atteints par les socialistes est le manque d'intérêt pour la lecture. Les enfants américains seraient totalement perdus s'ils étaient placés, disons, dans la bibliothèque du British Museum à Londres, ou du Louvre à Paris. Les grands écrivains et artistes n'auraient pas grand-chose à leur dire. Les livres ne sont pas les amis des enfants comme ils l'étaient au début de notre histoire. Notre système éducatif y a veillé. Même Dickens est un étranger pour la majorité des étudiants américains.

L'absence d'une véritable éducation conduit les enfants et les jeunes adultes à rechercher l'inspiration dans les films, dans la musique rock, ce qui était prévu. Le seul moyen de lutter contre cette paralysie insidieuse et rampante est d'intervenir régulièrement et vigoureusement. La soi-disant "lutte contre les préjugés raciaux" dans les années 1960 a grandement affecté l'esprit et les attitudes de nos jeunes. La soi-disant démocratisation de nos écoles et de nos universités au cours des trois dernières décennies a été une attaque directe contre leurs structures internes, qui a entraîné dans son sillage une perte d'orientation et de direction.

Le mouvement dit "féministe" est un produit direct du manifeste communiste de 1848 et de la pensée tordue de Gunnar Myrdal et des scientifiques de la nouvelle science de l'Institut Tavistock. Il en résulte que les étudiants remettent en question le sexe biologique donné par Dieu. De même, la déformation de l'"'histoire" est très présente dans les années 1990. On a demandé à un groupe d'écoliers qui était l'homme le plus maléfique du monde ; sans hésiter, ils ont répondu : "Hitler". Le même groupe ne savait rien du tout de Staline, certainement pas qu'il était le plus grand boucher de l'humanité de tous les temps, qui a tué dix fois plus de personnes que ce qu'Hitler aurait fait assassiner. Une telle affirmation suscitait des regards perplexes sur leurs visages.

Les héros des écoliers et des étudiants ne sont pas les grands personnages de l'histoire ; leurs "idoles" sont plutôt les "pop stars" décadentes, mauvaises, malpropres et droguées. Beethoven et Brahms ne signifient rien pour eux, mais ils montrent immédiatement un réel intérêt lorsque les sons hideux de la musique "rock" remplissent l'air. D'autre part, Marx est connu de la plupart des étudiants, mais ils ne savent pas vraiment ce qu'il représente. Nous sommes arrivés à un point de l'éducation dans nos écoles où la "réforme" est placée au-dessus de l'apprentissage. Dans les années 1990, pratiquement toutes les questions éducatives sont liées au mot "réforme".

Nulle part ailleurs une plus grande transformation due aux "réformes" n'a eu lieu que dans l'éducation sexuelle. Les communistes étaient déterminés à ce que même les plus jeunes élèves soient obligés d'apprendre le sexe. Madame Zinoviev était responsable du projet dans la Russie bolchevique, qu'elle a essayé de transférer aux États-Unis, mais qui a été bloqué dans les années 1920 par une Cour suprême qui n'était pas encore remplie de juges socialistes, et par la vigilance des Filles de la Révolution américaine. Les produits des "cours féministes" considèrent désormais le mariage comme un simple contrat. Le sexe n'a plus rien de mystique, de sorte que l'étudiante d'aujourd'hui ne veut pas prendre le temps de nouer une relation affective avant de s'adonner à l'"'amour libre". Nous savons que ces idées ont été préparées dans la Russie bolchevique par Madame Kollontay et qu'elle les a ensuite transplantées aux États-Unis.

Notre système éducatif défectueux produit des filles inadaptées à la société et les statistiques de la criminalité impliquant des adolescentes confirment la véracité de cette affirmation. La culture de la drogue est profondément ancrée dans la jeunesse des années 1990. Les questions spirituelles ont été chassées de nos écoles. Aujourd'hui, nos jeunes étudiants sont à l'orée du "siècle des lumières socialistes", où tout est permis si cela fait du bien.

De toutes les sciences, la science politique est la plus ancienne, ses débuts remontant à la Grèce antique. La science politique recouvre l'amour de la justice, et elle explique pourquoi les hommes veulent gouverner. Mais la science politique n'est pas enseignée correctement dans nos institutions éducatives, qui en enseignent maintenant une forme pervertie connue sous le nom de socialisme. Si la science politique avait été correctement enseignée dans nos écoles et nos universités, le juge Warren n'aurait pas eu autant de facilité à nous faire avaler l'arrêt Brown vs Board of Education. C'est ainsi que, par la ruse, la furtivité et la tromperie, les socialistes se sont frayé un chemin jusqu'à l'arrêt fatidique Brown vs Board Education, qui a réorienté l'éducation aux États-Unis vers les canaux socialistes/marxistes/communistes.

Les fondations Rockefeller et Carnegie ont financé un groupe d'étude composé de Margaret Meade, anthropologue des sciences nouvelles, et de Rensis Likert, afin de proposer une révision de toutes les politiques éducatives régies par la loi biblique. Mme Meade a utilisé la technique de psychologie inversée de l'Institut Tavistock pour surmonter ce que le rapport qualifie de "problème d'enseignement". Ce rapport, qui a eu un impact dévastateur sur l'éducation aux États-Unis, reste classé secret à ce jour. L'un des résultats de l'étude MeadeLikert a été l'émergence des National Training Laboratories (NTL), qui comptent plus de quatre millions de membres. L'un de ses affiliés était la National Education Association (NEA), la plus grande organisation d'enseignants au monde.

Grâce aux efforts de cette organisation et des centaines de milliers d'enseignants socialistes, l'éducation laïque et humaniste a bouclé la boucle depuis ses lents débuts en 1940. Dans les années 1990, les socialistes ont remporté un si grand nombre de victoires impressionnantes devant la Cour suprême qu'ils ne cachent plus leur intention de laïciser complètement l'enseignement. Ce nouveau projet, bien qu'il ne soit pas vraiment nouveau, si ce n'est dans le choix du titre, fera tomber l'éducation américaine dans la poussière et laissera nos enfants parmi les plus incultes du monde.

Nous avons mentionné précédemment l'Institut Tavistock pour les relations humaines de l'Université de Sussex, en Angleterre, et le rôle crucial qu'il a joué dans la vie économique, politique, religieuse et éducative de la nation. Cette organisation était inconnue aux États-Unis jusqu'à ce que je publie mes travaux à son sujet dans les années 1970. Tavistock est sous le contrôle direct des personnalités socialistes les plus puissantes de Grande-Bretagne et est étroitement alliée à la franc-maçonnerie britannique. Il a les contacts les plus étroits avec la National Education Association, dont les cadres supérieurs ont été formés dans les National Training Laboratories. C'est à ce niveau que la "géopolitique" est entrée dans l'éducation au niveau des enseignants.

Le "nouveau" système s'appelle "l'éducation basée sur les résultats" (OBE). Ce que l'OBE va faire, c'est apprendre à nos enfants qu'il n'est pas nécessaire d'apprendre à lire et à écrire correctement, qu'il n'est pas nécessaire d'exceller dans l'éducation ; ce qui compte, c'est la façon dont ils se comportent les un avec les autres et avec les enfants d'autres races.

Qu'est-ce que l'OBE ? C'est un système qui punit l'excellence et récompense la médiocrité. L'OBE vise à faire de nos enfants des étudiants d'un seul niveau où la norme dominante est la médiocrité. Pourquoi cela serait-il si souhaitable ? La réponse évidente est qu'une nation dans laquelle la grande majorité de la population est éduquée au niveau du plus petit dénominateur commun sera facile à diriger vers une dictature socialiste. La base de l'OBE a été établie avec l'affaire Brown contre Board of Education, qui, dans un sens très réel, a "fixé" les niveaux d'éducation au plus petit dénominateur commun.

Ce que l'OBE fera, c'est transformer les enfants américains chrétiens en païens, sans respect pour leurs parents et sans amour pour leur pays, des enfants qui mépriseront l'identité nationale et le patriotisme. L'amour de son pays est transformé en quelque chose de laid, à éviter à tout prix. L'OBE enseigne le concept marxiste selon lequel la vie familiale traditionnelle est dépassée. C'est précisément ce que Madame Kollontay a essayé d'imposer aux États-Unis dans les années 1920 ; c'est ce que les socialistes Bebel et Engels se sont efforcés d'introduire dans l'éducation traditionnelle en Amérique. Aujourd'hui, leurs attentes les plus folles se réalisent grâce à l'OBE.

Il est étrange, voire troublant, de voir comment OBE reproduit les écrits de Bebel, Engels, Kollontay et Marx — presque une copie conforme des ennemis de la vie familiale et du caractère sacré du mariage. Il est troublant de constater que le système proposé par l'OBE se retrouve presque mot pour mot dans le Manifeste communiste de 1848. Nous pouvons seulement dire qu'après les succès stupéfiants de l'affaire Evers et de l'affaire Brown vs Board Education, la socialisation de l'éducation en Amérique a décollé comme un ouragan, et apparemment, aujourd'hui, rien ne peut la retenir.

Les juges Black et Douglas se seraient réjouis s'ils étaient encore parmi nous, tout comme Brandeis, Frankfurter et Earl Warren. L'OBE a pris le contrôle des écoles. Aujourd'hui, au lieu d'avoir des enseignants, nous avons des agents de changement qui forcent l'acceptation de points de vue de groupe, qu'ils, les animateurs, lavent dans l'esprit des étudiants. Les "réformes" menées par les animateurs retournent les enfants contre leurs parents et leurs valeurs familiales. Le chef de groupe dans la classe prend la place du parent. Il y a toujours la notion de "réforme intérieure" ou de "besoins intérieurs" qui doit être satisfaite, et ces "besoins" signifient tout ce que le chef de groupe dit qu'ils signifient.

La vieille technique socialiste d'"éducation sexuelle" est poussée bien au-delà de tout ce qui a été fait jusqu'à présent. Dans l'OBE, il y a des binômes de groupe avec une formation explicite à la sensualité et la promiscuité est activement encouragée. Il n'y a aucune tentative d'encourager le sens de l'histoire. Rien n'est enseigné sur les grands leaders du passé qui ont apporté la civilisation au monde. L'accent est mis sur le présent, "fais-le maintenant" et "fais-le si ça te fait du bien". L'OBE est responsable de la formidable recrudescence de la criminalité juvénile. La génération actuelle et la future génération de jeunes à qui l'on enseigne les méthodes de l'OBE deviendront des foules de rues de la "Révolution française" d'aujourd'hui, qui seront utilisées aux mêmes fins, dans un avenir pas trop lointain.

Il ne fait aucun doute que le projet OBE est né du "World Curriculum" de 1986 et du livre "Brave New World" d'Aldous Huxley, dans lequel il affirme qu'un monde parfait serait un monde sans familles, sans enfants sans parents, dans lequel on éprouverait de la répugnance et du dégoût pour les mots "père" et "mère" et où les enfants seraient pris en charge par des institutions sociales d'État, des enfants dont l'allégeance serait uniquement envers l'État. La quête d'une telle société remonte à loin, avant "World Curriculum" et Huxley. Le communiste Bebel a écrit sa version de la façon dont les enfants devraient être considérés — comme des pupilles de l'État. Marx, Engels et, en particulier, Madame Kollontay, dont l'ouvrage "Communisme et famille" a été la source d'une grande partie du "Brave New World" de Huxley.

Les enfants viendraient par l'éprouvette, et les laboratoires apparieraient les spermatozoïdes pour donner un niveau de mentalité supérieur, une intelligence moyenne et une intelligence inférieure. Dans leur vie adulte, ces êtres se verraient attribuer divers rôles dans un monde d'esclaves, comme je l'ai décrit dans mon livre "Le Comité des 300".[7] Si cela semble trop difficile à accepter pour le lecteur, n'oubliez pas que les bébés éprouvettes sont déjà parmi nous. Ils ont été acceptés par la société, sans se rendre compte du but sinistre derrière ce développement impie. Le socialisme a besoin d'une masse d'abrutis et d'un petit nombre de personnes d'une intelligence supérieure. Les masses d'abrutis feront le travail dans le monde socialiste esclavagiste, car la classe intelligente détient le pouvoir. Dans un tel monde, nous aurons un "apartheid" tel que la version sud-africaine ressemblerait à un âge d'or de la bonne volonté.

La réaction des lecteurs à cette information sera, comme on peut s'y attendre, une réaction de scepticisme. Cependant, nous devons examiner les réalités, alors voyons jusqu'où OBE est allé pour égaler Huxley, Kollontay, Engels et Bebel. Le projet de loi HR 485 de la Chambre des représentants fait partie du programme socialiste de "réforme" de l'éducation. Le président Clinton a été choisi pour mener à bien une vaste batterie de réformes — et il le fait avec une grande rapidité et efficacité, sachant qu'il ne sera président que pour un seul mandat. Le plan socialiste Parents as Teachers (PAT) est

---

[7] Cf, *La hiérarchie des conspirateurs - Histoire du comité des 300*, John Coleman, Omnia Veritas Ltd, www.omnia-veritas.com.

déjà en action dans 40 États. Le soi-disant "programme de coparentalité" (COP) a commencé par un programme pilote à Saint-Louis, Missouri, en 1981. L'intention réelle du COP est de substituer l'autorité parentale par des travailleurs sociaux COP, de préférence au cours de la période prénatale.

S'inspirant d'Aldous Huxley, Laura Rogers a écrit un ouvrage intitulé "The Brave New Family in Missouri" dans lequel elle affirme qu'il n'a fallu que quatre ans pour que la PAT soit acceptée par la législature de l'État du Missouri et que le concept de la PAT s'est répandu en Europe et est en cours de mise en œuvre dans 40 États américains. Est-ce la réalité ? Est-elle comparable à ce que nous avons exposé dans ce chapitre sur les "réformes" éducatives ? Les socialistes ont l'intention de "réformer" l'éducation à un point tel qu'elle produira le climat même prédit par le "Brave New World" de Huxley. Et ils le font maintenant, sous nos yeux !

Dans le cadre du PAT, un soi-disant "éducateur" s'attachera à une famille — au sens littéral — et commencera le processus de changement d'attitude des parents et de l'enfant ou des enfants pour se conformer aux idéaux socialistes. La façon dont cela se fait est expliquée par Rogers dans son article intitulé "The Brave New Family in Missouri" (la nouvelle famille courageuse du Missouri).

Première étape. Le "parent-éducateur" se rend dans les écoles et les foyers pour se "lier" à la famille, sous prétexte de favoriser l'éducation de l'enfant.

Deuxième étape. L'enfant ou les enfants reçoivent un numéro d'identification informatique qui sera permanent.

Troisième étape. L'"agent de changement" s'efforcera de modifier la relation entre l'enfant et ses parents par le biais d'un "programme de mentorat", comme cela se fait à l'université socialiste d'Oxford.

Quatrième étape. Les "parents éducateurs" sont tenus de signaler tout ce qu'ils considèrent comme un "comportement hostile" ou un abus en appelant une "hotline" spécialement mise en place à cet effet.

Étape 5. Les juges décident des "cas de ligne directe" et si l'enfant ou les enfants sont jugés en danger, l'enfant ou les enfants peuvent être retirés de la garde parentale.

Étape 6. Si les recommandations de l'"'éducateur parental" en matière de services de santé mentale sont refusées par les parents, par exemple en ce qui concerne les médicaments à prescrire, l'État peut retirer l'enfant ou les enfants de la garde parentale. L'enfant ou les enfants peuvent être placés dans un centre de traitement résidentiel et les parents peuvent se voir ordonner par les tribunaux de suivre un "conseil psychologique" aussi longtemps que l'"'éducateur parental" le juge nécessaire.

Ce que fait le programme PAT, c'est s'ériger en juge et jury pour décider qui sont les parents aptes et inaptes ! Pour ce faire, le PAT utilise ce que Rogers appelle les "définitions des facteurs de risque" qui sont devenues la norme pour mesurer l'aptitude ou l'inaptitude des parents à élever des enfants, et n'oubliez pas que ces critères sont actuellement utilisés dans 40 États :

> "Incapacité du parent à faire face (ce qui n'est pas défini) à un comportement inapproprié de l'enfant (par exemple, morsures graves, comportement destructeur, apathie)".

> "Parents à faible capacité fonctionnelle. Ils sont considérés comme des parents potentiellement abusifs. Dans cette catégorie, le parent-enseignant a un grand nombre d'options. Pratiquement tous les parents peuvent entrer dans la catégorie des "parents à faible niveau de fonctionnement".

> "Un stress excessif qui affecte négativement les fonctions familiales". Cela donne un nombre pratiquement illimité d'options au parent enseignant pour citer comme signes de danger "abusifs", y compris le faible revenu.

> "Autres… Il peut s'agir d'une grande variété d'affections telles que des allergies, une forte consommation de cigarettes dans la maison (R.J. Reynolds est-il au courant ?), des antécédents familiaux de perte auditive…"

De ce qui précède, il est clair que le socialisme dans l'éducation est arrivé à maturité en Amérique. Ce que Mesdames Kollontay, Engels, Bebel et Huxley trouvaient le plus souhaitable s'est maintenant réalisé. L'éducation est le moyen par lequel le socialisme peut être vaincu, comme tant de nos hommes d'État dans les années 1800 l'ont clairement indiqué, mais dans de mauvaises mains, c'est une arme puissante que le socialisme brandira sans pitié pour réaliser l'État esclave du Nouvel Ordre Mondial tant désiré. Rien de tout cela n'aurait été possible sans la trahison et la perfidie de la Cour suprême et surtout l'attitude venimeuse des juges Douglas et Black, qui devraient entrer dans l'histoire comme deux des plus vils traîtres de l'histoire de cette nation.

Chapitre 4

LA TRANSFORMATION DES FEMMES

Tout au long de l'histoire, les femmes ont joué un rôle décisif. Avant le 20e siècle, elles étaient généralement à l'arrière-plan, observant, donnant des conseils et des encouragements, jamais de manière ostentatoire et rarement, voire jamais, en public. Mais cela a changé à la fin du XIXe siècle, et le véhicule du changement a été la Fabian Society et le socialisme international.

Lorsque le petit Sydney Webb à lunettes rencontre la statuesque Martha Beatrice Potter, les étincelles commencent à jaillir. (Tous deux reconnaissent en l'autre un génie particulier pour l'organisation et la gestion des affaires courantes. Antoine et Cléopâtre étaient plus glamour, la reine de Saba et Salomon plus majestueux, Hitler et Eva Braun plus dramatiques, mais en comparaison avec les Webb, leur impact sur le monde était moindre. Les dégâts causés par les Webb se répercutent encore dans le monde entier, bien après que les deux autres soient devenus de simples personnages historiques.

Sydney Webb a rencontré Beatrice Potter en 1890. Elle était bien dotée, tant physiquement que financièrement. Lui, en revanche, était petit, de petite taille et n'avait pas d'argent. Beatrice venait d'une famille de magnats des chemins de fer canadiens et elle disposait de ses propres revenus grâce à son père. Ce qui a peut-être rapproché Sydney et Béatrice, c'est leur vanité, qu'ils n'ont jamais pris la peine de cacher. Le rejet de son offre d'amour à Joseph Chamberlain, un homme de la classe supérieure, avait suscité la colère et l'amertume de Beatrice, ce qui semble être le combustible qui alimente sa "haine de classe". Webb travaillait comme employé de bureau au British Colonial Office, ce qui était considéré comme une position assez basse dans la vie de l'Angleterre victorienne.

En 1898, Beatrice et son mari se sont tournés vers les États-Unis, effectuant une "grande tournée" de trois semaines. Pendant cette période, les Webb ne rencontrent pas les membres de base des syndicats ni les dames qui travaillent dur dans le quartier de l'habillement de New York. Ils recherchent plutôt l'élite du socialisme new-yorkais, dont Miss Jane Addams et Prestonia Martin, toutes deux issues du Social Register, et sont reçus par elle.

C'est un modèle qui sera suivi par tous les dirigeants socialistes/bolcheviques dans les années à venir. En 1900, grâce en grande partie au travail de Beatrice, la commission royale de l'université de Londres décrète que l'économie sera désormais élevée au rang de science. Beatrice ne perd pas de temps pour impressionner Granville Barker, un homme de théâtre de renom, et le représentant personnel du président Wilson, Ray Stannard Baker, avec cette grande réussite, lors d'un déjeuner organisé par Beatrice et son mari.

Le partenariat Webb-Potter s'est transformé en mariage et a lancé la mode d'une équipe mari et femme plus dévouée au socialisme qu'à l'autre en privé, mais pour l'apparence, un couple très dévoué. Cela s'est avéré être un atout majeur pour attirer les femmes dans les rangs des causes sociales et de la politique, et on peut dire que c'est la naissance du féminisme radical. C'est de Clements Inn, siège de la Fabian Society, que provient le "Fabian News", publié pour la première fois en 1891. Beatrice était co-auteur et son argent a payé le coût de l'impression.

Pour Béatrice, il était naturel que le meilleur moyen de promouvoir leur idéal soit de passer par l'élite du pays. Si les gens ordinaires sont bons pour les "rassemblements" du type Billy Graham, c'est l'élite qui peut faire avancer les choses. À cet égard, Béatrice n'a jamais perdu son snobisme. Pour elle, il fallait d'abord convertir l'élite, le reste suivrait. C'est le schéma que les dirigeants bolcheviques allaient adopter par la suite. Lors de sa visite en Angleterre et dans d'autres pays d'Europe occidentale, on n'a jamais vu Khrouchtchev loger dans un chalet de dockers ou rencontrer la base des syndicats. C'est toujours à l'élite que Khrouchtchev accordait une attention soutenue, à Agnelli en Italie, à Rockefeller aux États-Unis, et il en allait de même pour tous les dirigeants socialistes.

Il n'est pas surprenant que Beatrice ait commencé à se concentrer sur les fils des riches et des célèbres à l'Université d'Oxford. On peut juger de la qualité de son travail par le nombre de traîtres de la haute société, produits d'Oxford et de Cambridge, qui ont volontairement trahi l'Occident pour promouvoir leur objectif d'une révolution mondiale socialiste, dont Burgess, Mclean, Philby, Anthony Blunt, Roger Hollis sont les plus connus, mais certainement pas les seuls. Sous le manteau des "réformes" sociales se cachait un cancer mortel et dangereux qui rongeait les idéaux de l'Occident chrétien, et qui s'appelait le socialisme fabien. L'un de ses premiers convertis notables fut Walter Lippmann, que Beatrice Webb a "incité" à rejoindre la Fabian Society.

En 1910, Beatrice et son argent avaient établi plusieurs centres d'où était diffusée la propagande fabienne. Les écrivains, les gens de théâtre et les politiciens de l'époque commencent à se rapprocher de son cercle. Selon le "New Statesman", l'opinion générale est que Beatrice dirige un mouvement culturel libéral et sympathique. La millionnaire Charlotte Payne-Townshend devient une amie de Béatrice qui est chargée de la présenter à George Bernard Shaw, après quoi Charlotte fait de lui un honnête homme. Désormais, les deux leaders masculins pouvaient se permettre de consacrer tout leur temps à la promotion du socialisme, grâce à l'argent de leurs conjoints respectifs.

Ce que l'on a souvent remarqué, c'est que ces deux femmes ont passé leur vie à s'attaquer au système même qui leur fournissait l'argent nécessaire à leurs activités. Beatrice Webb a été la force motrice de la prise de contrôle du parti travailliste, tout comme, plus tard, une autre socialiste, Mme Pamela Harriman, a pris le contrôle du parti démocrate aux États-Unis et a mis au pouvoir un président dont le programme socialiste visait à faire entrer le pays dans un gouvernement socialiste mondial unique — le Nouvel Ordre Mondial.

Il est certain que Beatrice Webb a travaillé sans relâche pour anéantir les politiques économiques et démanteler l'ordre social et économique d'une Angleterre ordonnée. Ce qui me surprend, c'est que les Webb n'ont pas été arrêtés pour sédition et trahison, tout comme le professeur "rouge" Harold Laski. Si cela s'était produit, cela aurait peut-être sauvé les États-Unis des convulsions orientées vers le socialisme qui se poursuivent encore aujourd'hui. Beatrice comptait alors parmi ses amis une comtesse et de nombreuses dames célèbres de la société londonienne de l'époque, dont l'épouse de Sir Stafford Cripps. Ces adeptes du féminisme radical ouvraient leurs maisons à des parties de thé et à des week-ends de retraite en faveur des causes socialistes.

Tout au long de son long règne, Beatrice Webb n'a jamais hésité à soutenir les bolcheviks, ce qui n'a pas semblé perturber sa longue liste de contacts dans la haute société, dont Sir William Beveridge, qui allait avoir un impact considérable sur la politique en Angleterre et aux États-Unis (le plan Beveridge est devenu le modèle de la sécurité sociale aux États-Unis). Lorsque Beatrice est décédée en 1943, ses services au socialisme ont été reconnus d'une manière étrange — les cendres de Martha Beatrice Webb ont été enterrées dans la cathédrale de Westminster — un endroit étrange pour une athée déclarée !

La tigresse du mouvement féministe radical, anti-mariage, anti-famille, qui a été présenté au monde par les socialistes fabiens, était Madame Alexandra Kollontay. On ne sait pas si Beatrice Webb a rencontré Kollontay lors de ses fréquents voyages à Moscou. Qui était Madame Kollontay ? À la page 9972 des pages 9962-9977, Congressional Record, Sénat du 31 mai 1924, nous trouvons ce qui suit :

> "Madame Kollontay est maintenant ministre soviétique en Norvège, après une carrière mouvementée qui a comporté huit maris, deux postes de commissaire du peuple, le premier en tant que commissaire au bien-être, deux visites aux États-Unis (1915 et 1916), une agitatrice socialiste allemande, après avoir été déportée de trois pays européens en 1914 en tant que dangereuse révolutionnaire…"

Puis il y a un autre exposé de cette féministe radicale révolutionnaire mondiale communiste pure et dure, à la page 4599 des pages 4582-4604 :

> "… Récemment, l'ambassadrice de l'Union soviétique, Alexandra Kollontay, est venue au Mexique. On dit qu'elle est un leader du mouvement révolutionnaire mondial depuis 28 ans ; qu'elle a été arrêtée dans trois pays différents à cause de ses efforts en 1916 et qu'en 1917 elle a visité les États-Unis en

parlant d'un bout à l'autre du pays. Elle était sous la direction de Ludwig Lore, maintenant un communiste éminent aux États-Unis. L'objet et le but de la visite de Kollontay aux États-Unis en 1916 et 1917 étaient d'inciter les socialistes de ce pays et d'entraver nos activités si les États-Unis entraient dans un système de résistance par ce qui s'est passé. Alexandra Kollontay est la plus grande représentante au monde de "l'amour libre" et de la nationalisation des enfants. Elle est au Mexique dans ce but et n'augure rien de bon pour le peuple des États-Unis."

Le livre de Kollontay, "Communism and the Family", est l'attaque la plus violente et la plus sauvage jamais écrite contre le mariage et la famille, surpassant le mal décadent de "Origin of the Family" de Fredric Engels. Les adeptes radicaux de l'"amour libre" de Kollontay s'appelaient autrefois la "Ligue internationale pour la paix et la liberté". Mais ils ont subi un certain nombre de changements de nom pour dissimuler le fait que leur programme est toujours le même que celui d'Alexandra Kollontay : aujourd'hui, ils se font appeler "National League of Women Voters" et "National Abortion Rights League" (NARL). Ils ont également l'audace de se présenter sous l'étiquette de "partisans du choix", ce qui signifie qu'ils ont le choix d'assassiner ou non les enfants à naître.

Les objectifs des "féministes libérales" marxistes/socialistes — mieux connues sous le nom de féministes radicales — ont été définis dans les années 1920-1930 et ils n'ont pas changé. La revendication des "droits des femmes" est synonyme d'amour sans responsabilité, c'est-à-dire d'avortement sur demande. Elles et leurs socialistes incendiaires à la Chambre et au Sénat forment une alliance impie avec les chacals des médias, qui a commencé à l'époque de Florence Kelley.

Kollontay était le porte-drapeau des féministes radicales dont ce pays est aujourd'hui maudit. Le comité Overman sur le bolchevisme des États-Unis a fait le rapport suivant :

> Le but apparent du gouvernement bolchevique de Russie est de rendre les citoyens russes, en particulier les femmes et les enfants, dépendants de ce gouvernement... Il a détruit l'ambition naturelle et rendu impossible l'accomplissement de l'obligation morale de prendre soin de l'enfant et de le protéger

adéquatement contre les malheurs de l'orphelinat et du veuvage... Il a promulgué des décrets relatifs au mariage et au divorce qui établissent pratiquement "l'amour libre"." Document du Sénat page 61, 1ère session, pages 36-37 Congressional Record.

Ce qui précède correspond parfaitement aux buts et objectifs du socialisme fabien. Le féminisme radical, qui sévit et se déchaîne aujourd'hui aux États-Unis, est un enseignement socialiste. Le modèle socialiste de la Fabian Society permettait le féminisme radical, voire l'encourageait, tout en le dissimulant sous un voile de domesticité. Si Beatrice Webb et ses associés n'ont pas réussi à créer des maisons d'avortement ouvertes, il convient de répéter que Mme Harold Laski, épouse du professeur Laski, l'un des grands noms des cercles socialistes, a été la première à pousser l'idée de centres de conseil en matière de contrôle des naissances en Angleterre.

La Dr Annie Besant était bien connue de Beatrice Webb grâce aux cercles du parti libéral à Londres. Besant était le successeur de Madame Blavatsky et avait hérité de sa société de théosophie, dont les adhérents se trouvaient parmi les riches et les célèbres dans les cercles de pouvoir de l'Angleterre victorienne. Besant a joué un rôle non négligeable dans l'instigation de l'agitation via le salon, sa première entreprise étant une attaque contre l'industrie dans le Lancashire, un grand centre industriel en Angleterre.

En tant que chef de la co-maçonnerie alliée au KKK "Clarte" (aucun lien avec le KKK aux États-Unis) et à la Loge des Neuf Sœurs du Grand Orient à Paris, Besant était très active dans la promotion de ce qu'elle appelait, la "démocratie sociale", mais tout le temps elle était sous le contrôle de la Loge du Grand Orient à Paris, de laquelle elle a reçu le titre de Vice-Président du Suprême Conseil et de Grand Maître du Suprême Conseil pour la Grande-Bretagne. C'est ici que la convergence de la franc-maçonnerie, de la théosophie et de l'Alliance des religions devient clairement reconnaissable.

H.G. Wells croyait aux notions de Besant, probablement parce que, comme lui, il était membre du KKK "Clarte", tout comme Inez Milholland. Les deux dames socialistes ont travaillé dur pour la cause du suffrage des femmes, que Sydney Webb a vu avec perspicacité comme la vague de l'avenir lorsqu'il s'agissait d'obtenir des votes pour les partis travailliste et libéral.

Ce que Besant est devenue, elle le doit à Madame Petrova Blavatsky, qui, à son tour, doit son ascension rapide dans l'échelle sociale à Herbert Burrows qui a promu ses "talents" par le biais de la Society for Physical Research, un club sélect pour les riches, l'aristocratie et les personnes politiquement puissantes dans les cercles londoniens de l'époque victorienne. Ces cercles étaient fréquentés par H.G. Wells et Conan Doyle (futur Sir Arthur Conan Doyle). Wells décrivait Blavatsky comme "l'un des imposteurs les plus accomplis, ingénieux et intéressants au monde."

Blavatsky a été initiée à la maçonnerie carbonarienne par le chef incontesté de cette loge en Italie, le grand Mazzini. Elle était également proche de Garibaldi, et était avec lui lors des batailles de Viterbro et Mentana. Deux hommes qui ont beaucoup influencé sa vie sont Victor Migal et Riavli, tous deux francs-maçons révolutionnaires au sein de la Loge du Grand Orient. Elle meurt en 1891, socialiste endurcie et confirmée.

Susan Lawrence fut l'une des trois premières candidates du parti travailliste élues au Parlement grâce au travail accompli par le mouvement des suffragettes, dirigé par les guerrières de la Fabian Society, Ellen Wilkinson et Emily Pankhurst. Lawrence est devenue célèbre pour sa déclaration : "Je ne prêche pas la guerre des classes, je la vis". Margaret Cole a développé son instinct pour le féminisme radical en travaillant comme chercheuse pour la Fabian Society. Elle a ensuite pu mettre à profit ce qu'elle avait appris lorsqu'elle a travaillé au ministère britannique du Travail, tandis que son mari, G.D.H. Cole, a atteint une grande notoriété dans une succession de gouvernements travaillistes. Comme les Webb, les Cole ont maintenu une apparence de bonheur domestique, mais leur mariage était un mariage de convenance socialiste.

L'une des élèves vedettes de Beatrice Webb était Margaret Cole, qui a écrit "The Story of Fabian Socialism", dans lequel les objectifs du féminisme radical sont enrobés de sucre pour attirer les mouches. Cole est responsable d'une grande partie de la pénétration et de l'imprégnation du socialisme fabien en Amérique. Les chercheurs du socialisme fabien pensent que l'annulation du rapport Lusk par le veto du gouverneur de New York, Al Smith, correspond parfaitement au dicton du socialisme fabien : "Demandez à un socialiste de faire le sale boulot pour vous". Cole était membre de la délégation de la Confédération internationale des syndicats libres aux Nations unies.

Aux États-Unis, l'une des plus importantes femmes socialistes était Florence Kelley. Son vrai nom était Weschenewtsky. Personne ne semblait savoir grand-chose d'elle, si ce n'est que Kelley avait étudié Lénine et Marx en Suisse, le refuge international des révolutionnaires. Elle aimait se qualifier de "quaker marxiste". Une chose que les socialistes fabiens savaient, c'est que Kelley menait la charge de la "réforme" aux États-Unis. Elle a parfois éclipsé son amie plus célèbre, Eleanor Roosevelt, en persuadant cette dernière de rejoindre la National Consumers League (NCL) socialiste dont elle était l'un des membres fondateurs.

La NCL, une institution socialiste dévouée, était une organisation déterminée à faire intervenir le gouvernement fédéral dans les domaines de la santé, de l'éducation et des pouvoirs de police qui appartenaient aux États en vertu du 10e amendement de la Constitution des États-Unis. Kelley s'est révélée être un génie à cet égard. On lui attribue la formulation de la stratégie dite du "Brandeis Brief", qui consistait à noyer une mince affaire juridique dans des masses de documents non pertinents, de sorte que l'affaire soit tranchée, en fin de compte, non pas sur la base du droit, mais sur la base d'un "avis juridique" sociologique et économique d'obédience socialiste. Les juges n'étant pas formés à la sociologie, ils n'étaient pas les personnes à même de juger des mérites de la SOCIOLOGIE de l'affaire qui leur était soumise, de sorte que ces affaires étaient généralement tranchées en faveur des socialistes.

Elizabeth Glendower, une mondaine extrêmement riche, recevait souvent Kelley chez elle, ainsi que Brandeis et les principaux écrivains socialistes de l'époque. Kelley est connue pour avoir noué une amitié étroite avec Upton Sinclair, dont les premières œuvres littéraires étaient constituées de liasses de "prises de position" des socialistes fabiens, envoyées aux étudiants des universités socialistes pour être distribuées sur les campus du pays. Malgré ses dénégations, Kelley était un chercheur d'opportunités incessant pour promouvoir la cause de la révolution mondiale.

Mme Robert Lovett, dont le mari occupait le poste de professeur d'anglais à l'université de Chicago, était une proche alliée de Kelley.

Les Lovett, Kelley et Jane Addams dirigeaient un centre d'insertion socialiste appelé Hull House, que fréquentaient Eleanor Roosevelt et Frances Perkins. De nombreux membres de Hull House se rendaient en Angleterre pour participer au programme des cours d'été de la Fabian Society. Kelley était doué pour faire des convertis au socialisme, et était un missionnaire infatigable au service du socialisme américain.

Les femmes socialistes sont entrées en scène aux États-Unis à la fin de la guerre civile. Les communistes étaient très actifs dans la période précédant la guerre et dans ses suites immédiates, un fait qui n'est pas mentionné dans les livres d'histoire de l'establishment, et ces "féministes" socialistes ont très bien réussi à pénétrer et à imprégner les organisations légitimes de femmes soucieuses du bien-être de leurs familles.

Cela était relativement facile pour les socialistes fabiens formés, étant donné la coutume de l'époque de placer les femmes sur un piédestal de respect, méritant la protection des hommes. Certains des chefs des "carpet baggers" étaient des socialistes ou des communistes profondément engagés. Lorsque la question du droit de vote des femmes a été soulevée par les femmes socialistes, les hommes ont estimé qu'il n'était pas judicieux d'exposer les femmes à la rudesse de la politique, mais ils ne connaissaient pas leurs dures socialistes féminines.

D'autres étaient parfaitement conscients de la façon dont les socialistes et les communistes recrutaient des femmes militantes et agressives et les formaient pour aller à l'encontre du féminisme dominant. L'attitude de l'époque est bien exprimée aux pages 165-170 de l'annexe du Congressional Globe, "Suffrage Constitutional Amendment". L'honorable J. A. Bayard a dit du socialisme en 1869 :

> "L'exception suivante est celle du sexe. Je ne discuterai pas cette position avec les communistes ou les socialistes ni avec le parti des droits de la femme, à cause de la folie de cette espèce de nativisme, bien qu'il ait fait de grands progrès ces derniers temps, n'est pas assez répandu pour avoir besoin d'être élaboré ou réfuté. Une vanité démesurée et l'amour de la notoriété peuvent avoir tenté certaines femmes de se désexualiser, tant dans leur tenue vestimentaire que dans leurs occupations ; mais

le cœur des femmes et l'instinct de la maternité les
maintiendront fidèles au plus grand de leurs devoirs dans la vie,
la culture et la formation du caractère de leur progéniture…"

Le fait que c'était l'époque de la chevalerie, qui a été complètement
détruite par Hillary Rodham Clinton, Bella Abzug, Eleanor Smeal,
Elizabeth Holtzman, Pat Schroeder, Barbara Boxer, Dianne
Feinstein et leurs proches, se trouve à la page 169 de l'annexe des
Globes du Congrès (discours du sénateur Bayard) :

> "Je suis fier et heureux que dans ce pays, notre Amérique, il y
> ait une dévotion chevaleresque au sexe qui n'a été égalée dans
> aucun autre pays. Je ne cède à personne dans ma déférence
> envers le sexe et mon désir de garantir et de protéger les femmes
> dans tous leurs droits ; mais le suffrage n'est pas un droit…"

Il est intéressant de voir à quel point les socialistes ont utilisé les
préoccupations légitimes ressenties par la société féminine et les ont
transformées en un véhicule pour les causes socialistes, pour un effet
néfaste. C'est la conséquence naturelle de cette pénétration et de
cette imprégnation par d'habiles socialistes fabiens que le Congrès
des États-Unis est devenu le terrain de jeu d'un cadre de femmes
endurcies et non féminines qui ont renversé l'esprit chevaleresque
dans leur désir farouche de voir le socialisme fabien prendre le
contrôle des États-Unis.

Certains des fronts socialistes dits "droits des femmes" étaient les
suivants :

- Fédération générale des clubs de femmes.
- National Congress of Mothers and Parent-Teachers Association.
- Ligue nationale des femmes votantes.
- Fédération nationale des femmes d'affaires et professionnelles.
- Union chrétienne de tempérance.
- Association des femmes universitaires.
- Conseil national des femmes juives.
- Ligue des électeurs féminins.

> National Consumers League.
> Ligue syndicale des femmes.
> Ligue internationale des femmes.
> Société amicale des filles d'Amérique.

Ces organisations étaient parties prenantes d'une action en justice intentée par Mme Florence Kelley et plusieurs grandes "féministes" (socialistes) en juillet 1926. Elles essayaient de faire passer une loi, "Maternity and Infancy Act", qui violait le 10ème amendement de la Constitution des États-Unis, mais la Cour suprême, libre du contrôle exercé sur elle aujourd'hui (qui a commencé avec l'ère Roosevelt) a sauvé la nation d'une tentative socialiste de prendre le contrôle total des États-Unis. Le Président Carter a pris la plupart des éléments du livre de Madame Kollontay, "Communisme et Famille" pour son projet de loi sur l'éducation.

Les socialistes ont toujours eu l'intention de nationaliser les enfants d'Amérique. La socialiste Shirley Hufstedler, qui a dirigé à un moment donné le département inconstitutionnel de l'éducation des États-Unis, s'est inspirée de Madame Lelina Zinoviev, épouse de Gregory Zinoviev. Hufstedler cherchait à "nationaliser" et "internationaliser" les enfants américains pour les préparer à leur futur rôle de mélangeurs de races dans un gouvernement mondial unique.

C'était également l'intention de Frances Perkins, une assistante sociale de formation qui a dirigé le soi-disant "mouvement féministe" aux États-Unis pendant de nombreuses années. Perkins était la commissaire au travail de l'État de New York du gouverneur Franklin D. Roosevelt. Elle comptait Eleanor Roosevelt parmi ses amies les plus proches, et Kelley était proche de Roosevelt pendant les trois mandats de ce dernier à la Maison-Blanche. L'une des premières missions de Perkins a été de fonder l'Association internationale pour la législation du travail avec Eleanor Roosevelt et son protégé, Harry L. Hopkins, avec qui Perkins a travaillé en étroite collaboration pour mettre en place une aide au travail pour les chômeurs de l'État de New York.

Le plan original provient d'un groupe socialiste connu sous le nom d'Association pour l'amélioration de la condition des pauvres.

Perkins et ses amis ont appuyé sur tous les bons boutons et fait tout ce qu'il fallait pour que leurs "réformes" soient adoptées par l'Assemblée législative de l'État de New York. Des centaines de brochures et de dépliants ont été distribués dans les écoles et les universités afin d'obtenir un soutien pour ces "changements bénéfiques", tandis que des rédacteurs chevronnés ont rédigé des articles qui ont été repris par la presse à scandale. Des dizaines de "sondages" ont été réalisés pour créer un "sentiment populaire" en faveur des "réformes" du travail qui ne pouvaient que "profiter à l'ensemble du pays".

Perkins a porté de nombreuses casquettes et s'est fait remarquer par son énergie inlassable et son dévouement au mouvement socialiste fabien aux États-Unis. Lorsque Roosevelt a quitté Albany pour Washington, Perkins l'a suivi. Elle est la première femme à être nommée à un poste ministériel dans l'histoire des États-Unis. Son influence auprès de Roosevelt ne fut que légèrement inférieure à celle d'Eleanor Roosevelt.

Perkins est resté aux côtés de Roosevelt, du tout premier au tout dernier jour de ses trois mandats, période pendant laquelle elle a introduit dans le gouvernement fédéral un véritable flot de juristes, d'économistes, de statisticiens et d'analystes socialistes. Lorsque John Maynard Keynes rendit visite à Roosevelt et tenta d'expliquer ses théories économiques sans grand succès, c'est Perkins qui les vendit à Roosevelt. Perkins a avalé la théorie du "multiplicateur", faisant l'observation presque immortelle qu'"avec le système (de Keynes), avec un dollar vous avez créé quatre dollars".

Perkins a concocté le stratagème pour truquer la convention démocrate de 1940, qui a permis à Roosevelt de remporter son troisième mandat, bien que le "mérite" en revienne généralement à Harry Hopkins. Au début de la période où Roosevelt était gouverneur de New York, Perkins était le lobbyiste de la National Consumers League et du Women's Trade Council à Albany, New York.

On dit que ses contacts avec les principaux intellectuels socialistes de l'époque se comptaient par centaines et qu'elle était la favorite de Felix Frankfurter. Un autre de ses partisans masculins était Harry Hopkins, qui allait atteindre des sommets sous l'ère Roosevelt et faire un tort considérable aux États-Unis. Perkins a amené avec elle à Washington une foule d'économistes socialistes et de professeurs spécialistes du travail, d'où ils ont déversé un véritable torrent de matériel socialiste, dont une grande partie est encore enseignée dans les universités aujourd'hui. Plus que toute autre femme — y compris Eleanor Roosevelt — Perkins a influencé Roosevelt pour qu'il fasse entrer les États-Unis dans la Seconde Guerre mondiale.

On attribue à Perkins la rédaction de la législation nationale sur l'assurance chômage et la pension de vieillesse. À la demande du président Roosevelt, Perkins a travaillé en coulisse pour faire de ces deux rêves socialistes une réalité, en utilisant comme guide l'ouvrage de Prestonia Martin intitulé "Prohibiting Poverty". Perkins reçoit beaucoup d'aide de John Maynard Keynes, qui visite les États-Unis en 1934 en tant qu'ambassadeur socialiste fabien de bonne volonté. Keynes et Perkins s'accordent à dire que le socialisme a une occasion inestimable de faire de grands progrès pendant le mandat de Roosevelt.

Comme la quasi-totalité du New Deal, qui a été repris presque mot pour mot du livre éponyme de Graham Wallas, "Prohibiting Poverty" a été largement utilisé pour formuler un système de mise en place d'une assurance sociale obligatoire (Social Security). Perkins a sollicité et obtenu une contribution importante de Sydney et Beatrice Webb, qui ont fait remarquer à Perkins et Roosevelt que la Fabian Society avait rédigé le plan électoral de 1918 du Labor Party et avait eu une grande influence sur la rédaction du plan Beveridge, qui est devenu la base de la protection sociale britannique.

Ainsi, le "New Deal" de Graham Wallas, le plan Beveridge et les propositions de Sydney Webb écrites pour le parti travailliste en 1918, ainsi que les principes économiques "taxer et dépenser" de John Maynard Keynes de la Fabian Society, ont constitué, avec des adaptations et des ajustements mineurs, la base du "New Deal" de Roosevelt. On ne saurait trop insister sur le rôle joué par Frances Perkins dans la réalisation de ce projet. Les gens me demandent souvent, avec un profond doute dans la voix : "Comment les Britanniques pourraient-ils influencer, et encore moins diriger un pays comme les États-Unis, comme vous le pensez ?" La loi sur la sécurité sociale de 1936 est l'œuvre de Sir William Beveridge, du professeur Graham Wallas et du directeur de la Fabian Society,

Sydney Webb, retouchée et complétée par Frances Perkins. Une étude de la manière dont cela a été réalisé et du rôle joué par Frances Perkins répond à la question de tous les thomistes dubitatifs bien mieux que tous mes mots ne pourraient jamais le faire.

La loi sur la sécurité sociale de 1936 était du pur socialisme fabien en action. Elle était sans précédent dans l'histoire des États-Unis et également 100% inconstitutionnelle. J'ai passé beaucoup de temps à rechercher les archives du Congrès de 1935 à 1940 et au-delà pour voir si je pouvais trouver quelque chose qui aurait rendu ce morceau de législation socialiste pure et simple constitutionnel, mais en vain.

La manière dont ce hold-up socialiste du peuple américain a été réalisé montre comment les socialistes sont prêts à faire des efforts extraordinaires pour que leurs lois manifestement absurdes soient sanctifiées par la Cour suprême. Perkins, confronté à ce dilemme, ne voyait aucun moyen d'en sortir. Roosevelt avait besoin que la loi sur la sécurité sociale devienne une loi afin qu'il puisse l'utiliser pour être réélu. Grâce à l'intercession de Harry Hopkins, Brandeis et Cardoza, Perkins se retrouve assis à côté du juge socialiste Harlan Stone, un libéral de premier plan, lors d'un dîner à Washington, au plus fort de la crise.

Le secrétaire Perkins a dit au juge Harlan Stone qu'elle se heurtait à la Constitution et qu'elle avait besoin d'une solution pour financer la sécurité sociale qui serait acceptée par la Cour suprême. En violation de toute étiquette judiciaire, voire en violation flagrante de la loi, le juge Stone a murmuré à l'oreille de Perkins :

> "Le pouvoir d'imposition du gouvernement fédéral, ma chère, le pouvoir d'imposition du gouvernement fédéral est suffisant pour tout ce que vous voulez et dont vous avez besoin".

Perkins a suivi le conseil du juge Harlan Stones, et c'est ainsi que nous avons aujourd'hui une sécurité sociale socialiste dans une République confédérée. Il ne fait aucun doute que le juge Stone aurait dû être mis en accusation, mais aucune charge n'a jamais été retenue contre lui.

Perkins a gardé la confiance du juge, ne le disant à personne d'autre qu'à Roosevelt, qui a immédiatement utilisé ce stratagème grossièrement illégal pour financer chacun de ses programmes socialistes du New Deal. Plus tard, Harry Hopkins est entré dans le secret, et il a été autorisé à s'attribuer le mérite de l'expression "tax and spend, tax and spend".

Perkins était un confident et un ami de Henry Morgenthau, du juge Hugo Black et de Susan Lawrence, la formidable députée et cadre supérieure de la Fabian Society. Perkins était l'une des principales personnalités de la tentative de prise de contrôle des États-Unis par les socialistes dans les années 1920 — un plan mortel qui s'inspirait du livre "Philip Dru-Administrator" écrit par le colonel Edward Mandel House.

Selon ce que Susan Lawrence a dit à Jane Addams, c'est par

"l'un des plus étranges phénomènes de l'histoire, le système élaboré de contrôles et d'équilibres conçu dans la Constitution américaine a abouti, pour le moment en tout cas, à l'ascension personnelle complète de Franklin Roosevelt".

Cependant, un rapide coup d'œil à "Philip Dru-Administrator" montre que plutôt que d'être le fruit du hasard, c'est une planification élaborée et une attention particulière à la technique du colonel House qui ont placé Roosevelt à la première place, prêt à prendre le contrôle du parti démocrate.

Le moment venu, Frances Perkins était aux côtés de son ancien employeur. Produit de Hull House, assistante sociale professionnelle, Perkins a été décrite comme la meilleure opportuniste des socialistes. Perkins évoluait facilement dans les cercles de l'"aristocratie" de la Fabian Society britannique et elle a bien appris ses leçons aux mains de Lilian Wald, Jane Addams et Eleanor Roosevelt. Quand le moment de son édification est arrivé, elle était prête. S'il y avait deux principales femmes conspiratrices dans les années 1920, elles seraient Kelley et Perkins. La dévotion de cette dernière au socialisme a attiré l'attention de Mary Rumsey, la sœur socialiste d'Averill Harriman.

Mary Harriman Rumsey fut la première d'un groupe de partisans enthousiastes du New Deal qui prônaient l'adoption du plan de la Fabian Society, adapté aux conditions américaines. Rumsey est issue de l'une des familles les plus élitistes des États-Unis dans les années 30. Son association étroite avec Eleanor Roosevelt a contribué à aiguiser son activisme socialiste déjà profondément engagé. Rumsey était un lecteur infatigable des écrits de Sydney

Webb, Shaw, Haldane, Muggeridge et Graham Wallas.

L'amitié qu'elle a entretenue toute sa vie avec Frances Perkins s'est développée après leur rencontre par l'intermédiaire d'Eleanor Roosevelt et elles ont rapidement découvert leur passion commune pour les causes socialistes, dont Rumsey a rapidement insisté pour qu'elles soient suivies par son illustre frère, Averill Harriman, qui est devenu un fervent socialiste et un intime d'une succession de dirigeants bolcheviques. Les activités socialistes de Rumsey l'amènent à parcourir les États-Unis et l'Europe, et en Angleterre, elle est fêtée par les Webb et les membres de l'aristocratie de sang bleu de la Fabian Society.

Ce qui a souvent été remarqué à l'époque, c'est comment cette femme, dont les bonnes manières la désignaient clairement comme issue du tiroir supérieur de la société, en est venue à inciter les dirigeantes syndicales et à travailler parmi la base syndicale féminine où elle était apparemment chez elle. Il est clair que le socialisme fabien avait laissé une empreinte indélébile sur la vie de Mary Rumsey, réputée pour avoir été parmi les cinq femmes les plus riches d'Amérique.

La longue amitié de Mary Rumsey avec l'élégante Miss Jane Addams, "ladylike jusqu'au bout des doigts" comme l'écrivit un jour un chroniqueur social d'un journal new-yorkais, était un autre de ces anachronismes qui semblaient faire fi de la classification conventionnelle des socialistes des deux côtés de l'Atlantique. Addams était la force motrice de Hull House, ce "groupe de réflexion" socialiste fabien où l'élite féminine de l'époque était initiée aux croyances socialistes. Lorsque Beatrice et Sydney Webb visitèrent les États-Unis en avril 1898, elles furent les invitées de Mlle Addams. L'ancien "commis au ministère des Colonies" aurait été envoûté par la maîtrise de la langue anglaise affichée par Addams, et "ses beaux yeux sombres".

Célibataire toute sa vie, Addams commandait le respect d'hommes comme le colonel Edward Mandel House, H.G. Wells. Arthur Conan Doyle et Sir Arthur Willert, un grand journaliste britannique fabien.

Addams a été fortement impliquée dans la fondation de l'Église du Gouvernement Mondial Unique, un compromis socialiste avec la religion, qui était destiné à devenir la "religion" officielle du Gouvernement Mondial Unique, dont nous détaillons l'histoire ailleurs dans cet ouvrage.

Addams était une véritable "pacifiste" socialiste qui a reçu le prix Nobel pour ses efforts de promotion de la "paix internationale". Addams a fondé la Women's International League en collaboration avec Mme Pethwick Lawrence, membre de la "haute société" britannique et figure marquante de la société londonienne au début du siècle. Comme Addams, elle était membre du KKK — "Clarte" et de la co-maçonnerie. Notez les noms de la haute société, qui ne sont pas ceux que l'on associe aux anarchistes et aux poseurs de bombes révolutionnaires. Pourtant, les dommages causés aux États-Unis par ces femmes notables, adeptes du socialisme, ont, dans de nombreux cas, transcendé l'impact des radicaux.

Addams fut reçu par deux présidents américains et fut un partisan enthousiaste des banquiers de Wall Street qui avaient investi dans Lénine et Trotsky, et un actionnaire de la Russian American Industrial Corporation de Lénine et de la Communist Federation Press. Addams était liée à l'American Society for Cultural Relations with Russia, qui distribuait les publications de l'Alliance de la foi, principalement à des librairies spécialisées dans la littérature socialiste/communiste.

Son amitié étroite avec Rosika Schwimmer était importante, car Schwimmer avait l'oreille du comte Karloyi, l'homme qui a livré la Hongrie sur un plateau sanglant à la bête immonde, Bela Kuhn (de son vrai nom Cohen) qui a assassiné des centaines de milliers de chrétiens en Hongrie, avant de pouvoir être expulsé. Addams est le socialiste qui a organisé une tournée de conférences pour le sanglant et diabolique comte Karloyi.

Les femmes adeptes du socialisme fabien étaient riches, puissantes et avaient les bonnes relations familiales, ce qui leur permettait de s'assurer que leurs idées fortement socialistes bénéficient une audience appréciable. L'impact de femmes socialistes comme Webb, Perkins, Rumsey et Mme Pethwick Lawrence, Addams, Besant, sur une série d'événements clés aux États-Unis et en Grande-Bretagne n'a jamais été entièrement décrit ni correctement compris aujourd'hui. Ces dames à l'allure et à la voix aristocratiques auraient contrasté de manière très marquée avec les Boxers, les

Feinsteins, les Abzugs et les Schroeders du mouvement des "droits des femmes" aux États-Unis. De toutes les femmes qui ont milité en politique dans les années 1980-1990, seule Margaret Thatcher aurait été à l'aise avec Jane Addams, dont les fréquentes visites à Londres, bien qu'elles ne lui aient pas valu une invitation au n° 10 de Downing Street, ont fait d'elle la coqueluche de la Fabian Society et de ses dirigeants, Beatrice et Sydney Webb.

Les manières et le discours raffiné d'Addams cachaient un intérieur aussi dur que des clous et un esprit qui refusait de reculer, même contre vents et marées. Bien qu'elle ne l'ait jamais admis, Addams est celle qui a profondément influencé Robert Mors Lovett, l'homme choisi pour diriger la poussée socialiste de Fabian aux États-Unis. Il était impossible de trouver un leader plus improbable pour les causes socialistes. Réservé et distant, Lovett s'est transformé en incendiaire après avoir rencontré Addams à Hull House. À bien des égards, la campagne de Lovett pour la socialisation de l'Amérique a été l'une des plus importantes batailles jamais menées par les "grands" socialistes. Harry Hopkins, l'homme qui a allumé plus de feux de forêt pour le socialisme fabien en Amérique que n'importe quel autre individu dans les rangs socialistes, devait son poste à Addams, qui l'avait fortement recommandé à Roosevelt en 1932.

Addams est en tête de la liste des femmes socialistes et reçoit le prix Nobel de la paix pour ses activités pacifistes au nom du programme socialiste pour les États-Unis. Elle poursuivit sa croisade socialiste sous l'égide de la Women's International League for Peace, qu'elle fonda à Chicago, et qui devint une façade communiste pour la "paix", chère aux dirigeants bolcheviques. Addams étudia en détail les publications de la Fabian Society, notamment celles distillées dans les livres de Madame Kollontay attaquant le mariage et la famille, et consacra la majeure partie de son temps aux causes socialistes antifamiliales aux États-Unis.

Bien qu'elles n'aient jamais été proches, Dorothy Whitney Straight (Mme Leonard Elmhurst) était une admiratrice d'Addams. Les Whitney-Straight, comme Addams, sortaient tout droit de la haute société américaine. Le frère de Dorothy Whitney-Straight était associé chez J. P. Morgan, ce qui donnait aux Whitney-Straight carte blanche pour entrer dans les milieux huppés des cercles socialistes fabiens de Londres, New York et Washington. Les Whitney-Straight ont financé la publication socialiste fabienne américaine "New Republic" (Dorothy en était la principale actionnaire) à laquelle Walter Lippmann contribuait régulièrement, ainsi que les principaux professeurs socialistes d'Oxford et de Harvard. Le professeur Harold Laski était l'un des auteurs préférés de "New Republic". Dorothy Whitney Straight était un partisan enthousiaste du président Woodrow Wilson.

Après son mariage avec Leonard K. Elmhurst, Dorothy quitte sa propriété de Long Island pour s'installer à Dartinton Hall, à Totnes, dans le Devonshire, en Angleterre, "là où est son cœur", comme elle le dit à ses amis, afin de se rapprocher du centre du pouvoir socialiste fabien. Elle y côtoie les "grands" du socialisme britannique, comme Lord Eustis Perry, Sir Oswald Mosely et Grahame Haldane. En 1931, Dorothy et les Webb sont occupés par leur projet d'introduire le New Deal aux États-Unis, en prévision de l'arrivée de Franklin Roosevelt. Afin de ne pas éveiller les soupçons, à la suggestion de Dorothy, le plan est appelé "Planification politique et économique" (PEP), bien que Moses Sieff, l'un des membres initiaux, ait eu l'imprudence de mentionner le PEP comme étant "notre New Deal" dans un discours prononcé devant les socialistes fabiens à Londres en 1934.

Dès le début, le PEP était une organisation subversive déterminée à saper la Constitution de la République des États-Unis, et aucun membre n'a travaillé à cette fin de manière plus infatigable que Dorothy Whitney Straight. Le député Louis T. McFadden a dit ceci de ses efforts :

> "Puis-je vous faire remarquer qu'il s'agit d'une organisation secrète dotée d'un pouvoir énorme ? La définition de leur organisation est la suivante : un groupe de personnes qui s'occupent activement de la production et de la distribution des services sociaux, de l'aménagement du territoire, de la finance, de l'éducation, de la recherche, de la persuasion et de diverses autres fonctions clés au Royaume-Uni".

M. McFadden a qualifié ce groupe de "brain trust", qui, a-t-il dit,

> "est censé influencer la politique américaine actuelle en matière de tarifs commerciaux. Ni vous ni moi ne sommes particulièrement intéressés par ce qui se passe en Angleterre,

> mais ce qui devrait nous intéresser tous les deux, c'est qu'il y a une forte possibilité que certains membres du brain-trust autour de notre président soient en contact avec cette organisation britannique, travaillant à introduire un plan similaire aux États-Unis. Je suis assuré par des personnes sérieuses, qui sont en mesure de savoir que cette organisation contrôle pratiquement le gouvernement britannique et que ce mouvement très organisé et bien financé est destiné à pratiquement soviétiser la race anglophone."

Les énormes dégâts causés aux barrières commerciales si judicieusement érigées par les anciens présidents de ce pays pour protéger le bien-être de ses citoyens sont relatés ailleurs dans ce livre. McFadden a accusé le pendant américain du "brain trust" anglais de Dorothy Whitney Straight d'être composé des professeurs Frankfurter, Tugwell et William C. Bullit (l'homme qui a saboté la défaite presque certaine de l'Armée russe blanche face à l'Armée rouge bolchevique). À leur sujet, McFadden a déclaré :

> "Je pense qu'il n'y a aucun doute que ces hommes appartiennent à cette organisation particulière aux tendances bolcheviques distinctes, et que ce plan sera développé aux États-Unis."

Dans cette affaire, Dorothy Whitney Straight pouvait compter sur le conseil toujours disponible de Felix Frankfurter, qui avait été un visiteur fréquent de sa propriété de Long Island avant de s'installer dans le Devonshire. La fabuleuse richesse de la famille Whitney-Straight a permis de financer non seulement le "New Statesman", mais aussi le PEP et de nombreuses autres organisations de façade de la Fabian Society et leurs activités.

Dorothy entretient sa cour dans sa somptueuse propriété du Devonshire, comme la royauté dont elle rêve de faire partie. Outre Frankfurter, les visiteurs fréquents étaient J.B. Priestly, un écrivain de renom, Israel Moses Sieff, Richard Bailey et Sir Julian Huxley, Lord Melchett et Malcolm McDonald, fils de Ramsay McDonald. Bien que ces noms ne soient peut-être pas très connus des Américains, ce sont les noms d'hommes qui se trouvaient au sommet de l'échelle socialiste fabienne. Mais un Américain qui a reconnu ces noms est le membre du Congrès Louis T. McFadden, président de la commission bancaire de la Chambre des représentants.

McFadden soupçonne depuis longtemps Dorothy Whitney-Straight d'être une traîtresse à son pays. Lors d'un discours à la Chambre, McFadden veut savoir ce que Dorothy et son entourage préparent et comment cela affectera les États-Unis. Il se demande pourquoi un certain Moses Sieff parle du "New Deal" comme de "notre New Deal". McFadden a révélé les liens étroits entre les socialistes fabiens britanniques et les socialistes et communistes américains, dont il savait qu'ils travaillaient activement à la chute de la République des États-Unis : "Le plan économique politique (PEP) opère maintenant secrètement en Angleterre." Quel était l'objectif du PEP de Dorothy Whitney Straight ? Selon McFadden, c'était quelque chose que leurs publications secrètes avaient révélé à ses "initiés" :

"La méthode de travail consiste à réunir en groupe un certain nombre de personnes concernées professionnellement par l'un ou l'autre aspect du problème (comment briser la Constitution des États-Unis) en discussion, ainsi que quelques non-spécialistes qui peuvent poser les questions fondamentales qui échappent parfois aux experts.

Cette technique permet au PEP d'apporter à un problème l'expérience combinée d'hommes et de femmes travaillant dans différentes sphères, y compris les entreprises, la politique, le gouvernement et les services des autorités locales et les universités..."

"... Les noms de ceux qui forment les groupes ne sont pas divulgués... Cette règle a été adoptée délibérément dès le départ et s'est avérée très utile. Elle permet à des personnes qui n'auraient pas pu le faire autrement de servir ; elle garantit que les membres peuvent contribuer librement à la discussion sans être liés par les opinions officielles d'un organisme auquel ils peuvent être identifiés... L'anonymat est une condition stricte pour que cette feuille vous soit envoyée. Elle est essentielle pour que le groupe puisse s'avérer efficace en tant qu'organisation non partisane apportant ses contributions en dehors du champ des polémiques personnelles et partisanes... "

Des contacts dans le domaine du renseignement m'ont montré que 90% des membres du personnel du Congrès (Chambre et Sénat) travaillent de cette manière. Les auditions de la commission sénatoriale sur le juge Clarence Thomas ont été une révélation étonnante de la manière dont cette tactique socialiste de "pénétration et d'imprégnation" est encore largement utilisée dans toutes les branches du gouvernement américain, dans l'Église, dans l'éducation et dans les lieux où sont prises des décisions d'une importance vitale pour l'avenir des États-Unis d'Amérique.

La règle du secret socialiste fabien a réussi à protéger les activités souvent apparentées à de la trahison du PEP des yeux du public américain. C'est grâce au PEP et à de nombreuses autres organisations socialistes fabiennes très secrètes que le socialisme a presque réussi à s'emparer des États-Unis dans les années 1920-1930. Calquée sur le modèle du PEP de la Fabian Society britannique, la version américaine s'appelait la National Planning Association (NPA) et Felix Frankfurter était l'homme choisi par Dorothy Whitney Straight Elmhurst pour la mettre en place et la faire fonctionner aux États-Unis. Grâce à une Cour suprême alerte et encore vierge, de nombreux programmes de la NPA ont été rejetés. Dorothy Whitney-Straight n'en est pas perturbée et exhorte ses camarades socialistes à ne jamais abandonner leur objectif — le renversement des États-Unis. Elle était vraiment la plus dangereuse des féministes de la Fabian Society.

Bien qu'il ne s'agisse pas d'une amie personnelle de l'une des dames socialistes fabiennes de la haute société, le nom de Laura Spellman doit être mentionné ici, ne serait-ce que pour souligner l'extraordinaire chance que le socialisme semble toujours avoir d'obtenir un accès illimité à des fonds très importants. Le Fonds Laura Spellman a démarré avec un capital de 10 000 000 $, mais dans la pratique, il n'y avait pas de fond au puits Spellman lorsqu'il s'agissait de promouvoir des programmes socialistes aux États-Unis. Ces programmes étaient généralement appelés "réformes", dans le plus pur style socialiste fabien.

L'une de ces "réformes" consistait à saper la Constitution des États-Unis. Lorsque le sénateur Joseph McCarthy était si près de faire sauter le couvercle de la pénétration socialiste et communiste dans le gouvernement des États-Unis, le Laura Spellman Fund a accordé des subventions illimitées à ceux qui effectuaient des recherches sur les antécédents de Martin Dies et du sénateur McCarthy, et qui étaient capables de trouver tout ce qui pouvait les discréditer. Ainsi, le Fonds Spellman était indirectement responsable de la dangereuse attaque contre la Constitution des États-Unis qui avait atteint des niveaux effrayants et que Dies et McCarthy menaçaient de révéler. Le prostitué politique, le sénateur William B. Benton, qui a mené la charge contre McCarthy, a reçu tout le soutien que l'argent des Spellman pouvait acheter lorsqu'il a demandé que le sénateur McCarthy soit expulsé du Sénat. Le nom de Benton sera à jamais synonyme d'Aaron Burr et de trahison et sédition gratuites. Benton était étroitement associé au New Deal socialiste fabien et sa société, Benton and Bowles, a obtenu des contrats lucratifs du gouvernement travailliste britannique. Benton était également étroitement associé au Rockefeller National Bureau of Economic Research (qui se consacrait à la promotion de l'État-providence économique de Laski) et à Owen Lattimore, l'un des pires traîtres jamais découverts dans ce pays. C'est ce Benton qui, incrédule, a demandé à McCarthy s'il n'avait pas honte de son enquête sur l'armée, qui visait essentiellement à débusquer les traîtres socialistes au sein du gouvernement des États-Unis.

Plus tard, lorsqu'il a fusionné avec le Rockefeller Brothers Fund, Spellman a fait don de 3 millions de dollars à la London School of Economics de Harold Laski, ce qui a ouvert les portes de l'entrée du socialisme dans les plus hautes sphères du gouvernement des États-Unis. L'argent de Laura Spellman a été investi dans une campagne intensive visant à introduire des programmes "éducatifs" et "économiques" marxistes dans les écoles et les universités américaines. Des millions de dollars ont été investis dans ces programmes socialistes, dont nous ne pourrons probablement jamais mesurer les conséquences, et qui ont modifié à jamais la forme et la direction de l'éducation dans ce pays.

La principale obsession de ces femmes socialistes était la destruction de la tradition américaine de la famille. Comme l'a dit Sir Paul Dukes, l'un des principaux spécialistes du bolchevisme dans les années 1920 :

> " La tragédie centrale du régime bolchevique en Russie est un effort organisé pour subvertir et corrompre l'esprit des enfants... Cela a toujours été un principe bolchevique de combattre l'institution de la famille".

Les écrits de Madame Kollontay ne laissent aucun doute à ce sujet, même dans l'esprit des sceptiques. L'idée était de retirer les enfants à un âge très précoce de la garde parentale et de les élever dans des garderies d'État.

Les dégâts causés par Eleanor Roosevelt ont été racontés à maintes reprises et il n'est pas nécessaire de les rappeler ici. Il suffit de dire que le soi-disant mouvement féministe auquel elle a consacré tant de temps dans les années 1920 et 1930 est florissant et n'a jamais été aussi fort qu'aux États-Unis en 1994. Eleanor a été la première à sanctionner ouvertement le lesbianisme par ses relations illicites avec Lorena Hicock, dont les lettres d'amour se trouvent dans la maison des Roosevelt à Hyde Park. L'événement qui nous a montré à quel point ce groupe d'activistes socialistes est devenu militant et puissant est peut-être la lutte Anita Hill-Clarence Thomas devant un public de plusieurs millions de personnes. Ce qui mérite d'être noté, c'est le nombre d'organisations dites de "droits des femmes" et "féministes" qui ont vu le jour et se sont multipliées depuis l'époque d'Eleanor Roosevelt.

Les noms des dirigeants socialistes individuels et de leurs organisations "féministes" sont légion, comme les démons mentionnés dans la Bible. Je n'ai pas l'intention d'en faire une mention spéciale pour chacune d'entre elles — cela dépasse le cadre de ce livre. Je suis donc obligé d'attirer l'attention uniquement sur les personnes les plus haut placées dans la hiérarchie socialiste féminine, qui ont suivi la règle socialiste, pénétrer et imprégner. Le succès stupéfiant des hommes socialistes dans leur pénétration de toutes les branches du gouvernement des États-Unis, des gouvernements locaux et des États, dans les institutions et organisations privées, aurait été fièrement salué par Perkins, Kelley et Dorothy Whitney-Straight.

Ils auraient adoré Barbara Streisand, une "artiste" à la voix rauque dont les conseils s'étendent jusqu'à la Maison-Blanche des Clinton. Le fait que Streisand "dorme à la maison blanche" lorsqu'elle est de passage montre à quel point les États-Unis ont été entraînés à des niveaux jamais imaginés par les grands hommes d'État du passé — Washington, Jefferson, Jackson —. Streisand et Bella Abzug sont comme deux pois dans une cosse. Stridentes, combatives, profondément attachées aux idéaux socialistes/marxistes, toutes deux vivent dans le luxe tout en prétendant parler au nom des pauvres.

Abzug s'est fait nommer à la Chambre des représentants, essentiellement grâce au vote du bloc juif, et une fois là, elle a commencé à faire entendre sa voix grinçante, en particulier sur la question du soi-disant "droit à l'avortement", qui, je le précise en passant, n'a aucun fondement juridique puisqu'il est en dehors du champ d'application de la Constitution et est donc nul et non avenu.

Abzug a parcouru les couloirs du Congrès en hurlant littéralement contre tous ceux qui s'opposaient au féminisme radical de l'"amour libre". Elle était aidée en cela par l'une des pires escrocs du féminisme, Norma McCorvey, la "Jane Roe" de Roe contre Wade. McCorvey n'était même pas enceinte au moment où la question a été soulevée. Elle a été présentée comme une "grande érudite" par la foule d'Abzug, alors qu'en fait, son diplôme provenait de la New College Law School de San Francisco, non accréditée, la même organisation féministe qui a donné son diplôme de droit à Anita Hill !

Certaines des organisations féministes radicales, mais pas toutes, sont les suivantes :

> L'Association des avocats de Margaret Bent

> L'Union américaine des libertés civiles

> National Women's Law Center

> École de droit du nouveau collège

> Comité ad hoc sur l'éducation publique sur le harcèlement sexuel

> Alliance for Justice

> Center for Law and Special Policy

> Organisation nationale des femmes (NOW)

> Organisation pour l'avancement des femmes

> Planned Parenthood

> Ligue nationale d'action pour le droit à l'avortement (NARL)

> Women's Legal Defense Fund (Fonds de défense juridique des femmes)

La majorité de ces organisations radicales de défense des droits des femmes veulent utiliser la Constitution pour les protéger pendant qu'elles s'occupent de socialiser les États-Unis — un héritage qui leur a été transmis par Felix Frankfurter. De temps en temps, elles profèrent des platitudes pieuses sur la protection des droits individuels, dont quatre-vingt-dix-neuf pour cent ne se trouvent pas dans la Constitution, tout en prônant le renversement de la Constitution même qui les protège.

La loi socialiste sur la maternité et l'enfance introduite par Florence Kelley, l'ancêtre de Bella Abzug, est tirée directement du système bolchevique que Madame Zinoviev a décrit pour la nationalisation mondiale des enfants. Ce que Bella Abzug et Pat Schroeder appellent "droits des femmes" n'est rien d'autre que l'anarchie féminine et ne figure pas dans la Constitution des États-Unis. La plupart de ce à quoi aspirent ces femmes socialistes provient des ouvrages d'Alexandra Kollontay "Communism and the Family", de Bebel "Women and Socialism" et d'Engel "Origin of the Family". Les soi-disant "droits à l'avortement" proviennent de cette littérature bolchevique.

Le comité Overman sur le bolchevisme en 1919 est arrivé à la conclusion suivante :

> Le but apparent du gouvernement bolchevique est de rendre le citoyen russe, et surtout les femmes et les enfants, dépendants de ce gouvernement... Ils ont promulgué des décrets relatifs au mariage et au divorce qui établissent pratiquement un état d'"amour libre" (avortement). Leur effet a été de fournir un véhicule pour la légalisation de la prostitution en permettant l'annulation des liens du mariage au gré des parties. Document du Sénat n° 61, 1ère session, pages 36-37, Congressional Record.

Dans l'affaire Roe vs Wade, les juges de la Cour suprême des États-Unis ont violé la Constitution par le biais de leur imagination débordante. Les soi-disant "activistes des droits de la femme" n'ont rien négligé au cours des deux dernières décennies pour tenter d'inscrire dans la Constitution des "droits" qui n'y sont tout simplement pas.

L'affaire Anita Hill-Clarence Thomas a été une démonstration remarquable du vaste pouvoir que ces groupes de défense des droits des femmes ont acquis depuis l'époque de l'administration Roosevelt. Le Sénat est rempli de socialistes de la pire espèce, Kennedy, Metzenbaum et Biden étant leurs porte-drapeaux. Il y a une perception publique qui doit être corrigée : Le Sénat n'a aucun pouvoir judiciaire : il ne peut pas faire de procès à qui que ce soit. Ses pouvoirs se limitent à un rôle d'investigation. Il n'a pas de rôle de procureur. En examinant l'affaire Anita Hill-Clarence Thomas, on s'est vite rendu compte que le Sénat avait de toute évidence complètement oublié cette restriction de ses pouvoirs.

La principale instigatrice de la confrontation n'était pas Hill elle-même, mais un groupe de femmes abrasives et agressives qui ont vu une occasion de tirer profit de la question exagérée du "harcèlement sexuel" qui était devenue leur cause-célèbre.[8] Le fait que ce groupe ait pu persuader la commission sénatoriale et une grande partie des législateurs que Hill était victime de "harcèlement sexuel", même si elle avait attendu dix ans avant de porter plainte, montre à quel point les défenseurs des "droits des femmes" sont devenus puissants.

Si une femme pouvait être montrée du doigt pour cet état déplorable des choses, ce serait Nan Aaron. Si un homme pouvait être pointé du doigt, ce serait le juge Warren Burger, le rêve socialiste d'un juge sur lequel on pourrait toujours compter pour tordre et presser la constitution et y ajouter ses propres prédilections, au mépris total du 9e amendement de la Constitution des États-Unis.

Il convient de mentionner qu'aucun des juges socialistes qui ont causé les plus grands dommages à la Constitution n'avait d'expérience en tant que juge avant d'être nommé à la Cour suprême. Louis Brandeis, John Marshall, Earl Warren, Byron White et William Rehnquist n'étaient pas juges avant que leurs références socialistes ne les élèvent à la Cour suprême, d'où ils se sont mis au service des principaux socialistes qui infestent tous les niveaux du gouvernement.

---

[8] En français dans l'original, NDT.

Il fallut quelques jours pour rassembler les formidables femmes socialistes en vue d'une attaque, mais après cela, Kate Michelman, championne du droit à l'avortement et du meurtre de bébés, Nan Aaron, Judith Lichtman, Molly Yard, Eleanor Smeal, Patricia Schroeder, Barbara Boxer, Susan Hoerchner, Gail Lasiter, Dianne Feinstein, Susan Deller Ross et Nina Totenberg, une muckraker fumant de la marijuana dans la meilleure tradition des muckrakers socialistes fabiens des années 1920, étaient en pleine action. Parmi elles, la plus vicieuse était peut-être Totenberg, qui avait déjà été licenciée pour plagiat. Habituée à utiliser un langage grossier, Totenberg représente ce qu'il y a de pire chez les soi-disant "féministes". En cela, elle est habilement soutenue par le sénateur Howard Metzenbaum, le meilleur exemple de ce qui ne va pas au Sénat.

Le premier assaut contre Thomas est venu d'une fuite orchestrée par Aaron, Hoerchner et Lichtman qui ont convaincu Hill de mettre par écrit sa plainte pour harcèlement sexuel et de l'envoyer au FBI. Hoerchner avait été le premier à appeler Hill en Oklahoma, sans tenir compte du fait que les deux n'avaient pas eu de contact pendant plus de sept ans. Hoerchner ressemblait à George Bernard Shaw en ce sens qu'elle n'hésitait pas à aborder n'importe qui, même des inconnus dont elle pensait qu'ils pouvaient lui être utiles.

Ce que ces "féministes" agressives craignaient, c'est que Hill ne se présente pas de son plein gré pour affronter le juge Thomas. Dans ce cas, comme le dit l'adage, "nous devrons la faire sortir" en utilisant les techniques apprises du lobby homosexuel chaque fois qu'un des leurs hésite à avouer son homosexualité.

À ce moment-là, Thomas avait déjà subi cinq jours d'interrogatoire, Metzenbaum faisant son coup habituel en retardant la confirmation pour voir si ses escouades de dénigrement donneraient des résultats. Finalement, sous la pression terrible de Catherine McKinnon, une militante féministe et "érudite" en droit, et principalement par l'intermédiaire de Lichtman, Hill a craqué et a été forcé de porter les accusations que les femmes radicales voulaient, et qui ont été immédiatement divulguées.

Le reste fait partie de l'histoire, un récit fascinant de la sauvagerie de la féministe socialiste, prête à tout pour "tuer", bien que dans ce cas, leur proie, le juge Clarence Thomas, ait pu les distancer. Toute l'opération, depuis le moment où Hoerchner a contacté Hill jusqu'à la confirmation de Thomas, a été menée selon les principes de la psychopolitique, la stratégie qui avait si bien servi le socialisme en Angleterre.

Malheureusement, le "féminisme" radical-socialiste est là pour rester. Les activités des amazones comme Patricia Schroeder et des poids lourds Boxer et Feinstein ne connaîtront aucun répit. Nous verrons ces législateurs féministes radicaux introduire toutes sortes de lois qui ne sont pas conformes à la Constitution. Nous avons déjà vu comment Feinstein a fait accepter par le Sénat une prétendue interdiction des "fusils d'assaut". Le fait que le projet de loi de Feinstein violait la Constitution à pas moins de trois endroits importants n'a pas gêné cette gladiatrice. Ce qu'il faut faire, c'est former les législateurs à la Constitution, les faire élire, puis leur apprendre à contrer et à annuler toute nouvelle atteinte à nos libertés, en utilisant la Constitution comme arme principale. Pour cela, nous avons besoin d'une fondation similaire à la Fabian Socialist Society.

Chapitre 5

SUBVERTIR LA CONSTITUTION PAR LA VOIE LÉGISLATIVE

C'est Florence Kelley (Weschenewsky)[9] qui a déclaré que la Constitution des États-Unis devait être subvertie par ce qu'elle appelait "la voie législative" et depuis sa déclaration. Les socialistes ont fait des pieds et des mains pour appliquer sa directive. Ce détournement de la Constitution est allé si loin qu'en 1994, il ne se passe pas un jour sans qu'un juge, quelque part, ne lise ses prédictions dans la Constitution et ne prenne des décisions qui sont en dehors du cadre et de la portée de la Constitution.

À la fin des années 1920 et au début des années 1930, les groupes socialistes américains ont déclaré que le rôle interprétatif du pouvoir judiciaire devait être utilisé pour contourner les restrictions de la Constitution. Les socialistes ont également imaginé les "ordres exécutifs" comme moyen de légiférer de manière directe lorsqu'il n'était pas possible de promulguer une légalisation favorable aux causes socialistes.

Bien que le neuvième amendement de la Constitution des États-Unis ait été rédigé dans le but exprès d'empêcher les juges de donner force de loi à leurs prédictions, les juges de tous niveaux ont, dans l'ensemble, ignoré cette restriction qui leur était imposée et, de plus en plus, ils adoptent des lois qui sont clairement inconstitutionnelles. Les lois dites de "contrôle des armes à feu" et les restrictions

---

[9] Le lecteur aura sans doute remarqué que la plupart des activistes cités œuvrant à la subversion de la Constitution américaine — Feinstein, Schroeder, Metzenbaum, Totenberg, Lichtman, etc. — sont d'origine juive. NDÉ

imposées aux groupes de protestation contre l'avortement en sont des exemples.

Kelley s'est fait connaître lorsqu'elle a traduit en anglais l'ouvrage du socialiste enragé Engels intitulé "Condition of the Working Class in England in 1844".[10] Il s'agissait de l'attaque socialiste habituelle contre le capitalisme. Engels a écrit plusieurs livres, dont une attaque virulente contre la religion et un autre, "Origin of the Family", une diatribe contre le caractère sacré du mariage. Engels a fait une tournée aux États-Unis en 1884, et n'a pas essayé de tenir compte de l'avertissement d'Edward Bellamy d'éviter les confrontations qui projetaient une image du socialisme comme étant la maison des déviants sexuels, des révolutionnaires et des anarchistes. Apparemment, les Américains des années 1800 étaient bien mieux informés sur le socialisme que les Américains des années 1990.

Ce n'est pas par hasard que Kelley a choisi de recevoir son éducation socialiste en Suisse, foyer de longue date des révolutionnaires, des anarchistes et des déviants sexuels. Danton et Marat sont venus de Suisse pour lancer la Révolution française. Lénine a passé un temps considérable dans ce pays avant de s'aventurer à Londres. Kelley a commencé sa croisade pour subvertir la Constitution des États-Unis en rejoignant le New York Nationalist Club, d'où elle a lancé sa croisade pour amener le gouvernement fédéral à adopter des lois qui contrôleraient les salaires et les conditions dans les usines.

Dans la poursuite de cet objectif, Kelley a soit créé ses propres façades, soit rejoint d'autres déjà existants, comme la National Consumers League à laquelle elle a essayé de donner des accents marxistes. Kelley se qualifiait elle-même de "Marxist-Quaker" et elle était également une socialiste américaine de type Fabian. Nous en apprendrons davantage sur Kelley dans les chapitres suivants. Elle est devenue une amie proche du professeur Brandeis de Harvard, auprès duquel elle a beaucoup appris sur la méthodologie permettant de contourner la Constitution, par la "voie législative".

---

[10] *La condition de la classe ouvrière en Angleterre en 1844*, NDT.

Kelley a travaillé avec beaucoup d'énergie pour préparer la voie au "Brandeis Brief" qui allait devenir la marque de fabrique des juges socialistes. Le "Brandeis Brief" était essentiellement une ou deux feuilles d'avis juridiques jointes à d'énormes paquets de propagande socialiste soigneusement choisie sur des questions économiques et sociales. Inutile de dire que ni Brandeis ni ses collègues juges n'étaient le moins du monde qualifiés pour interpréter ces doctrines socialistes biaisées, qui étaient donc simplement acceptées comme des faits et inscrites dans les décisions des juges. Vers 1915, des chercheurs de Kelley ont parcouru le monde entier pour rassembler des informations favorables au socialisme, qui constituaient l'essentiel des documents qui composaient le "dossier Brandeis". C'était une tâche gigantesque, habilement accomplie, qui allait changer la façon dont la jurisprudence américaine fonctionnait.

"Brandeis Briefs" a été un grand triomphe pour Kelley et sa "voie législative" pour modifier et contourner la Constitution. Sur les instructions de Mandel House, le président Woodrow Wilson, nommé d'un commun accord, devait s'assurer le soutien du "républicain progressiste" Brandeis pour l'implication prochaine des États-Unis dans la Seconde Guerre mondiale. Il est utile de répéter ce qui a déjà été dit, les républicains "progressistes" et "modérés" signifient que la personne qui utilise ces étiquettes est un ardent socialiste.

Les lois Lusk de l'État de New York constituent un autre jalon dans l'histoire des triomphes des socialistes sur le système judiciaire des États-Unis. Les soi-disant "immigrants" d'Europe de l'Est ont afflué à New York dans les années 1800, apportant avec eux des attitudes combatives et beaucoup d'expérience révolutionnaire. Beaucoup de ces nouveaux arrivants travaillaient dans le commerce du vêtement. C'est pour enquêter sur le comportement anarchiste révolutionnaire de ce groupe important venu d'Europe de l'Est qu'en 1919, la législature de l'État de New York a nommé le sénateur Clayton R. Lusk à la tête d'une commission d'enquête.

L'un des centres de soutien aux "immigrés" les plus puissants était la Rand School. Bastion des socialistes fabiens américains, la Rand fournissait un soutien juridique au syndicat des travailleurs de l'habillement et à toute une série d'autres syndicats que la Rand avait contribué à fonder. Les conférenciers et les instructeurs de la

Rand School se lisent comme un Who's Who socialiste fabien. Lusk s'est rendu à la Rand, muni de mandats de perquisition et escorté par des policiers d'État, et a confisqué des dossiers et des fichiers.

La réaction de la fraternité juridique socialiste ne s'est pas fait attendre. Un éminent avocat, Samuel Untermeyer — qui, en 1933, avait déclaré la guerre à Hitler — et qui avait une grande influence sur les cercles intérieurs de la Maison-Blanche, demanda et obtint une injonction contre Lusk, qui fut contraint de rendre les dossiers et les documents qu'il avait saisis. Il s'agit là d'une première démonstration de la puissance impressionnante du socialisme aux États-Unis. Néanmoins, à la suite du rapport de Sen Lusk, la législature de New York a adopté ce qui est devenu les lois Lusk, qui exigeaient que toutes les écoles de l'État de New York obtiennent une licence. Le but de l'exercice était de fermer la Rand School.

Mais les législateurs de l'État de New York n'allaient pas réussir. Dans la décennie 1920-1930, peu de gens connaissent le socialisme comme une maladie virulente qui peut frapper quand et où elle veut. L'éminent avocat socialiste Morris Hillquit a suscité une agitation si violente contre la loi Lusk parmi les puissants travailleurs de l'habillement et d'autres syndicats dominés par les socialistes, que le gouverneur Al Smith y a opposé son veto. De ce début est née une puissante alliance politique qui allait placer le socialiste Franklin Delano Roosevelt à la Maison-Blanche.

Une fois de plus, les socialistes ont démontré que leur politique furtive, sinistre et calomnieuse, consistant à infiltrer leurs disciples choisis comme conseillers des personnes au pouvoir, était la voie à suivre. Des années plus tard, on a découvert que le gouverneur Smith, un catholique convaincu, avait été "conseillé sur les questions de justice sociale" par le père John Augustin Ryan, un socialiste déclaré, infiltré auprès de Smith par le National Catholic Welfare Council dominé par les socialistes. C'est sur les conseils de Ryan que Smith a opposé son veto au projet de loi Lusk.

Fervent adepte de Sydney Webb, Ryan est ensuite connu comme "le père du New Deal". En 1939, les juges William O. Douglas, Felix Frankfurter et Henry A. Morgenthau assistent à un dîner en son honneur (aucun des membres de la base des travailleurs de l'habillement et d'autres syndicats n'est invité). La Rand School a continué à fonctionner sans interruption, même si elle n'avait pas de licence.

Ce qui dérangeait les socialistes dans les années 1920, lorsqu'ils tentaient de prendre virtuellement le contrôle des États-Unis, c'était le fait que le gouvernement fédéral n'avait pas un pouvoir absolu. Seuls les rois ont un pouvoir absolu et ils émettent des proclamations. Le président Lincoln n'a pas libéré les esclaves dans sa proclamation d'émancipation. Il savait que c'était inconstitutionnel. L'ouvrage "Blackstone's Commentaries With Notes" du grand constitutionnaliste St George Tucker, professeur de droit à l'Université de William et Mary qui a servi dans la Révolution américaine, énonce la position très clairement :

> "Le droit d'émettre des proclamations est l'une des prérogatives de la couronne d'Angleterre. Aucun pouvoir de ce genre n'étant expressément accordé dans la constitution fédérale, on s'est demandé, à une occasion particulière, si le président possédait une telle autorité en vertu de celle-ci..."

Les socialistes ont décidé qu'à l'avenir, les proclamations seraient appelées "ordres exécutifs", mais elles restent des lois par fiat, interdites par la Constitution des États-Unis.

Les dix premiers amendements de la Constitution des États-Unis constituent une restriction pour le gouvernement fédéral, avec peut-être une petite exception contenue dans le 5e amendement. L'article 1, section 9 de la Constitution ne permet pas au gouvernement fédéral de légiférer en dehors des pouvoirs qui lui sont délégués et qui sont contenus dans les pouvoirs primaires du Congrès.

Frustrés par les restrictions imposées par la Déclaration des droits aux pouvoirs du gouvernement fédéral, les socialistes sont passés à l'offensive "par la voie législative". Ce qu'ils n'ont pas pu obtenir par la Chambre et le Sénat, ils l'ont obtenu par le biais des tribunaux, ce qui explique pourquoi nous avons tant de lois inconstitutionnelles dans les textes de loi. Il ne fait aucun doute que si les socialistes n'avaient pas été bloqués par la Constitution, ils auraient submergé le pays entre 1920 et 1930.

Malheureusement, depuis les années 1970, le Congrès et le président ont choisi de mettre en œuvre des programmes sociaux en plus grand nombre chaque année. Un exemple en est le projet de loi "A Bill to Establish National Voter Registration" proposé par le sénateur Robert Dole, leader de la minorité au Sénat. Le projet de loi de Dole est à 100% anticonstitutionnel et c'est un triste jour pour les États-Unis que de voir le leader de la minorité du Sénat des États-Unis agir de manière aussi irresponsable. Les détails du projet de loi de Dole se trouvent aux pages S5012 - D5018, Congressional Record, 24 avril 1991, n° 61, vol. 137.

Le projet de loi de Dole est mauvais parce qu'il va à l'encontre de l'article 1, section 4, partie 1 de la Constitution des États-Unis qui stipule :

"Le moment, le lieu et la manière de tenir les élections des sénateurs et des représentants seront prescrits dans chaque État par les législateurs de celui-ci ; mais le Congrès peut à tout moment, par une loi, faire ou modifier ces règlements, sauf en ce qui concerne les lieux de choix des sénateurs."

Les débats sur cette question remontent aux premiers jours de notre République confédérée.

Le mot "peut" ne signifie pas "doit". Le mot "manière" fait simplement référence au type de bulletin de vote utilisé. Les mots "alter" et "regulate" ne signifient pas que le gouvernement fédéral contrôle les élections des États, ce que Dole devrait savoir s'il a lu les Congressional Globes et les Annals of Congress. M. Dole tente d'impliquer le gouvernement fédéral dans des questions qui sont réservées aux États. C'est un expédient commun à tous les socialistes.

Wilson a commencé ce genre de pourriture, et son travail de sape a été repris par Roosevelt, Kennedy, Johnson Eisenhower, Bush et maintenant Clinton. Comme en tandem, la Cour suprême est allée si loin à gauche qu'on peut se demander pourquoi elle ne s'appelle pas la Cour suprême socialiste des États-Unis. L'un des principaux pourvoyeurs de doctrines socialistes était le juge Harlan Stone, qui a conseillé le boucher constitutionnel Roosevelt sur la meilleure façon de financer les programmes socialistes, par l'intermédiaire de Frances Perkins.

À l'époque, les principaux conspirateurs qui œuvraient au démantèlement de la Constitution des États-Unis étaient sans aucun doute le colonel House, le juge Brandeis, le juge Felix Frankfurter, Bernard Baruch, Florence Kelley et Sidney Hillman.[11] Les Brandeis Briefs ont été les principaux responsables de l'orientation de la Cour suprême dans la mauvaise direction. Comme nous l'avons expliqué ailleurs, les Brandeis Briefs étaient des masses de prises de position sociologiques très favorables aux causes socialistes, couvertes par le plus mince avis juridique. C'est ainsi qu'est né le "droit sociologique", qui a été une malédiction et un maléfice autour du cou du peuple américain depuis qu'il a été institué en 1915.

Outre l'attaque de la Constitution par le biais des tribunaux, les socialistes ont eu recours à la stratégie consistant à envoyer leurs "conseillers" jouer le rôle de porte-parole de la politique étrangère des États-Unis, même s'ils ne sont pas des représentants du gouvernement ni élus par le peuple. Le colonel House et George Maynard Keynes sont deux exemples classiques de la manière dont les socialistes américains ont bafoué la Constitution avec une apparente impunité en exerçant des "sphères d'influence".

House était ouvertement pour la destruction totale de la Constitution des États-Unis et Brandeis a exprimé ses "réformes" socialistes de la Constitution dans son livre "Wealth of the Commonwealth". Afin qu'ils puissent conspirer, comploter et s'entendre pour faire tomber la Constitution, House vivait à deux pâtés de maisons de Roosevelt et tous deux étaient à portée de voix de Sir William Wiseman, chef de la station MI6 des services secrets britanniques pour l'Amérique du Nord.

L'ACLU a été la plus active de toutes les organisations socialistes à attaquer la Constitution. La croissance de sa sinistre influence peut être constatée par le nombre de chapitres rien qu'en Californie, et par le fait qu'elle a pu contester la loi McCarran sur la sécurité intérieure.

---

[11] Là encore, tous juifs. NDÉ.

Chapitre 6

LES ÉTOILES LES PLUS BRILLANTES DU FIRMAMENT SOCIALISTE AMÉRICAIN

C omme le suggère le titre de ce chapitre, nous allons nommer quelques-unes des étoiles les plus brillantes de la constellation socialiste américaine parmi les milliers et milliers de dirigeants socialistes qui composent le socialisme. Parmi eux se trouvent certains des subversifs les plus dangereux jamais connus dans l'histoire de ce pays. On nous a toujours dit de nous méfier des "communistes" à Washington, et cela a réussi à détourner notre regard de la véritable cause d'inquiétude : les socialistes.

Les rangs socialistes sont remplis d'éducateurs de premier plan, notamment au niveau des professeurs et des présidents d'université. Ils sont dans le service diplomatique, au département d'État des États-Unis, à la Chambre des représentants et au Sénat. Le ministère de la Justice déborde de ceux qui sont prêts à tout pour promouvoir le socialisme. Les postes clés du secteur bancaire sont occupés par eux, ils contrôlent l'argent de la nation et des milliers d'autres occupent des postes clés dans l'armée. Certaines des sociétés internationales les plus puissantes agissent comme des agents de changement du socialisme fabien.

Les socialistes fabiens sont dans le secteur de la communication, occupant des postes clés, et de même dans les médias d'information, imprimés et électroniques. Ils façonnent l'opinion publique en fonction des événements du jour, séduisant le public et créant des opinions que le public a été conditionné à accepter comme les siennes. En bref, le socialisme est tellement ancré aux États-Unis d'Amérique qu'il serait difficile de le déloger, à moins d'obtenir d'abord le soutien de l'ensemble du peuple. Les socialistes fabiens ont tellement pénétré et imprégné l'Église chrétienne qu'elle est aujourd'hui totalement méconnaissable par rapport à l'intention du Christ. Les socialistes fabiens sont juges à la Cour suprême et utilisent leurs prédilections pour contourner les garanties constitutionnelles ; ils sont francs-maçons. Le système policier est truffé de socialistes, principalement dans la classe des officiers de haut rang.

Les plus connus des juges de la Cour suprême qui ont grandement aidé les causes des socialistes fabiens dans le passé sont peut-être les juges Harlan Stone, Felix Frankfurter, William O. Douglas, Hugo Black, Louis Brandeis, Abe Fortas, Warren Burger et Earl Warren, et nous reviendrons sur ces étoiles du firmament socialiste en temps voulu. Dans d'autres domaines tout aussi importants, une foule de professeurs ont agi en tant que conseillers des présidents des États-Unis ; d'autres ont transformé le système américain d'économie politique, qui n'est plus ce que les Pères fondateurs voulaient qu'il soit, en un système babylonien qui a illégalement placé les cordons de la bourse de la nation entre les mains d'étrangers socialistes.

Un groupe plus sélect de socialistes fabiens est devenu le contrôleur de cinq présidents des États-Unis ; une situation qui n'avait pas été envisagée par les Pères fondateurs et qui, par conséquent, a créé une camarilla particulièrement dangereuse qui a progressivement conduit à la pénétration et à l'imprégnation de la plus haute fonction politique de la nation, avec la grande corruption qui s'ensuit, que nous constatons maintenant dans toute sa mesure dans la présidence Clinton.

Le nom qui vient le plus facilement à l'esprit dans ce contexte et qui caractérise le socialisme en Amérique dans l'esprit des chercheurs sérieux est celui du colonel Edward Mandel House. "Colonel" était un titre honorifique, qui lui avait été accordé par le gouverneur "réformateur" Hogg en récompense de son élection au poste de gouverneur du Texas. House a rencontré Woodrow Wilson, le premier futur président des États-Unis ouvertement socialiste, en 1911. C'est House qui a fait en sorte que Wilson obtienne l'investiture lors de la convention démocrate de Baltimore, à peine un an plus tard.

Comme mentionné ailleurs, il y a une forte suspicion que House était en réalité juif, d'origine hollandaise. Son père, Thomas William

House, était l'agent des Rothschild de Londres. House Sr était le seul au Texas à sortir de la guerre civile avec une énorme fortune, grâce, selon certains historiens, à ses relations avec les Rothschild et Kuhn, Loeb. Le nom "Mandel" — un nom typiquement hollandais — aurait été donné à Edward, car l'un des Kuhn portait le nom "Mandel".

Le jeune Edward est envoyé à l'école en Angleterre, où il subit l'influence des riches penseurs libéraux de l'époque, eux-mêmes fortement influencés par les enseignants de la Fabian Society britannique. L'un de ceux qui se lient d'amitié avec le jeune House est le fabianiste George Lansbury. À la mort de son père, House se retrouve en situation de richesse indépendante, ce qui lui permet de se consacrer pleinement aux études socialistes, en particulier au "gradualisme" ou "se hâter lentement".

En raison de la grande influence des riches et des puissants dans les cercles de la Fabian Society, House a bien retenu les leçons et a ensuite pris le contrôle du parti démocrate aux États-Unis de haut en bas. L'ascension de House en tant qu'acteur clé des affaires américaines est sans aucun doute due aux recommandations faites par l'élite de la Fabian Society et par Sir William Wiseman, chef de la station nord-américaine du MI6 des services de renseignements britanniques. Tout au long de la présidence de Wilson, Wiseman et les services secrets britanniques ont soigneusement surveillé le président, toujours grâce aux bons offices de House.

La communication codée entre House et Wilson — connue seulement des deux hommes — comme le confirme le professeur Charles Seymour, président de Yale, a été fournie avec l'aimable autorisation du MI6. D'après des documents confidentiels que j'ai vus à plusieurs endroits à Londres, Wiseman écoute constamment les conversations entre House et Wilson, comme il convient à son statut de contrôleur ultime de Wilson.

Nous savons que le même "modèle", très réussi, a été utilisé plus tard par Bruce Lockhart, l'agent britannique du MI6 choisi par Lord Milner pour être le contrôleur de Lénine et Trotsky dans la supervision de la révolution bolchevique dans l'intérêt du libre-échange et des banques britanniques. La stratégie du MI6 pour les États-Unis a utilisé les principes hégéliens pour convaincre les dirigeants de la Fabian Society d'aider à instaurer le "libre-échange" avec les États-Unis, ce qui avait été interdit, d'abord par le président George Washington en juillet 1789, et maintenu par les présidents Lincoln, Garfield et McKinley.

William Jennings Bryan a été un temps considéré par le MI6 comme un candidat possible au libre-échange, mais il a été rejeté parce qu'il était perçu que par ses déclarations radicales, les électeurs américains ne l'accepteraient pas comme président potentiel, une évaluation qui s'est avérée très exacte. Wiseman avait donné à House un profil détaillé de la carrière de Wilson, d'abord comme professeur à Princeton de 1902 à 1910, puis comme gouverneur du New Jersey. Wiseman estimait que Wilson était exactement l'homme dont House avait besoin pour mener à bien les politiques socialistes fabiennes aux États-Unis. Une fois toutes les vérifications effectuées, House reçoit l'ordre de rencontrer Wilson à l'hôtel Gotham à New York, en novembre 1911.

À partir de ce moment-là, tout était prêt pour que House s'installe dans des locaux loués sans prétention dans un endroit quelque peu délabré de la East Thirty-Fifth Street à New York. Le "bureau" de House a commencé à ressembler à un centre de commandement, avec un standard téléphonique et une ligne directe avec Sir William Wiseman, qui occupait un appartement juste au-dessus de lui. Après l'élection de Wilson à la Maison-Blanche par un vote minoritaire (6 286 000 contre 7 700 000 pour Taft et Roosevelt), le standard téléphonique de la Maison-Wiseman avait un accès direct au nouveau président grâce à une liaison téléphonique codée.

De nombreux visiteurs socialistes éminents se rendaient au bureau de la Maison, dont Bernard Baruch, à qui le MI6 a remis les lettres incriminantes de Peck — qui ont ensuite été utilisées pour faire chanter Wilson afin qu'il change sa position contre la Première Guerre mondiale. Wiseman était un favori du Président et devint l'un des messagers "confidentiels" de Wilson entre Londres, Paris et Washington, ce qui, dans une certaine mesure, montrait que Wilson ne comprenait pas vraiment à quel point il était sous le contrôle des agents d'un gouvernement étranger.

Wilson a été choisi par le MI6 pour faire tomber les barrières des États-Unis contre le "libre-échange". Son mentor, le colonel House, avait appris à Wilson à considérer les barrières tarifaires comme un obstacle aux bonnes affaires mondiales et comme une cause principale de la forte hausse des prix, parallèlement à une prétendue "inflation", qui n'est qu'une simple propagande socialiste. House a passé des heures interminables à informer Wilson sur les "maux inhérents aux barrières tarifaires qui ne profitent qu'aux riches et aux puissants intérêts particuliers au détriment des travailleurs". Puis Wilson était prêt à faire ses fausses déclarations :

"... Nous vivions sous un tarif qui avait été délibérément conçu pour conférer des faveurs privées à ceux qui coopéraient pour maintenir au pouvoir le parti qui en était à l'origine..."

L'administration Clinton devait utiliser les mêmes arguments fallacieux pour faire tomber le dernier mur tarifaire qui avait protégé la jeune nation pendant si longtemps et fait de son commerce et de son industrie, de son niveau de vie, l'envie du monde. Dans la foulée de l'investiture de Wilson, en mars 1913, la bataille pour abattre les barrières commerciales des États-Unis était engagée. Pourtant, même l'un des plus grands professeurs d'économie de Harvard a rejeté les présomptions selon lesquelles les barrières commerciales étaient mauvaises pour les gens ordinaires, les jugeant sans fondement.

House avait bien fait son travail : ce n'est pas pour rien que ses amis l'appelaient "un radical prononcé dont le socialisme a ouvert la porte au communisme", ceci en référence au rôle joué par House pour obtenir la libération de Trotsky après que Wiseman soit intervenu en faveur du comploteur de la révolution pro-bolchevique, Lord Alfred Milner. House était, selon ses propres dires, un fervent admirateur de Karl Marx et un détracteur de la Constitution des États-Unis.

L'une des missions les plus difficiles confiées à House par Wiseman concernait la position de "neutralité" adoptée par l'administration Wilson vis-à-vis de la guerre qui faisait rage en Europe. Prétendument "pacifistes", les socialistes fabiens ont été utilisés par le MI6 pour faire changer Wilson d'avis, par le biais du chantage (les lettres Peck) et un climat de guerre a été créé par des mensonges purs et simples racontés au peuple américain. Dans cette entreprise, le MI6 a coopté les services de Walter Lippmann, sur lequel nous reviendrons.

Alors que la Première Guerre mondiale touchait à sa fin, House a été choisi par son contrôleur britannique du MI6 et du parti socialiste fabien, Sydney Webb, pour être le porte-parole de Wilson à la Conférence de paix de Paris, prétendument sur la base du rapport magistral de House produit rapidement après seulement deux jours "en isolement" à Magnolia, sa résidence d'été dans le Massachusetts. Mais les faits parlent autrement. Ce qui devait être connu sous le nom de "Quatorze points de Wilson", qui devait établir un gouvernement mondial unique, la Société des Nations, "pour prendre en charge toutes les nations et passer outre à leur souveraineté" (y compris les États-Unis), était en fait un document de la Fabian Society rédigé en 1915 par le dirigeant socialiste britannique Leonard Woolf.

Intitulé "International Government", le traité de la Fabian Society a été présenté au gouvernement britannique pour acceptation. Le gouvernement britannique l'a ensuite transmis à Wilson, qui n'a pas pris la peine de l'ouvrir avant de le transmettre à House dans le Massachusetts. Il s'agissait donc des "Quatorze points" que House était censé avoir rédigés avec l'aide du professeur David Miller. Cet incident met en évidence la relation étroite et dominatrice qui existait entre le gouvernement britannique, House et Wilson.

Wilson présente son "plan en quatorze points" à la Conférence de paix de Paris, qui le rejette rapidement. Wilson, amèrement blessé, rentre aux États-Unis, l'amitié de longue date entre House et lui-même commençant à s'effriter sur les bords. Ce fut un triomphe pour la Constitution : ni House ni Wilson ne l'avaient violée à Paris. Par la suite, les deux hommes se sont éloignés l'un de l'autre, leur amitié apparemment inaltérable s'étant effondrée sur la Constitution des États-Unis d'Amérique.

Conformément aux enseignements de la Fabian Society, House a toujours été un visionnaire. En 1915, son attention avait été attirée par Franklin D. Roosevelt, le secrétaire adjoint à la Marine de Wilson. House s'arrangea dans des cercles discrets pour qu'un exemplaire de "Philip Dru" se retrouve entre les mains du fringant Roosevelt. On dit que le livre a eu un effet profond sur le socialiste déjà engagé qu'était Roosevelt, destiné à succéder à Wilson. En 1920, House déclare à des amis : "Je suis certain qu'il (Roosevelt) sera le prochain président des États-Unis." Le bilan de Roosevelt en tant que gouverneur de New York et les programmes novateurs (socialistes) qu'il a introduits ne laissaient personne douter de la direction qu'il donnerait à l'Amérique s'il était élu à la Maison-Blanche. À cet égard, l'ancien gouverneur de l'Arkansas, M. Clinton, est une copie conforme de Roosevelt en matière de méthodologie socialiste.

Lorsque Roosevelt a été élu, l'événement a été salué par les socialistes, grands et petits, des deux côtés de l'Atlantique, comme un acte de la "providence". Comme c'est généralement le cas, ces actes de la "providence" ne résistent pas à un examen approfondi, et celui-ci ne fait pas exception. Une fois de plus, les observations politiques astucieuses du colonel House étaient sur le point de porter leurs fruits. Roosevelt allait lancer et propulser le socialisme vers de nouveaux sommets en Amérique, un successeur approprié au président Wilson. Le fait que Roosevelt doive sa présidence à House n'a jamais été contesté ; il a seulement été tenu à l'écart du public, de peur que l'acte opportun de la "providence" n'ait un visage bien humain.

Ami de la mère de Roosevelt, House n'hésite pas à remarquer les bonnes lois socialistes votées par le gouverneur de l'État de New York. L'amitié qui s'est développée est aussi en partie l'œuvre de Frances Perkins. House avait recommandé Roosevelt à Wilson pour le poste de secrétaire adjoint à la Marine dans l'administration Wilson, et a transmis à Roosevelt l'approche radiophonique des "conversations au coin du feu" pour gagner le peuple américain et a coaché Roosevelt sur la façon de créer des "ordres exécutifs" inconstitutionnels, c'est-à-dire des proclamations que seuls les rois et les reines ont le droit d'émettre.

House restera dans l'histoire comme l'homme qui a changé la façon dont les présidents prennent leurs décisions et les exécutent, en les entourant de conseillers informels qui, n'étant pas des fonctionnaires, sont difficiles à maîtriser. Le système socialiste glissant des conseillers informels a fait plus de dégâts à la nation que le peuple ne pourrait jamais imaginer. Cet aspect, plus que tout autre des réalisations de House, l'a mis à part en tant que principal guerrier du socialisme dans le premier quart du 20e siècle.

Roosevelt a été présenté à l'Américain comme un homme affable, sympathique et très compétent, doté d'un "merveilleux sourire", etc., etc. Quelle part de vérité y avait-il dans cette propagande ?

Apparemment pas beaucoup. En 1926, alors que House pensait que Roosevelt serait le prochain président, l'homme au "merveilleux sourire" n'était même pas capable de gagner assez pour s'occuper de sa famille. Roosevelt se présente comme candidat au Sénat de New York sur la liste du Ku Klux Klan. Sa "polio", dont on parle beaucoup, est en fait une encéphalomyélite, ce que l'on cache au public. Les spécialistes de la propagande font de sa "paralysie infantile" un atout en présentant Roosevelt comme un homme de grand courage, déterminé à ne pas laisser la "polio" arrêter sa carrière. Le seul problème ? Tout était complètement faux.

Rien n'est peut-être autant identifié à Roosevelt que le "New Deal" et Harry Hopkins. Le programme socialiste du "New Deal" était habilement présenté comme un "programme d'aide aux travailleurs frappés par la dépression". En fait, le "New Deal" était le livre "A New Deal", écrit par Stuart Chase, un membre britannique de la Fabian Society, qui n'a pas attiré beaucoup d'attention, bien que Florence Kelley, qui appréciait Chase et ses idéaux socialistes, l'ait considéré comme un ouvrage important.

Chase a proposé que trois mesures majeures soient prises par les socialistes en Amérique :

1. Pour éviter l'inflation et la déflation accidentelles, le dollar devait être "géré".

2. Le revenu national doit être redistribué de force par une augmentation des impôts sur le revenu et les successions,

3. Un vaste programme de travaux publics devait être mis en place, notamment des travaux d'électrification (sur le modèle soviétique) et des projets de logement à grande échelle.

Roosevelt adopte le projet in-toto et il devient le "New Deal" qui est adopté comme planche électorale des Démocrates en 1932. Le "New Deal" a été conçu dans l'obscurité, et un public paniqué, voyant en lui son salut, a donné aux démocrates une victoire électorale écrasante en 1932.

Roosevelt devient rapidement vulnérable face à des conseillers non élus tels que les Rockefeller, dont la présence controversée est généralement dissimulée par des personnes comme Drew Pearson et Walter Winchell, entre autres. Plus tard, lorsque les Rockefeller sont devenus plus audacieux, Roosevelt a nommé Nelson Rockefeller au poste de coordinateur des affaires interaméricaines. Pendant son mandat, Nelson a dilapidé plus de 6 millions de dollars de l'argent des contribuables dans ce qui était strictement des entreprises Rockefeller en Amérique latine.

Lorsque Roosevelt se rendit à la Maison-Blanche, il emmena avec lui toute une panoplie de conseillers non nommés, dont davantage de professeurs que ceux dont Wilson s'était entouré. Le raisonnement qui sous-tendait cette démarche était que le public américain était moins susceptible de soupçonner des "socialistes" se cachant derrière des façades universitaires que des fonctionnaires nommés, ce qui s'est avéré être le cas au cours des premières années du mandat de Roosevelt. Dans ce but, et en gardant à l'esprit que la planification à long terme était un élément clé chez les socialistes fabiens, Harold Stassen fut implanté à l'université de Pennsylvanie, Edward Stettinus à l'université de Virginie et le général Dwight Eisenhower à l'université de Columbia.

Les "conseillers" secrets étaient également chargés d'amener Roosevelt à récupérer les biens pétroliers de la Standard Oil saisis par les Japonais en utilisant des troupes américaines à cette fin, ce que l'on appelle la doctrine Stimson. Cette doctrine a été reprise par le président George Bush lors de la guerre du Golfe, qui visait à récupérer les biens pétroliers de British Petroleum saisis par l'Irak. La manière dont Alger Hiss a été introduit dans l'administration Roosevelt est un exemple classique de manuel socialiste fabien. En 1936, Hiss a été invité à servir au département d'État par le professeur Francis Sayre, le gendre de Wilson. Sayre était depuis longtemps reconnu comme un socialiste de valeur.

Sayre a aidé à la préparation de documents juridiques pour la défense de Sacco et Vanzetti, deux socialistes notoires accusés de meurtre. Le professeur Arthur M. Schlesinger, le professeur Felix J. Frankfurter, Roscoe Pound, doyen de la faculté de droit de Harvard et Louis Brandeis travaillaient avec Sayre. Arthur Schlesinger Jr. a fait ses études à l'université de Cambridge en 1938, où il a été accueilli très chaleureusement et à bras ouverts par la Fabian Society. C'était à l'époque où tous les efforts déployés par les forces de l'ordre et le Congrès pour arrêter et expulser une vague d'anarchistes venus aux États-Unis dans les années 1890 étaient qualifiés de façon moqueuse de "réaction excessive à la peur rouge. "

Sayre fut l'un de ceux qui défendirent Hiss, longtemps après qu'il fut évident que Hiss était profondément impliqué dans l'espionnage contre son pays. Lorsqu'Adolph Berle, du département d'État, a tenté de mettre Roosevelt en garde contre les activités de Hiss, on lui a brusquement répondu de se mêler de ses affaires. De même, Roosevelt refusa d'écouter les rapports des services de renseignements sur les activités d'Owen Lattimore et insista pour le nommer conseiller personnel de Chiang Kai Shek, ce qui laissa Lattimore dans la position enviable de pouvoir facilement trahir les nationalistes au profit des communistes. Les forces nationalistes chinoises sont également trahies par Lauchlin Currie, nommé par Roosevelt, qui ordonne que le matériel militaire destiné aux forces nationalistes de Chiang Kai Shek soit déversé dans l'océan Indien.

Harry Hopkins est devenu pour Roosevelt ce qu'Edward Mandel House avait été pour Wilson. Protégé de Frances Perkins, Hopkins a commencé sa carrière comme travailleur social. Il s'est rapproché de Roosevelt par l'intermédiaire de sa femme, Eleanor, et on lui attribue à tort le slogan du New Deal "tax and spend, tax and spend". Hopkins s'est illustré pendant la Dépression en étant nommé par Roosevelt pour distribuer les aides dites "fédérales", c'est-à-dire l'aide sociale. Épouvantail dont les vêtements lui pendaient au nez et totalement dépourvu d'élégance sociale, Hopkins aurait eu l'air tout à fait déplacé dans une pièce avec John Maynard Keynes. Ce que Hopkins connaissait, c'était le maïs. Son plus grand atout est de choisir des gens "influents" et de s'insinuer dans leurs cercles.

C'est grâce à ce talent que Roosevelt confie à Hopkins la responsabilité de la convention démocrate de 1940. Hopkins, malgré son apparence malchanceuse, est capable d'obtenir le soutien des politiciens les plus puissants de l'époque. Roosevelt est connu pour avoir personnellement approuvé un article d'Arthur M. Schlesinger Jr. publié dans la "Partisan Review" dans lequel Schlesinger attaquait ceux qui enquêtaient sur les véritables causes de la guerre civile. Cela ne devrait pas surprendre les personnes bien informées. Comme nous l'avons déjà mentionné, le communisme et le socialisme étaient beaucoup plus répandus dans la période précédant cette guerre, et plus encore pendant et immédiatement après la guerre civile, que ne le permettait l'histoire orthodoxe. Ce fait a été jugé indésirable par Schlesinger et ses collègues socialistes, qui voulaient que le public croie le récit de l'historien établi sur les causes de la guerre — qui, sans exception, ne mentionnait pas le rôle joué par le communisme et le socialisme.

C'est Arthur J. Schlesinger Jr. qui a qualifié les anarchistes Sacco et Vanzetti de "deux obscurs immigrants dont personne ne se souciait". Arthur Schlesinger Jr. a beaucoup travaillé pour l'ACLU en faveur de ces deux anarchistes. Schlesinger a ensuite écrit de nombreux articles pour le "Fabian News", dans lesquels il défendait les idées socialistes. Dans l'un de ces articles, publié dans la "Fabian International Review", Schlesinger déclare ouvertement que les socialistes américains ont l'intention de prendre le contrôle total de la politique militaire et étrangère des États-Unis.

Les juges qui ont tordu et comprimé la Constitution pour que leurs prédilections correspondent aux objectifs souhaités par les socialistes et qui ont vu leurs projets bloqués par la Constitution immuable sont les étoiles les plus brillantes du firmament socialiste, car sans leur volonté de se corrompre et de violer leur serment, aucune des "réformes" socialistes "populaires" de grande envergure qui ont été si importantes pour changer le cours et la direction des puissants États-Unis n'aurait réussi.

Le processus d'élection de bons et robustes juges socialistes fabiens à la Cour suprême des États-Unis a réellement commencé avec l'administration Wilson et la nomination du juge Louis D. Brandeis comme l'un des plus importantes membres des socialistes fabiens. Comme le révèle l'examen du dossier de Brandeis, la hiérarchie fabienne-socialiste, dans le pays et à l'étranger, a fait un choix judicieux. Brandeis a fait plus pour saper la Constitution et faire passer des législations socialistes difficiles autour d'elle que Florence Kelley elle-même n'aurait pu l'espérer.

Le professeur Louis Dembitz Brandeis (1856-1941) correspondait parfaitement à l'idée socialiste d'un juge qui verrait d'un bon œil une "nouvelle constitution" telle qu'elle a été définie par Edward Bellamy. C'est Bellamy qui a proposé une "nouvelle déclaration d'indépendance" basée sur une interprétation évolutive de la Constitution des États-Unis avec un pouvoir judiciaire qui instituerait des "changements radicaux" et mettrait fin à l'obstacle de la séparation des pouvoirs des trois branches du gouvernement.

Bellamy a qualifié la Constitution, celle conçue par les Pères fondateurs bien intentionnés, de tristement dépassée.

Le président Wilson lui-même était très favorable au démantèlement de la Constitution des États-Unis qu'il avait fidèlement juré de défendre, et il avait trouvé en Brandeis une âme sœur. Brandeis s'était assis aux pieds du philosophe de la Fabian Society, John Atkins Hobson, considéré comme l'auteur du "Brandeis Brief", bien que Kelley en ait toujours revendiqué le mérite. Hopkins est certainement à l'origine de la future stratégie consistant à entourer les futurs présidents des États-Unis de professeurs conseillers socialistes, une stratégie qui a remarquablement bien fonctionné dans la guerre socialiste contre la Constitution, initiée par Felix Frankfurter, Louis Brandeis, Harold Laski et John Maynard Keynes. Ces quatre socialistes fabiens ont changé le cours et la direction des États-Unis au détriment total de Nous, le peuple, d'une manière qui dépasse de loin ce qu'Hitler, Staline et Hô Chi Minh auraient jamais pu réaliser.

Au début de sa carrière juridique, Brandeis fait équipe avec la formidable Florence Kelley, sans l'aide de laquelle il n'aurait pas pu utiliser un stratagème imaginé dans les groupes de réflexion de la Fabian Society de Londres et perfectionné par le socialiste britannique Hobson, qui portera plus tard le nom de "Brandeis Briefs". Kelley, avec sa dévotion à la cause socialiste consistant à contourner la Constitution par ce qu'elle appelait "la voie législative", fut la sage-femme du nouveau-né "Brandeis Brief baby", qui allait presque faire de son rêve d'instaurer un contrôle socialiste total des États-Unis une réalité.

Brandeis avait une nièce du nom de Josephine Goldmark qui était la biographe de Kelley et elle a expliqué comment le mémoire a été préparé en 1907. Ce n'était pas un processus compliqué, mais il fallait beaucoup de temps et d'énergie pour le mener à bien. Toutes sortes de données sociologiques ont été rassemblées et annexées à une page et demie d'argumentation juridique. Comme le disaient les sergents instructeurs de l'armée britannique, "les conneries déroutent les cerveaux" et c'est exactement ce qu'ont fait les Brandeis Briefs lorsqu'ils ont été présentés à la Cour suprême en 1909.

Un autre socialiste notoire, Felix Frankfurter, a qualifié le nouveau système de "concept le plus majestueux de tout notre système constitutionnel", qui permettait aux juges de lire leurs propres prédilections dans la Constitution dans les affaires dont ils étaient saisis, c'est-à-dire des prédilections interdites par le 9e amendement de la Constitution des États-Unis. Néanmoins, cette méthode est devenue une pratique courante, ce qui contribue à expliquer pourquoi tant de décisions de la Cour suprême ont été dans tant de cas, des "bévues sans nom"[12]

Frankfurter a assisté à la Conférence de paix de Paris, mais il est rentré chez lui lorsqu'il a compris que le nouvel ordre mondial ne serait pas instauré sur-le-champ. Compatriote du professeur Harold Laski dans les conspirations de type socialiste, Frankfurter attendait son heure, à la manière des socialistes fabiens, et frappait fort le moment venu. De tous les socialistes américains qui admiraient Graham Wallas, le professeur socialiste fabien britannique de la London School of Economics, Frankfurter était en tête de liste.

L'échec de la matérialisation du Nouvel Ordre Mondial à la Conférence de Paix de Paris est largement dû au public américain, qui était dégoûté par la vague de radicaux qui était apparue avec l'arrivée de l'administration Wilson. Le peuple américain doit être crédité d'avoir eu une bonne dose de bon sens à cette époque. Cela ne veut pas dire que les choses sont si différentes aujourd'hui. Mais nous devons tenir compte de la composition de la population de l'époque, en grande partie d'origine ouest-européenne, unie par la langue anglaise, la religion chrétienne et sa compréhension de la Révolution américaine et de ses conséquences profondes sur l'unité nationale, qui a été complètement dénaturée par les politiques socialistes.

De plus, en 1919, il n'y avait pas d'utilisation illimitée des sondages d'opinion, pour décider à leur place de l'opinion des gens. L'Amérique des années 1990 présente un tableau totalement différent : un changement radical dans la composition de la population, qui est passée d'une majorité écrasante de chrétiens d'Europe occidentale à un mélange de toutes les races du monde,

---

[12] "Bullshit" dans l'original, c'est-à-dire des "conneries", NDT.

JOHN COLEMAN

Chinois, Indiens d'Asie, Vietnamiens, Européens de l'Est, Hispaniques, etc. En 1919, un peuple uni exigeait une action contre les éléments subversifs qui se manifestaient dans le paysage américain, et il l'a obtenue en 1919-1920, lorsque le procureur général Mitchell Palmer a ordonné une série de raids pour éradiquer les centres de sédition.

Brandeis montre immédiatement que ses sympathies vont aux socialistes qui tentent de renverser la Constitution des États-Unis, en se joignant à un mémoire déposé par Frankfurter et Walter Lippmann qui demande une injonction contre les perquisitions dans les centaines de centres subversifs socialistes. Les officiers de police chargés des perquisitions sont agressés verbalement par Lippmann, qui apparaît sur les lieux de certaines perquisitions, avec toute une bande d'écrivains socialistes.

Brandeis n'a pas eu la tâche facile lors du processus de confirmation par le Sénat. Dans la mesure où les sénateurs de 1915 connaissaient beaucoup mieux la Constitution des États-Unis qu'aujourd'hui, le choix de Wilson pour la Cour suprême a été vivement contesté, mais en vain. La majorité du parti démocrate veille à ce que ce révolutionnaire dangereux et passionné soit nommé. Les dommages causés à la Constitution des États-Unis par ce socialiste ardent et passionné sont toujours en cours de calcul. Ni Hitler ni Staline n'auraient jamais pu causer autant de ravages.

Brandeis fut l'un des premiers juges à s'impliquer dans la politique du New Deal. Son amie Florence Kelley lui donna un exemplaire d'un livre de Stuart Chase, intitulé simplement "A New Deal", dont Chase pensait qu'il serait bon pour l'avenir des plans du socialisme britannique et américain, un point de vue avec lequel Sydney Webb et la hiérarchie de la Fabian Society étaient d'accord. Sur l'insistance de Brandeis et de Kelley, "A New Deal" remplace rapidement le formulaire plat des démocrates de 1932 et devient, en 1933, le "New Deal" de Franklin D. Roosevelt.

Il est intéressant de noter les opinions de Chase, qui n'était pas opposé à l'anarchie violente et à l'action révolutionnaire socialiste :

> "Elle (la révolution) sera peut-être un jour nécessaire. Je ne suis pas sérieusement alarmé par les souffrances de la classe des créanciers, les ennuis que l'église ne manquera pas de

rencontrer, les restrictions de certaines libertés qui peuvent en résulter, ni même par l'effusion de sang de la période de transition. Un meilleur ordre économique vaut bien un peu de sang versé..."

Mais Stuart Chase a fini par céder quand il a vu que le peuple américain ne pouvait pas, ne voulait pas, être dupé pour prendre part à une révolution de style bolchevique, soi-disant pour son propre bien. Au lieu de cela, il a préconisé un gouvernement de type collectif par le biais d'un contrôle national par un gouvernement central, dans la lignée de "Labour and the New Social Order" de Webb. Chase était un radical aux manières douces, mais très dangereux, dont les idées sont en grande partie incorporées dans la structure d'un gouvernement mondial unique — le Nouvel Ordre Mondial — qui est en train de se mettre en place.

Les organisations et les personnalités qui ont payé et parrainé le livre de Chase étaient vaguement liées à l'ambassadeur d'office de Moscou, Ludwig Martens. Martens était très proche du magazine socialiste d'extrême gauche, "The Nation", et d'Edward A. Filene, qui aurait pris en charge les frais d'impression du livre aux États-Unis par le biais du Twentieth Century Fund, un ange financier fabien-socialiste. Chase était très ami avec Kelley et Brandeis, et a un jour décrit la révolution bolchevique comme ayant été "absolument nécessaire". Lorsque Franklin Delano Roosevelt est entré à la Maison-Blanche, "A New Deal" est devenu le "New Deal", l'une des législations socialistes fabiennes les plus ambitieuses qui aient jamais assombri les pages de l'histoire américaine.

Le chemin de Roosevelt vers la Maison-Blanche a été considérablement aplani par Felix Frankfurter. Né à Vienne, en Autriche, cet enfant presque nain à la tête en forme de dôme a été amené aux États-Unis à l'âge de douze ans. Frankfurter se sert de son intelligence évidente pour défendre toutes les causes socialistes qui vont à l'encontre de la conception que les Pères fondateurs ont des États-Unis. L'une des voies d'approche de la socialisation des États-Unis était l'American Civil Liberties Union (ACLU), dont Frankfurter, Rose Schneiderman et Roger Baldwin étaient les fondateurs, et qui a été créée dans le seul but de faire un usage malicieux de la Constitution pour défendre les ennemis socialistes de la Constitution.

L'ACLU a été fondée dans l'intention avouée de "tordre et serrer" la Constitution pour protéger les ennemis des États-Unis déterminés à les détruire. On ne peut contester le fait que la pratique pervertie consistant à utiliser la Constitution au profit des ennemis de la République est sortie de la tête de Frankfurter. De l'esprit de ce "gnome des tribunaux" est sortie la croyance, propagée par des gens comme Lippmann, Schlesinger et une foule de professeurs de droit de Harvard, qu'il était en quelque sorte antipatriotique de défendre les États-Unis contre ses ennemis socialistes déclarés, dont Frankfurter était le chef.

Chef des ennemis socialistes des États-Unis comme il l'était, Frankfurter pensait qu'il était publiquement acceptable de protéger l'oint qui serait bientôt à la Maison-Blanche. À l'instigation de la Fabian Society, Frankfurter a mis en place un groupe de réflexion composé d'éminents socialistes pour conseiller et aider Roosevelt à surmonter les obstacles et les embûches sur la route socialiste vers la Maison-Blanche. Soucieux que le "New Deal Roosevelt" fasse les bonnes choses au bon moment, Frankfurter rencontre Roosevelt lors d'une réunion privée immédiatement après la cérémonie d'investiture de ce dernier.

Dans cette entreprise, Frankfurter est grandement aidé par Harold Ickes qui met en place un large groupe d'espions pour couvrir Washington et d'autres grandes métropoles. Ce groupe est connu sous le nom de "Gestapo d'Harold", même si le terme "Cheka" aurait été plus approprié, car il est capable d'exercer une pression énorme sur les fonctionnaires locaux et nationaux pour qu'ils votent en faveur de Roosevelt. Ickes resta un proche confident de Roosevelt et fut responsable de la violation de la loi non écrite établie par le président George Washington selon laquelle les présidents ne devaient servir que deux mandats.

Le socialiste fabien Fred C. Howe, dont le nom deviendra plus tard un mot familier dans les cercles socialistes des deux côtés de l'Atlantique, est également présent. Ensemble, ils choisissent le personnel qui occupera les postes clés de l'administration Roosevelt, notamment au département d'État. Ils ont ainsi établi un modèle qui allait faire partie du décor, qu'un républicain ou un démocrate s'assoie dans le bureau ovale. Par exemple, dans l'administration Reagan, 3000 postes clés ont été occupés par des candidats de la Heritage Foundation. Ostensiblement un groupe de réflexion "conservateur", la Heritage Foundation était dirigée en coulisse par Sir Peter Vickers Hall, un membre éminent de la Fabian Society et un socialiste convaincu.

Bien que Cordell Hull ait été le secrétaire d'État nominal de l'administration Roosevelt, c'était "Felix et ses gars", parmi lesquels le traître Alger Hiss, qui étaient aux commandes, une situation que Hull a tolérée pendant 12 ans. Comme Frankfurter devait l'admettre plus tard, son idée venait du système britannique du Conseil privé, composé de conseillers du Premier ministre anglais. Quoi qu'il en soit, deux ans après l'entrée de Roosevelt dans le Bureau ovale, Ickes, Wallace, Hopkins et Frankfurter étaient les tireurs de ficelles qui agissaient derrière la Rand School of Social Sciences, celle-là même que les autorités new-yorkaises avaient essayé de mettre en faillite en tant que centre de subversion socialiste et communiste contre les États-Unis.

Frankfurter, un leader dans le domaine de la socialisation des États-Unis, a prouvé sa valeur en faisant passer les services publics aux mains des municipalités, ce qui a conduit au projet de la Tennessee Valley Authority (TVA). Présentée comme une mesure anti-dépression, la TVA était en réalité l'une des premières avancées vers des projets de socialisation de cette ampleur — une énorme victoire pour les socialistes américains et leurs contrôleurs britanniques. Comme l'a écrit Mark Starr :

> "Au fur et à mesure que le collectivisme socialiste, la propriété et le contrôle public deviennent nécessaires aux États-Unis, ils seront adoptés dans des cas et des instances spécifiques. On pourra les appeler d'un autre nom, mais, comme dans le cas de la Tennessee Valley Authority, la propriété publique sera appliquée…"

Frankfurter continuait à encourager la pénétration de la gauche dans le gouvernement et l'une des nombreuses organisations de façade qu'il parrainait était le World Youth Congress Movement. Un certain nombre de personnes associées à cette entreprise socialiste fabienne ont été décrites comme de dangereux subversifs communistes par une sous-commission sénatoriale sur la sécurité intérieure. Mais son coup le plus dommageable a peut-être été le soutien qu'il a apporté à son protégé et ami de toujours, Dean

Acheson, qu'il a implanté dans le cercle restreint des conseillers de Johnson.

Le Dies Committee enquêtant sur le communisme aux États-Unis a déclaré que le professeur Harold Laski, John Maynard Keynes et Felix Frankfurter étaient l'entente terrible du socialisme américain, une idée qui fut raillée par Roosevelt lorsqu'elle fut portée à son attention. Mais il ne fait aucun doute que le langage juridique de toute la législation du New Deal a été rédigé par Frankfurter. Il ne faut pas oublier que c'est Frankfurter qui a recommandé Dean Acheson et Oliver Wendell Holmes à Roosevelt, et qu'il aurait été impossible de trouver deux subversifs plus traîtres, l'un au département d'État, l'autre à la Cour suprême.

Plus que n'importe quel autre socialiste, passé ou présent, que ce soit en Angleterre ou aux États-Unis, on s'accorde à dire que le plus grand de tous ceux qui ont préparé la voie à la socialisation de l'Amérique était sans aucun doute le quasi-nain à la tête de dôme, Felix Frankfurter. On peut dire de lui qu'il a fait tout son possible pour briser les tarifs protecteurs érigés par Washington, guider la Réserve fédérale dans sa position et pousser Wilson à s'engager dans la Première Guerre mondiale de l'Angleterre.

Proche associé de Walter Lippmann, Paul Warburg, Thomas W. Lamont et des principaux dirigeants socialistes de l'époque, Frankfurter était bien placé pour accomplir son effroyable trahison contre les États-Unis qui lui avaient donné asile, à lui et à sa famille, lorsqu'ils avaient été pratiquement chassés d'Europe. S'il y a jamais eu un candidat de choix pour répondre à l'adage "il a mordu la main qui l'a nourri", ce candidat était le juge Felix Frankfurter, qui, presque à lui seul, a perverti la Constitution et a failli faire de ce grand document une feuille de papier vierge.

Frankfurter a écrit la majorité des émissions radiophoniques de Roosevelt, les "conversations au coin du feu", l'un des outils de pénétration et d'imprégnation les plus efficaces jamais conçus. Il a joué un rôle dans la décision de Roosevelt d'envoyer Harry L. Hopkins en Angleterre pour préparer le terrain pour le plus grand hold-up de la planète : le LendLease Act. Mais le plus grand dommage que Frankfurter allait causer était probablement son intrusion progressive (dans le vrai style fabien) de la Cour dans la branche législative du gouvernement, commençant ainsi la pratique insidieuse de la diminution progressive des pouvoirs du Congrès et l'augmentation de ceux de la Cour suprême et du Président. Frankfurter est l'homme qui a presque réalisé le rêve du professeur Laski de briser et de détruire la séparation des pouvoirs.

Le fait que cela était à 100% inconstitutionnel ne semblait pas déranger le petit gnome de la Cour. Ainsi, grâce à la trahison et à la sédition de Frankfurter, qu'il poursuivit toute sa vie, la Fabian Society britannique commençait enfin à voir un peu de lumière dans le sombre tunnel qu'elle construisait sous les murs de la séparation des pouvoirs, identifié par Laski comme l'obstacle le plus sérieux à la progression du socialisme aux États-Unis. Frankfurter entretient des contacts étroits avec le démolisseur des économies occidentales, John Maynard Keynes, et organise la publication de "The Economic Consequences of Peace"[13] dans lequel Keynes prédit que le capitalisme en Europe est en train de mourir.

Alors que Frankfurter rédigeait des articles vigoureux dans lesquels il exprimait sa dissidence et décriait les descentes de police menées par le procureur général Mitchell Palmer sur les mouvements séditieux aux États-Unis, c'est Lippmann qui se chargeait des attaques "sur place". Lippmann était l'un des principaux membres du groupe "brain trust" de Roosevelt qui bombardait le président de propositions socialistes. Le député McFadden accuse Frankfurter d'être l'un des premiers formulateurs du National Industrial Recovery Act. McFadden a déclaré :

"Il a fallu 15 ans d'efforts acharnés de la part de M. Baruch et de ses associés (l'un d'entre eux étant Frankfurter) pour imposer cette loi au peuple américain, et ce n'est que grâce aux souffrances d'une période de grand stress qu'il a pu le faire...".

"... Cependant, Baruch, Johnson, Tugwell, Frankfurter et tous les autres semblent être les plus effrontés dans leurs efforts (au nom du socialisme) dans ce pays. Frankfurter a fourni la plupart des cerveaux juridiques de ce groupe... Ils ont cherché à contraindre et à intimider les intérêts commerciaux de ce pays pour qu'ils s'engagent dans des contrats privés afin d'avoir le pouvoir

---

[13] *Les conséquences économiques de la paix*, NDT.

d'exiger que les intérêts commerciaux de la nation fassent ce qu'ils veulent sans tenir compte de la Constitution. Les avocats de la "nouvelle donne" n'hésitent pas à se présenter devant les tribunaux et à affirmer que les citoyens peuvent renoncer par contrat à leurs droits constitutionnels. C'est par cette méthode qu'ils ont fait tomber les frontières des États..."

C'est un fait bien connu que Frankfurter a pratiquement assumé la position d'agence de placement pour l'administration Roosevelt. Parmi les socialistes les plus dangereux recommandés à Roosevelt par Frankfurter figurent le célèbre Rexford Tugwell et le gouverneur Al Smith de New York.

Les liens étroits entre Frankfurter et Harold Laski ont suscité un vif intérêt dans les milieux socialistes de Londres et de Washington. Laski était régulièrement invité chez Frankfurter à Boston et à Washington. En tant que camarades socialistes, les deux hommes ont eu un profond effet l'un sur l'autre et ont tous deux travaillé sans relâche pour affaiblir la séparation des pouvoirs imposée par la Constitution. Les lettres qu'ils s'adressaient mutuellement étaient intitulées "Très cher Felix" et "Très cher Harold". Étant au cœur même du socialisme fabien à Londres, Laski était en mesure de tenir son "très cher Felix" pleinement informé des dernières pensées socialistes, que Frankfurter transmettait ensuite à Roosevelt, dont la porte lui était toujours ouverte. Les deux "conseillers privés" devinrent les artisans les plus influents de la politique socialiste de Roosevelt au cours de ses trois mandats.

Le facteur décisif du traité des Nations unies est venu de Frankfurter, Laski et Keynes, bien que rédigé par d'autres, et il a représenté une autre brique enlevée du mur séparant les pouvoirs constitutionnels. Les historiens de la période 1942-1946 affirment que le traité des Nations unies a été le premier d'une longue série de grands déplacements de l'exécutif vers le législatif, une tendance choquante qui continue à se développer à pas de géant avec la présidence de Clinton. Keynes a rendu visite à Roosevelt en 1934 et lui a exposé son "multiplicateur", aujourd'hui bien démystifié, qui supposait que chaque dollar dépensé par le gouvernement fédéral pour l'aide sociale était un dollar remis aux détaillants, au boucher, au boulanger, au fermier et au fabricant de chandeliers — ce qui n'est pas la façon dont cela fonctionnait dans la pratique.

"Lénine avait certainement raison. Il n'y a pas de moyen plus subtil et plus sûr de renverser la base existante de la société que de corrompre la monnaie. Le processus engage toutes les autres forces cachées de la loi économique du côté de la destruction et le fait d'une manière que pas un homme sur un million n'est capable de diagnostiquer"... John Maynard Keynes.

Bien que l'on attribue à Keynes le mérite de la théorie du "multiplicateur", celle-ci appartient à l'un de ses étudiants, R.F. Kahn, qui l'a inventée alors qu'il était étudiant au Kings College. Au cours de l'été 1934, les socialistes fabiens décident de transférer leur "génie économique" Keynes aux États-Unis. Son livre, "La théorie générale de l'argent" avait été lu par Roosevelt, mais pas compris comme l'avoua Roosevelt à Frances Perkins, responsable de l'introduction des deux hommes : "Je n'ai pas compris tout son charabia de chiffres", confie Roosevelt à Perkins. Endetter le pays pour le sortir de la récession était la théorie sous-jacente de la philosophie économique keynésienne, ce qui pourrait expliquer sa popularité auprès des gouvernements socialistes successifs en Angleterre et du Parti démocrate des États-Unis.

Keynes était considéré avec admiration, un peu comme si l'on accordait le même respect à un mystique dont les pronostics sur l'avenir étaient toujours justes. Pourtant, la vérité est que Keynes, si les éblouis avaient seulement enquêté sur ses affirmations, avait tort au moins 85% du temps. Keynes avait les manières d'un gentleman anglais dans sa tenue, son habillement et son discours. On dit qu'il était capable de charmer n'importe quelle femme pour qu'elle couche avec lui, s'il le voulait. C'est peut-être son éducation à Eton et son passage au Kings College de Cambridge qui l'ont doté de ces manières qui plaisent tant aux deux sexes.

Keynes a obtenu de R.F. Kahn son secret d'alchimiste qui permettrait à la monnaie de papier de se multiplier à l'infini ; s'il n'en était resté qu'à Kahn, personne n'y aurait accordé la moindre crédibilité. Mais entre les mains d'un grand et beau doyen de Cambridge, à la coupe impeccable, doté d'une étonnante connaissance de l'art, de la gastronomie et du vin, la trouvaille du "multiplicateur" est devenue une grande nouvelle. Malgré cela, on peut se demander comment, malgré les cours particuliers qu'il a reçus des professeurs Marshall et Pigou, Keynes n'a pu se classer qu'en 12e position — tout en bas de sa petite classe d'économie. En 1911, Keynes est devenu rédacteur en chef de l'"Economic Journal" et, un an plus tard, secrétaire de la "Royal Economic Society" de la Fabian Society. Lorsque je pense à Keynes, je ne peux m'empêcher de penser à la philosophie terre-à-terre, sage et rustique de mon sergent instructeur de l'armée régulière britannique, qui mérite d'être répétée :

"Les conneries déconcertent les cerveaux."

C'est vraiment l'essence de l'économie keynésienne : l'argent se multiplierait tout simplement à l'infini, comme une sorte de chaîne de lettres promettant une récompense énorme pour un petit effort. À ceux qui se demandaient ce qui se passerait à la fin de la chaîne de lettres, Keynes répondait : "nous devons tous mourir un jour". Aussi incroyable que cela puisse paraître rétrospectivement, c'est le "système économique" de Keynes, qui n'est en réalité qu'un charabia, qui a été accepté par les banquiers internationaux et les principaux politiciens du monde occidental.

Keynes était-il une sorte de Nostradamus, de Gregory Raspoutine, ou était-il vraiment sincère dans ses principes économiques ? Se pourrait-il qu'en plus de ce dont il était doté par la nature, son père, Neville Keynes, un professeur de Cambridge dont le point fort était de lancer des attaques constantes contre le système de libre entreprise, ait également contribué au succès éclatant de son fils qui a fait de John Maynard Keynes un millionnaire, avec un siège à la Chambre des Lords ?

John Maynard Keynes a commencé sa carrière comme fonctionnaire, à la manière de Sydney Webb, mais si le grand Lord Bertrand Russell a souvent qualifié Webb de "commis du ministère des Colonies", il n'a jamais appliqué cette remarque à Keynes. Peut-être était-ce dû au fait que Keynes faisait partie du cercle charmant de Russell à l'université, ce qui prouve que les socialistes sont tout aussi soucieux de leur classe et snobs que n'importe quel autre groupe.

Dès ses débuts avec George Bernard Shaw et les socialistes fabiens, Keynes est bien vu, d'autant plus qu'il est celui qui a "appelé le bluff moral du capitalisme" selon Sydney et Beatrice Webb, les fondateurs du socialisme fabien. Bien que membre du parti libéral,

Keynes jouissait d'un énorme respect de la part du parti conservateur et du parti travailliste, car il était capable de voir l'avenir, financièrement parlant. "Un vrai lecteur d'oracles", comme l'écrivait le "Fabian News". C'est peut-être sa "capacité à lire les oracles" qui a poussé Keynes à promouvoir la création du Fonds monétaire international (FMI), dans lequel il a joué un rôle important.

Comme tant d'autres institutions du gouvernement mondial unique (Nouvel Ordre Mondial), le FMI n'était qu'un moyen de drainer l'argent de l'économie américaine et de le céder à des pays qui avaient d'excellentes ressources naturelles en garantie. Ce que les gouvernements imprudents ne savaient pas, et n'avaient en fait aucun moyen de savoir, c'est que le FMI allait non seulement s'emparer de leurs ressources naturelles, mais aussi contrôler et ensuite détruire leur souveraineté nationale. La Rhodésie, les Philippines, l'Angola, le Brésil sont de bons exemples de ce qui se passe quand on laisse entrer le FMI.

En 1919, Keynes a réussi à gagner la confiance du colonel Mandel House, du général Pershing et de Walter Lippmann. Keynes s'exprime avec force, déclarant que "le capitalisme en Europe est mort". Ces contacts devaient lui valoir une position d'une certaine importance auprès de House, et plus tard, auprès de Harry Hopkins, une alliance qui a conduit à la fondation du Council on Foreign Relations, (CFR) d'abord connu sous le nom d'Institute of International Affairs, en réalité, une branche de la Fabian Society. Selon le Congressional Record, House, 12 octobre 1932 page 22120, Keynes a présenté son livre "The Economic Consequences of Peace" aux États-Unis comme un effort de déstabilisation et pour populariser les théories économiques marxistes.

Roosevelt accueillit les idées keynésiennes avec enthousiasme, car elles lui donnaient une base sur laquelle s'appuyer lorsqu'il s'agissait d'obtenir du Congrès 4 milliards de dollars pour des projets dits de "travaux publics" — en réalité des emplois de complaisance qui ne "multipliaient" pas les dollars fédéraux comme Keynes l'avait promis. Keynes se lie d'amitié avec Henry Cantwell Wallace, les deux hommes étant favorables à l'élimination de la teneur en or du dollar et à une "monnaie administrée". Keynes continue à faire forte impression à Harvard, où il est fréquemment en compagnie de Frankfurter et Laski. Alors que Frankfurter fournissait le jargon juridique du New Deal socialiste, Keynes en fournissait la base économique, comme d'habitude, une chimère totale qui, poussée à son terme, anéantirait l'économie de n'importe quelle nation.

Les "socialistes anglais", comme les devins-charlatans du sacerdoce pharaonique, avaient en effet tissé la toile de leurs mystères autour du président Roosevelt, qui est resté sous leur emprise jusqu'à sa mort. Si l'on devait chercher le grand prêtre de l'ère du New Deal, John Maynard Keynes serait certainement le choix naturel. Son habileté à manier la langue anglaise était remarquable dans la mesure où il pouvait faire croire, même aux grands électeurs, que deux et deux font cinq.

L'arrivée de Keynes sur la scène de Washington est précédée d'une pleine page de publicité dans le *New York Times* du 31 décembre 1933, qui prend la forme d'une lettre ouverte au président Roosevelt, remplie d'idées totalement étrangères aux économistes américains. Néanmoins, la propagande de Madison Avenue a fait son effet et c'est probablement ce qui a ouvert la voie à sa visite aux États-Unis en 1934. La longue amitié avec Lippmann et d'autres grandes vedettes socialistes au firmament des États-Unis, ouvre toutes les portes à Keynes.

Bien que Roosevelt ne comprenne pas les implications de ce qu'il fait, sur les conseils de Keynes, son administration décide de retirer les États-Unis de l'étalon-or, conformément à une mesure similaire prise par le gouvernement britannique. La théorie du "multiplicateur" de Keynes a été adoptée par Roosevelt, après que Keynes lui ait dit de ne pas se préoccuper de "cette erreur économique grossière connue sous le nom de théorie quantitative de la monnaie." C'était de la musique aux oreilles des New Dealers, qui sentaient qu'ils avaient reçu le feu vert du plus grand économiste du monde pour se lancer dans un programme inconsidéré de dépenses, comme s'il n'y avait pas de comptes à rendre au lendemain.

C'est ainsi qu'avec la publication en 1936 de la "Théorie générale de l'emploi", Keynes a cherché à garantir la poursuite des dépenses publiques en se fondant sur la conviction que le gouvernement est responsable du plein emploi et que, si celui-ci n'est pas atteint, l'aide sociale doit prendre le relais. Keynes était le principal défenseur des dépenses déficitaires et Roosevelt était heureux de lui rendre service. Malgré tout, Roosevelt ne parvient pas à sortir de la dépression en dépensant.

Quant au grand public américain, tout cela lui passait au-dessus de la tête. "Laissez faire les experts", ont dit en chœur les médias, "c'est trop compliqué pour nous". Et c'est exactement comme cela que les socialistes se sont tirés d'affaire avec la grande fraude des dépenses déficitaires basées sur le faux "multiplicateur" qui n'a jamais fonctionné. On mesure encore les dégâts inestimables causés aux États-Unis par ce leader économique socialiste fabiusien. "On connaît les gens par la compagnie qu'ils fréquentent" est une vieille maxime véritable et éprouvée. Parmi ses amis, Keynes comptait certains des pires traîtres de l'histoire de la Nation ; Lauchlin Currie, Felix Frankfurter, Walter Lippmann, Bernard Baruch, Colonel House, Dean Acheson, Walt Whitman Rostow, Fancis Perkins, Abe Fortiss, Eleanor Roosevelt, dont les mauvaises actions sont aussi nombreuses que les étoiles dans le ciel nocturne, trop nombreuses pour être entièrement couvertes par cet ouvrage.

Le grand membre du Congrès Louis T. McFadden a fait peu de cas de l'économie keynésienne lorsqu'il a fait témoigner Marriner Eccles, président de la Réserve fédérale, devant la commission bancaire de la Chambre des représentants dont il était le président.

McFadden, un opposant de longue date au socialisme fabien, a attaqué Frankfurter et Keynes pour leurs liens, notamment par le biais de la Foreign Policy Association de New York, notant que Paul M. Warburg était l'un de ses fondateurs. Il a également réprimandé à juste titre Henry A. Wallas, nommé par Roosevelt au poste de secrétaire à l'Agriculture sur la recommandation de Frances Perkins, pour son appartenance au séditieux Freedom Planning Group, le sponsor fabianiste de la New York Foreign Policy Association. McFadden a correctement identifié Moses Israel Sieff avec le groupe, citant le conseil de Sieff : "Allons-y lentement pendant un certain temps et attendons de voir comment notre plan se déroule en Amérique." Sieff dirigeait la chaîne de magasins britanniques Marks and Spencer et était un socialiste multimillionnaire.

Le "notre" plan auquel Sieff se référait était un plan élaboré par les socialistes fabiens de Londres qui placerait toutes les terres et l'agriculture sous le contrôle du gouvernement, ce que le professeur Rexford Tugwell avait déjà préconisé. Tugwell était le troisième membre du "terrible trio" composé de Stuart Chase et de Raymond Moley, enseignant à la célèbre et séditieuse Rand School of Social Science. Tous trois étaient des confidents de Henry Wallace, qui, avec l'aide de Tugwell, a détruit l'industrie agricole florissante qui commençait à peine à se développer en 1936, en pratiquant une politique de labourage des cultures et d'abattage du bétail.

Tugwell était un fervent admirateur de la révolution bolchevique, qui, selon lui, "s'amusait à refaire le monde." Formé à l'université de Columbia, Tugwell fut le premier socialiste à appliquer les théories socialistes fabiennes à la pratique gouvernementale. Tugwell a mis le doigt dans toutes les tartes du New Deal préparées par l'administration Roosevelt. L'une de ses principales entreprises consistait à nullifier la protection tarifaire contre les marchandises importées.

Le plan du New Deal avait été accueilli avec enthousiasme par Roosevelt, qui déclarait :

> " Si nous considérons cette chose du point de vue national au sens large, nous allons en faire une politique nationale, même si cela prend 50 ans... Le temps est maintenant mûr pour la planification afin d'éviter à l'avenir les erreurs du passé et de porter nos vues sociales (socialistes) et économiques à la Nation."

L'un de ceux qui étaient heureux de suivre cette injonction était Arthur Schlesinger Jr, dont le large éventail d'activités socialistes, qui comprenait la gestion d'Adlai Simpson, premier président national des Americans for Democratic Action (ADA) l'une des organisations socialistes anarchistes, séditieuses et subversives les plus importantes des États-Unis, pour laquelle il a écrit la plupart de leur matériel de propagande. C'est à Schlesinger que l'on doit d'avoir présenté John F. Kennedy comme un candidat socialiste, ce qui n'était pas une mince affaire, car il fallait convaincre les membres de l'ADA, purement socialistes, de voter pour quelqu'un qui représentait tout ce à quoi ils s'opposaient.

Une star de la "pénétration et de l'imprégnation", le rôle de Schlesinger dans la subversion secrète de Lyndon Johnson et dans sa promotion des causes de l'ADA dans les années 1950 était une grande plume dans son chapeau. L'histoire complète de la façon dont Schlesinger a empêché les membres clés de l'ADA de s'enfuir après que Kennedy ait annoncé que Johnson serait son colistier lors de la convention démocrate de 1960 pourrait remplir un livre. On peut imaginer la consternation du principal socialiste de l'ADA, David Dubinsky, lorsqu'il a appris que Johnson, qu'il avait détesté pendant toute sa vie politique, allait être le colistier de Kennedy.

Si Schlesinger n'avait pas réussi, il est très probable que Johnson aurait rejeté l'offre de Kennedy. En fait, c'était une question de feeling, car Johnson préférait le poste de leader de la majorité au Sénat. Apparemment, ce n'est qu'après que Schlesinger ait révélé à Dubinsky comment il avait fait de Johnson un socialiste refoulé dans les années 1950, que Dubinsky a rallié le soutien de l'ADA pour la nomination. Les succès de Schlesinger se sont poursuivis pendant la présidence de Johnson, même s'il ne faisait pas partie du "cabinet de haut niveau" de Johnson (conseillers non nommés — conseillers privés). Arthur Schlesinger était l'un des ennemis invisibles les plus dangereux que ce pays ait jamais eus.

Dean Acheson personnifiait la pratique sournoise, pénétrante et imprégnée de la norme séditieuse d'un socialiste bien formé. Acheson était issu du cabinet d'avocats du Comité des 300, Covington, Burling et Rublee, qui servent d'avocats aux grands comptables du Comité des 300, Price, Waterhouse. Il faisait également partie du cercle restreint de la JP. Morgan, Andrew Mellon, Tommy Lamont (l'homme qui a fait pression pour que les États-Unis reconnaissent le régime bolchevique des bouchers sanguinaires), la famille Kuhn Loeb et Felix Frankfurter. Acheson était l'avocat typique de Wall Street, socialiste, séditieux et bien branché, qui est devenu sous-secrétaire au Trésor et secrétaire d'État sous le président Roosevelt.

C'est Frankfurter qui a recommandé Dean Acheson pour un poste au département d'État des États-Unis. Parmi les actes les plus publics de trahison et de sédition d'Acheson contre son pays au service du socialisme, il y a eu sa lutte acharnée pour obtenir toute l'aide possible pour le régime bolchevique au moment où les armées russes blanches battaient et mettaient en fuite l'Armée rouge bolchevique, ce qui est décrit en détail dans mon livre "Diplomacy

By Deception". Pendant la Seconde Guerre mondiale, Acheson a insisté pour qu'aucune mesure ne soit prise contre Staline pour l'occupation des États baltes. Sa trahison de la Chine nationaliste est déjà bien connue et n'a pas besoin d'être relatée ici. Pour couronner sa carrière de traître et de séditieux, le soutien d'Acheson aux forces nord-coréennes et chinoises pendant la guerre de Corée était un acte de trahison ouvert. Mais au lieu d'être arrêté, accusé de trahison et pendu, il a reçu les plus grands honneurs.

Les compatriotes de Dean Acheson dans les crimes socialistes étaient Dean Rusk et Walt Whitman Rostow, qui ont appris leur socialisme en tant que boursiers Rhodes à Oxford, l'"école de finition" des futurs dirigeants socialistes mondiaux. Rusk était à l'opposé de Keynes en apparence : le visage rond, rondouillard et chauve, il ressemblait davantage à un fonctionnaire de bas niveau du régime bolchevique qu'au secrétaire d'État des administrations Kennedy/Johnson. Pourtant, son apparence démentait son caractère socialiste vicieux et ses efforts inlassables en faveur de la Chine rouge et de Staline par l'intermédiaire de l'Institute for Pacific Relations (IPR) et, directement, d'un grand nombre d'agences du département d'État.

C'est Rusk qui a mis en place le "sanctuaire privé", zone de rassemblement des troupes chinoises rouges en Mandchourie, en collusion avec le gouvernement britannique. Il était interdit au général Douglas McArthur d'attaquer le sanctuaire, où les troupes chinoises se massaient, avant de traverser la rivière Yalu pour attaquer les forces américaines. Lorsque MacArthur présente un plan élaboré par son état-major et le général George E. Stratemeyer de l'armée de l'air américaine, qui aurait détruit les capacités de combat de la Chine et l'aurait fait reculer de plusieurs décennies, c'est le signal pour Rusk de convoquer en toute hâte le président Truman à une conférence à Blair House, à Washington.

Le 6 novembre 1950, les forces chinoises avançaient rapidement sur le Yalu. Les avions de Stratemeyer sont bombardés et prêts à partir. Mais de retour à Washington, Rusk dit à Truman qu'il ne peut pas donner l'ordre à MacArthur de frapper les troupes chinoises rouges. D'après les documents que j'ai vus, Rusks a déclaré :

> "Nous nous sommes engagés auprès des Britanniques à ne prendre aucune mesure qui pourrait impliquer des attaques sur

la rive mandchoue du fleuve contre les Chinois SANS LES CONSULTER. "

Rusk avait également demandé une réunion d'urgence du Conseil de sécurité des Nations unies, ostensiblement pour obtenir une résolution de l'ONU ordonnant à la Chine de retirer ses troupes. En réalité, il s'agissait d'un stratagème perfide et traître de Rusk pour donner aux troupes chinoises rouges le temps de traverser le fleuve Yalu, tout en retardant les attaques cruciales prévues par MacArthur. S'il y a jamais eu un séditieux, un traître, un homme qui n'avait aucun scrupule à trahir son pays, cet homme était le socialiste Dean Rusk.

Le troisième partenaire de ce trio de séditieux était Walt Whitman Rostow, qui a dit un jour :

> "C'est un objectif national américain légitime de voir la fin de la nation telle qu'elle a été historiquement définie." (Rostow, "The United States in the World Arena.")

Malgré le fait qu'il ait été déclaré comme un risque grave pour la sécurité par l'agence de renseignement du département d'État et l'agence de renseignement de l'armée de l'air, Rostow est resté dans une position des plus puissantes en tant que représentant non élu des socialistes américains, avec une porte ouverte sur Eisenhower, Kennedy et Johnson. Rostow avait été affecté au Massachusetts Institute of Technology par le Comité des 300, d'où il élaborait et planifiait la stratégie qui, selon lui, entraînerait "la fin de la nation" pour les États-Unis.

Que ce monstrueux traître ait eu les coudées franches à Washington, devrait faire taire à jamais ceux qui croient que le socialisme n'est qu'une institution bienveillante destinée à aider les nécessiteux, les chômeurs et les pauvres. En décembre 1960, Rostow s'est rendu à Moscou pour y rencontrer Vasily Kuznetsov, le vice-ministre des Affaires étrangères de l'URSS. Kuznetsov s'était plaint auprès d'Acheson et de Rusk que les États-Unis construisaient une capacité de frappe dirigée vers son pays.

Rostow lui a dit de ne pas s'inquiéter que la situation serait corrigée. Et ce fut le cas. Grâce à l'intervention de Robert Strange McNamara, alors secrétaire à la Défense, la quasi-totalité de la production des missiles Skybolt, Pluto, X-20 Dynasoar, Bomarc-A, du système de défense Nike Zeus et du bombardier nucléaire B-70 a été considérablement réduite ou éliminée. Il n'y a pas eu de diminution correspondante du côté russe. En dehors de toute autre chose, la trahison de McNamara a coûté 5,4 milliards de dollars aux États-Unis. Il serait difficile de trouver un plus haut degré de trahison, et dans une liste de trahison et de sédition socialiste, McNamara serait dans le top 10.

En récompense de sa perfidie, Rostow a été nommé par le président Johnson au Conseil national de sécurité en 1964. Au moment de la nomination de Rostow, Johnson a fait l'éloge de ce séditieux maléfique, déclarant qu'"il a le poste le plus important de la Maison-Blanche, en dehors du Président." Il s'agissait du même Rostow qui n'avait jamais faibli dans son objectif de mettre un jour un terme à la nation des États-Unis.

C'est à Rostow que l'on doit l'envoi de forces terrestres américaines au Vietnam, après un intense travail de lobbying pour que nos troupes se rendent dans le delta du Mékong. Mais les chefs d'état-major interarmées ont dit au président qu'il ne fallait pas engager de troupes terrestres au Sud-Vietnam, car elles étaient sûres de s'enliser et, finalement, de ne pas pouvoir se dégager de la région. Comme tous les membres de la camarilla socialiste à Washington, Rostow ne renonce pas à son plan et continue à faire pression pour obtenir un engagement de troupes.

Rostow a utilisé le général Maxwell Taylor pour obtenir un accès direct à John Kennedy. Malheureusement, un Kennedy vert et inexpérimenté a accepté le scénario de Rostow et en janvier 1960, dix mille soldats américains ont été envoyés au Vietnam. Grâce à la traîtrise et à la trahison de Walt Whitman Rostow, la méthode socialiste fabienne de pénétration et d'imprégnation avait infecté la plus haute fonction du pays.

Il n'y a jamais eu de guerre comme celle du Viêt Nam, où nos soldats ont essayé de se battre avec les deux mains menottées dans le dos, les clés détenues par Robert Strange McNamara, Walt Whitman Rostow et Dean Rusk. Les militaires d'aucune nation n'ont eu à se battre selon les règles établies par un traître patenté — Robert Strange McNamara. Cet homme devrait depuis longtemps être jugé pour trahison et pendu. Selon les "règles d'engagement" de McNamara, nos soldats devaient attendre d'être encerclés et de se faire tirer dessus avant de pouvoir réagir.

Y-a-t-il jamais eu une telle trahison ? Le sénateur Barry Goldwater a qualifié les règles d'engagement de McNamara de "couches de restrictions, illogiques et irrationnelles", qui empêchaient également nos pilotes de bombardiers d'attaquer des cibles stratégiques clairement visibles. Au lieu de cela, nos bombardiers devaient décharger des tonnes et des tonnes de bombes sur des "pistes de ravitaillement" qu'ils ne pouvaient même pas voir, et qui n'ont absolument pas endommagé les cibles stratégiques, dans la plupart des cas, à des centaines de kilomètres. C'était un exercice complètement futile et un gaspillage d'argent choquant.

Au pays, les socialistes qui contrôlent les médias se livrent à une bataille acharnée pour gagner l'opinion publique — du côté du régime communiste nord-vietnamien. Les soldats américains étaient les "méchants", tandis que le Viêt-Cong ne pouvait rien faire de mal. J'espère et je prie avec ferveur pour que ces trois ennemis des États-Unis, Rostow, Rusk et McNamara, soient d'une manière ou d'une autre traduits en justice pour trahison. La pendaison est trop bonne pour eux.

Si l'on me demandait de donner mon avis sur les étoiles socialistes qui ont le plus nui à la Constitution et aux concepts d'une grande République américaine, je devrais réfléchir longuement, car il y a une véritable foule à choisir. Mais au final, je devrais placer Walter Lippmann tout en haut de l'échelle, lui qui a rejoint la Fabian Society de Londres en 1909, ce qui fait de lui le plus ancien socialiste américain.

En 1917, Lippmann a été sélectionné par les services secrets britanniques MI6 pour rendre visite au colonel House toutes les deux semaines afin de le conseiller sur la manière de faire réélire Wilson et de l'éloigner de la neutralité, ces "opinions" apparaissant souvent dans le magazine socialiste "New Republic" dont Lippmann faisait partie du conseil d'administration. On ignorait généralement que Lippmann était le chef d'un groupe informel qui définissait la politique de guerre de Wilson et élaborait sa stratégie d'après-guerre. Ce groupe était dirigé par le Dr Sydney Mezes.

Lippmann poursuivit activement une politique visant à obtenir des dons privés afin de promouvoir les 14 points de Wilson, dont on espérait qu'ils aboutiraient à la fondation du Nouvel Ordre Mondial par le biais de la Société des Nations. Lippmann a pu s'assurer les services de 150 professeurs socialistes pour faire de la propagande et collecter de l'argent et des données pour la prochaine Conférence de paix de Paris, parmi lesquels se trouvait le socialiste notoire, le révérend Norman Thomas. En effet, grâce à ces professeurs et à la finesse de Lippmann, leurs idées ont été exprimées avec ferveur par Woodrow Wilson qui ne semblait pas se soucier du fait qu'il servait de porte-parole au socialisme international.

Lippmann s'est étroitement associé au "Radical Red" John Reed, dont les idées bolcheviques pour l'Amérique ont dû être atténuées, jusqu'à ce que Reed finisse par s'enfuir en courant pour rejoindre les bolcheviks à Moscou, mais pas avant d'avoir fondé avec Lippmann le Harvard Socialist Club. Reed a fait l'objet d'un film très imaginatif de Holly Wood glorifiant le bolchevisme et soulignant à quel point c'était un honneur pour Reed d'avoir été enterré près du mur du Kremlin après son long service au communisme.

Comme Felix Frankfurter et Louis Brandeis, Walter Lippmann a grandi dans des circonstances aisées. Sa carrière à Harvard a été décrite à juste titre comme "brillante", mais de l'aveu de Lippmann, son adhésion à la Fabian Society en 1909 signifiait plus que tout ce qu'il avait accompli à Harvard. Ainsi, comme dans tant d'autres cas, il est évident que les bons socialistes ne sont pas faits, ils sont nés comme ça. Les Fabiens de Londres avaient observé la carrière de Lippmann à Harvard et, selon les mots de Harold Laski,

> "il était le candidat idéal pour mener à bien notre politique de pénétration et d'imprégnation des États-Unis à tous les niveaux."

De 1932 à 1939, il a consacré son temps et son énergie à pénétrer et à imprégner les principales entreprises américaines, les pratiques juridiques et les cercles bancaires. C'est Lippmann qui a créé une nouvelle classe, celle des républicains "modérés", qui allait servir Clinton de manière décisive en conduisant les États-Unis sur la voie socialiste de l'esclavage dans le cadre d'un gouvernement mondial unique — le Nouvel Ordre Mondial — le Nouvel Âge Sombre.

Le terme "républicain modéré" a aidé ceux qui étaient prêts à commettre des actes de trahison et de sédition à la Chambre et au

Sénat à éviter d'être étiquetés comme socialistes, marxistes ou communistes. Parmi les plus efficaces de ces caméléons machiavéliques figurent les sénateurs Roth, Cohen, Kassenbaum, Chaffee, Danforth, qui ont rendu possible l'intégration du Manifeste communiste de 1848, sous la forme du "Crime bill", dans la législation américaine.

Lippmann a été le premier Américain à adopter la psychologie appliquée aux situations politiques, une tactique qu'il a apprise au Tavistock Institute for Human Relations, dans le Sussex, en Angleterre. Son soutien indéfectible au socialisme était caractérisé par son amitié étroite avec Thomas "Tommy" Lamont, le banquier de J.P. Morgan qui a joué un rôle important pour convaincre le gouvernement des États-Unis de reconnaître et d'établir des relations avec les sanguinaires bouchers bolchéviques de Moscou. Lippman a acquis un immense pouvoir grâce à ses chroniques de presse syndiquées, qui étaient reprises par tous les grands journaux et magazines.

Lippmann est ensuite devenu un ami proche et un confident des présidents Kennedy et Johnson, et le fait qu'il les ait socialisés a entraîné l'adoption de programmes socialistes, la Nouvelle Frontière et la Grande Société, directement tirés de livres écrits par des socialistes, et adoptés pratiquement in toto par le parti démocrate. On attribue à Lippmann la mise en œuvre de la politique de "hâte-toi lentement" des socialistes fabiens aux États-Unis :

"D'une manière générale, notre objectif était de faire des réactionnaires des conservateurs, des conservateurs des libéraux, des libéraux des radicaux et des radicaux des socialistes. En d'autres termes, nous avons essayé de faire monter tout le monde d'un cran. Nous préférions que toute la masse bouge un peu, plutôt que d'avoir quelques un complètement hors de vue." (Source, Congressional Record 12 octobre 1962.)

Cet aperçu très éclairant du fonctionnement du "gradualisme" socialiste devrait être étudié par tous ceux qui se préoccupent de l'avenir des États-Unis, et nous devons créer des écoles qui enseigneront comment combattre cette menace rampante qui, si elle n'est pas arrêtée, finira par paralyser notre nation. Le succès de ces tactiques peut être observé au cours de la présidence de Clinton, où une législation socialiste majeure après l'autre a été imposée sur la base de la conversion progressive des opposants à Clinton en croyants en son programme.

L'ALENA socialiste de Clinton, le projet de loi sur la criminalité et son projet de loi imposant au peuple américain la plus grande augmentation d'impôts au monde sont des exemples parfaits de la manière dont cette paralysie rampante fonctionne, et aussi de l'importance d'avoir des traîtres dans les rangs républicains qui sont de tout cœur pour le socialisme, mais qui sont étiquetés "républicains modérés". Par la méthode Lippmann, l'approche psychologique de la politique qu'il a apprise à l'Institut Tavistock des relations humaines, le peuple américain est amené, lentement mais sûrement, un pas après l'autre, comme une marche de rêve, à accepter sans un murmure, les changements les plus radicaux et les plus odieux dans l'éducation, l'économie, la religion et la politique aux États-Unis, sans apparemment être conscient des terribles changements qui ont été faits, et qui sont en train d'être faits.

L'application de la psychologie sociale par Lippmann a grandement accéléré l'acceptation de la socialisation des États-Unis par le "New Deal" de Roosevelt, qui a été poursuivie par la Nouvelle Frontière socialiste et la Grande Société de Kennedy et Johnson. Lippmann était le plus habile d'une longue lignée d'adeptes du socialisme qui utilisaient le mot "démocratie" chaque fois qu'il était possible de l'introduire, sans laisser entendre que dans le langage socialiste, la "démocratie" signifiait en réalité les incursions croissantes du socialisme dans la vie éducative, économique et politique de la nation par la réglementation gouvernementale des affaires. La "vraie démocratie", c'est-à-dire le socialisme débridé, a été introduite sans que la population en soit consciente. Nous constatons que cette politique bat son plein dans l'administration Clinton, la majorité des gens ne sachant pas encore que la "démocratie" que Clinton a en tête est le socialisme pur et dur.

Le mandat de Lippmann en tant que président de l'Intercollegiate Socialist Society établie à Harvard en 1909 a été la meilleure fondation pour son avenir dans le socialisme que l'argent pouvait acheter, et lui a été d'un grand secours lorsqu'il a fondé le magazine socialiste, la "Nouvelle République", dans lequel ses opinions devaient plus tard être exprimées au sujet de la guerre du Vietnam. Lippmann et d'autres écrivains socialistes ont dit au peuple américain, par le biais d'articles de journaux, que si les États-Unis tentaient de gagner la Corée, nous nous heurterions à la Chine et serions vaincus.

Il s'agissait d'un mensonge calculé, car la Chine n'était en aucun cas apte à faire la guerre aux États-Unis, et si une guerre avait éclaté entre les deux nations, la Chine aurait été solidement vaincue, un fait transmis à Truman et au Pentagone par le général Douglas McArthur et le général Stratemeyer. Les mensonges sur l'invincibilité de la Chine se sont poursuivis avec le conflit du Viêt Nam, que Henry Kissinger et Dean Rusk ont fait durer au moins deux ans de plus après que les Vietnamiens eurent déclaré vouloir y mettre fin. Ainsi fut pleinement réalisé l'objectif socialiste d'épuiser le Trésor américain à hauteur de 5 millions de dollars par jour, sans parler des 50 000 pertes subies par les forces armées américaines.

Le socialisme a été mis en œuvre par les conseillers politiques qui ont entouré Kennedy, Johnson et Nixon, des conseillers du type Dean Rusk — Robert McNamara qui ont conduit les États-Unis sur le chemin de la défaite en Corée et au Vietnam, et dont les remplaçants d'aujourd'hui, du type de ceux qui entourent le président Clinton, n'hésiteront pas à faire exactement la même chose s'il s'agit d'une guerre contre un futur ennemi.

L'une des futures étoiles du firmament socialiste américain, que Lippmann a rencontrée à l'université de Harvard, était Robert Strange McNamara. Produit de la méthode socialiste de pénétration et d'imprégnation de John Maynard Keynes qui a installé les doctrines fabiennes dans le département d'économie de Harvard, McNamara a enseigné à la Business School en tant que professeur assistant en administration des affaires de 1940 à 1943. Il est ensuite détaché auprès de l'armée de l'air, puis auprès de la Ford Motor Company. Après un mandat quasi désastreux chez Ford, il est promu à un poste nouvellement créé à la tête du ministère de la Défense.

McNamara était impressionné par le nouvel évangile socialiste qui balayait les campus des universités des États-Unis. L'économie politique américaine, les politiques économiques éprouvées définies dans le système économique américain de protection tarifaire et de monnaie saine basée sur le bimétallisme, étaient rapidement éliminées et remplacées par les balivernes économiques de John Maynard Keynes et Harold Laski. Aucun dirigeant socialiste n'était plus désireux que McNamara de mettre en œuvre ces théories socialistes anti-américaines en matière d'économie et d'économie politique. La seule chose qui est ressortie de cette course effrénée à la suppression du modèle économique américain, c'est que le modèle keynésien se rapprochait dangereusement des théories économiques de Karl Marx, une observation qui n'a jamais été autorisée à être évoquée dans la presse, à la radio ou à la télévision.

Plus que ça. McNamara était désireux de brader l'armée, et il l'a fait en utilisant l'influence néfaste qu'il avait sur le président Johnson. Il n'y a jamais eu de moment aussi dangereux pour la sécurité des États-Unis que lorsque la star socialiste Robert S. McNamara rôdait dans les couloirs du Pentagone, annulant un programme après l'autre, jusqu'à ce que les États-Unis soient bien en dessous de l'Union soviétique. McNamara a même obtenu de Johnson qu'il annule la production de plutonium pour le programme nucléaire par le biais d'un décret illégal.

Illégal, dans le sens où seuls les rois et les reines peuvent émettre des proclamations, ce qu'est un ordre exécutif. À une époque antérieure de l'histoire de la nation, McNamara et Johnson auraient tous deux été jugés et reconnus coupables de trahison, comme ils auraient dû l'être.

En 1964, à un moment crucial de la lutte pour faire rentrer Staline dans le rang, McNamara a annulé les plans de bataille nucléaire de l'OTAN, sans même votre autorisation et sans avoir jamais consulté les alliés de l'OTAN. On dit de cet étonnant fait accompli par les forces armées soviétiques que les généraux soviétiques ont bu de la vodka et fait la fête toute la nuit au Kremlin, incrédules devant leur bonne fortune. Les dirigeants français de droite réaffirment la sagesse de De Gaulle, qui s'est retiré de l'OTAN et a établi une dissuasion nucléaire indépendante pour la nation française. Les Français ont renouvelé leur promesse de ne jamais être trompés et désarmés par les États-Unis, comme ils l'auraient été si la France n'était pas sortie de l'OTAN.

On s'étonne que le parti communiste américain, peu nombreux, et un parti socialiste nominalement inexistant aient pu remporter une victoire aussi massive pour le socialisme fabien. Les historiens du futur se frotteront sûrement les yeux d'étonnement, se demandant ce qu'il est advenu des ancêtres de ceux qui ont jeté le thé dans le port de Boston, et ce qu'il est advenu des descendants d'Andrew Jackson, un homme qui non seulement a clairement reconnu la menace socialiste, mais l'a activement combattue bec et ongles toute sa vie.

Qu'est-il arrivé au peuple américain entre la fondation de cette nation et l'arrivée des socialistes au pouvoir ? La véritable réponse se trouve dans le mélange de la population, qui était désormais tellement frelatée qu'elle ne ressemblait que faiblement aux colons d'origine. Dans une révolution silencieuse, les socialistes ont déchiré le pays d'un bout à l'autre et, petit à petit, ont tellement démoralisé la nation qu'elle est devenue une proie facile pour les forces qui attendaient sa chute, depuis la guerre de 1812.

Se tournant constamment vers la Fabian Society britannique pour s'inspirer de ses slogans et de ses programmes, le parti démocrate est en fait devenu le parti socialiste/marxiste/communiste des États-Unis. La "guerre contre la pauvreté" de Johnson, par exemple, a été écrite à l'origine par le Premier ministre du Parti travailliste, Harold Wilson. Dans son discours aux socialistes internationaux, Harold Wilson a clairement indiqué que l'intention des socialistes de Grande-Bretagne et des États-Unis était de détourner les fonds destinés à la défense vers des fonds destinés à éradiquer la misère. Le désarmement, dit Wilson, est ce dont il s'agit, afin que le "besoin" puisse être banni de la terre.

L'éminent socialiste Michael Harrington, membre du parti socialiste américain, a repris dix ans plus tard le pamphlet de Wilson et a produit un livre intitulé "The Other America : Poverty in the United States". Relayé par la presse, la radio et la télévision, le livre de Harrington a connu un succès immédiat. Les socialistes l'adorent. Personne ne juge bon de mentionner que Harrington n'a fait que pousser plus loin les remarques de Harold Wilson et les appliquer à la scène américaine. John F. Kennedy a reçu un exemplaire du livre et a écrit à Harrington qu'il en était profondément impressionné.

Ce sont ces étoiles dans le firmament socialiste au-dessus des États-Unis qui ont fait plus de ravages que n'importe quelle armée d'invasion aurait pu espérer accomplir. Ce sont les socialistes qui ont prostitué et déformé notre système électoral, jusqu'à ce qu'aujourd'hui, il soit impossible de dire à quel point la fraude et la tromperie entrent dans la composition du décompte final des votes.

Dans ce domaine, le parti démocrate dépasse de la tête et des épaules le parti républicain.

On en est arrivé là : ce que disent les candidats est presque sans importance de nos jours ; ce qui compte, c'est celui qui attire le plus d'électeurs. Lorsqu'un candidat républicain affronte un candidat démocrate, la presse internationale se met à talonner le candidat comme s'il se présentait en Angleterre, en Italie, en France, en Allemagne, en Pologne et dans les pays scandinaves. Il est assez étonnant de constater que la presse socialiste de ces pays serre les rangs derrière le candidat démocrate, presque sans exception.

Pire encore, les pressions et les menaces qui accompagnent une élection rendent pratiquement impossible un résultat équitable. Les démocrates sont très doués pour ce genre d'activité. Les entreprises sont intimidées, les contrats menacés, les fonds retenus pour les programmes de quartier ; le processus électoral d'aujourd'hui n'a plus grand-chose à voir avec le nombre d'électeurs qui s'inscrivent et votent : il s'agit de savoir qui peut avoir le plus de poids, qui peut intimider et faire chanter avec le plus de succès, qui peut mentir le plus au peuple américain sans être démasqué.

Pour cela, des types de Madison Avenue sont engagés à grands frais. Si un président fait un faux pas et dit une mauvaise chose, les "fixeurs" interviennent et assurent aux électeurs que c'était EUX qui n'avaient pas bien entendu. En cette fin de 20e siècle, l'honnêteté n'existe plus en politique. Comme l'a expliqué Walter Lippmann dans un rare moment de candeur après les élections de 1964 :

> "Car la véritable affaire de la campagne n'était pas de tracer une voie pour l'avenir. Il s'agissait de battre et d'écraser la rébellion contre la ligne établie de la politique intérieure et étrangère qui a été définie (par les socialistes) dans la génération qui a suivi la grande dépression et la Seconde Guerre mondiale."

Il y a beaucoup d'autres étoiles brillantes au firmament socialiste, passées et présentes, et dans la section Notes, nous mentionnons leurs noms, mais pas aussi complètement que nous l'aurions souhaité. Pour faire un saut dans le temps et arriver au présent, l'étoile la plus brillante de toutes dans le firmament socialiste, alors que nous arrivons à la fin du 20e siècle, est peut-être le président William Jefferson Clinton.

Comme tant d'autres de ses prédécesseurs, Clinton a été propulsé sur la scène politique américaine afin de pénétrer et de s'infiltrer et de poser les bases de sa présidence. Peu de gens ont imaginé qu'un politicien relativement modeste, issu d'un État relativement peu important, serait le meilleur agent de changement que le socialisme fabien ait pu trouver jusqu'à présent. Nous passerons sur les détails formels et connus de Clinton, et nous essaierons plutôt d'aller au-delà des informations conventionnelles à son sujet qui n'ont guère besoin d'être répétées.

Au lieu de cela, nous allons essayer de donner à nos lecteurs certaines des informations qui ont été gardées secrètes et qui n'ont pas encore vu la lumière du jour, en dépit de la multitude de puissants détracteurs de Clinton qui ne demanderaient pas mieux que de le chasser de Washington.

À l'exception d'un certain temps passé à Londres, où il a agi en tant que leader de l'agitation socialiste contre la guerre du Vietnam, et d'une période à l'école socialiste de finition (Université d'Oxford), Clinton avait peu d'expérience en politique en dehors de l'Arkansas. Il a néanmoins réussi à maintenir une emprise remarquable sur l'État de l'Arkansas.

Dans cette tâche, il est habilement aidé par ses amis Tyson et Stephens, deux des hommes les plus riches de l'État. Clinton a été recommandé pour une promotion et recommandé à Jay Rockefeller et Pamela Harriman par "King" Stevens. Harriman et Rockefeller sont les dirigeants du parti socialiste des États-Unis, plus connu sous le nom de parti démocrate. Mme Harriman a vu en Clinton un homme avec du potentiel, et Clinton a été envoyé pour être formé par les Bilderbergers en tant que futur leader socialiste mondial. Harriman et Rockefeller n'ont pas été déçus, car Clinton a fait une prestation impressionnante et, à son retour aux États-Unis, il a été désigné par le parti démocrate comme son candidat de choix pour l'élection présidentielle de 1992.

On s'est inquiété des squelettes dans le placard de Clinton, mais on a pensé que son allure de garçon et son esprit vif étaient suffisants pour surmonter les tentatives grossières d'y faire référence. Et c'est ainsi que le 20 janvier 1993, Clinton est devenu le 42e président des États-Unis. Le fait qu'une personnalité plus improbable que la sienne ait pris le contrôle de la plus grande et de la plus puissante nation du monde stupéfia ses détracteurs — et il y avait des centaines de détracteurs dans les plus hautes sphères du pouvoir du pays — qui avaient tendance à négliger l'esprit exceptionnellement vif de Clinton et à s'attarder sur ses origines modestes, sans parler des accusations d'inconduites sexuelles qui commencèrent à faire surface.

Les socialistes jubilent. Leur choix était arrivé à la Maison-Blanche ; désormais, les programmes socialistes pouvaient être accélérés et le pays n'aurait pas le temps de se remettre d'une crise avant que la suivante ne s'abatte sur lui. Une nouvelle ère de détournement des pouvoirs de l'État est sur le point de commencer, le grand hold-up socialiste est sur le point de passer à la vitesse supérieure. La hiérarchie socialiste avait établi un calendrier de quatre ans pour que Clinton puisse remplir son mandat. Clinton devait être un président à mandat unique, mais les programmes qu'il serait appelé à faire adopter par le Congrès auraient les conséquences les plus terrifiantes pour les États-Unis au cours des 1000 prochaines années.

La façon dont les plans bien conçus de William Clinton ont failli échouer n'a jamais été révélée, sauf dans les rapports de World In Review (WIR). C'était ainsi : Mme Clinton était devenue plus que désenchantée par son mari, en raison de ses habitudes de coureur de jupons et de ses nombreuses relations extraconjugales. Étant de la meilleure étoffe socialiste "féministe", Mme Clinton, qui a bien caché son ascendance, est arrivée à un point où elle a décidé de faire cavalier seul. Hillary Clinton (on ne parlait pas de "Rodham" à l'époque) s'est séparée et a laissé son mari errant réfléchir à ses méfaits conjugaux.

C'est peu avant que Clinton ne soit approché par Pamela Harriman et Jay Rockefeller qu'il se retrouve sans sa femme. C'était un mauvais coup ; de toute évidence, un homme ayant des problèmes conjugaux n'était pas apte à occuper le Bureau ovale. Harriman se précipite vers Hillary et lui explique la situation : si elle retournait auprès de son mari, elle pouvait compter sur le fait d'être la prochaine "première dame". Ne laissant jamais passer une occasion d'avancement, Hillary accepte de se réconcilier avec son époux, à condition qu'il n'y ait plus d'aventures extraconjugales. Cette condition est acceptée, et la course est lancée. Le reste appartient à l'histoire.

Ce qui n'est pas de l'histoire, c'est le passé de William Jefferson Clinton, qui, jusqu'à ce jour, a été caché au peuple américain. Clinton est né à Hope, une petite ville de l'Arkansas, et la famille a déménagé à Hot Springs, qui était une ville "ouverte" avec des maisons de prostitution et d'autres "plaisirs" de la grande ville. C'est cette atmosphère conviviale de "tout est permis" dans laquelle Clinton a été élevé qui, selon certains, est à l'origine de ses problèmes avec la vérité.

Selon ce qu'a déclaré un ancien sénateur de l'Arkansas, le juge Jim Johnson, une certaine Nora Waye, ancienne partenaire du beau-père de Clinton, a affirmé que Clinton n'était pas du tout ce que les médias de l'establishment avaient construit pour lui. Waye donne quelques exemples :

> "Quand on pense à l'aversion de Bill Clinton pour la vérité, on se demande si ce n'est pas à cause de son passé peu reluisant dans ce domaine. Il a menti sur le fait d'être un boursier de la fondation Rhodes. Il n'a jamais terminé ce (cours) et pourtant il a dit qu'il était un boursier de Rhodes."

En cela, Waye semble avoir des préjugés. Toute personne sélectionnée comme boursier Rhodes socialiste et qui va à Oxford, même si elle ne termine pas le cours, est autorisée à s'appeler un boursier Rhodes.

De très graves allégations ont été formulées contre Clinton concernant des abus de pouvoir, des affaires de drogue et des délits d'initiés commis par sa femme. Ces allégations ont été faites par Larry Nichols, qui était un ami proche de Clinton dans les années 1970. Selon les propos de Nichols, il a "réalisé de nombreux projets pour Clinton d'un point de vue marketing". Nichols a ensuite formulé une série d'allégations qui, selon lui, n'ont jamais fait l'objet d'une enquête. La plupart d'entre elles concernent des transactions massives de cocaïne à partir de Mena, en Arkansas, dont certaines ont également été rapportées dans "The Nation". Nichols affirme que l'Arkansas Development Finance Authority (ADFA) était une entité financière entièrement contrôlée pour le blanchiment d'importantes sommes d'argent provenant de la cocaïne de Mena, qui, selon lui, passait par une banque de Floride (non nommée).

Nichols a également formulé de graves allégations de malversations à l'encontre du cabinet d'avocats Rose et d'Hillary Clinton, les accusant d'avoir reçu des commissions sur les demandes de prêts obligataires, en violation de la loi de l'État. Nichols affirme avoir volé des documents et en avoir fait des copies qui confirment la véracité de ses allégations. Il affirme également qu'une partie de l'argent de la drogue de Mena a été blanchie par le biais d'une banque de Chicago, dont le puissant politicien démocrate, Dan Rostenkowski, est copropriétaire.

Nichols affirme que Roger Clinton, le frère du Président, n'est pas allé en prison pour avoir vendu de la cocaïne, "ils la donnaient" prétendument en échange de faveurs non spécifiées. Nichols a déclaré que

> "Une fois qu'il a été condamné (Dan Lasater — qui a été reconnu coupable avec Roger Clinton), lui et Roger sont allés dans une prison de sécurité minimale. Un Holiday Inn comme on les appelle. Il y a passé, je pense, jusqu'à 6 à 8 mois, puis est sorti. À l'insu de tous, Bill Clinton lui a accordé (vraisemblablement à Lasater) une grâce pleine et entière le lendemain de sa sortie…"

Nichols accuse Clinton et son administration de l'Arkansas de ne jamais s'attaquer à la contrebande de cocaïne à partir de Mena :

> "Pas une seule saisie importante n'a été effectuée en Arkansas, à partir de Mena (Arkansas). Maintenant, imaginez cela, près de dix ans de fonctionnement et pas un seul chargement de cocaïne n'a été intercepté".

Nichols poursuit par une série d'allégations de malversations contre Wes Hubbell, qui s'est rendu à Washington avec Clinton, et Hillary Clinton, les Stevens et la famille Tyson, alliée politiquement et financièrement de Clinton alors qu'il était gouverneur de l'Arkansas. Sur Tyson, Nichols allègue ce qui suit :

> "Don Tyson a investi 600 000 ou 700 000 dollars, en tout, dans toutes les campagnes de Bill Clinton. Devinez ce qu'il en a retiré ? 10 millions de dollars — et devinez d'où ? L'Arkansas Development Financing Authority. Et il n'a jamais payé un centime pour cela".

Nichols a également accusé un fabricant de parcmètres, Parking on Meter (POM) associé à Hubbel, d'irrégularités, et il a dit qu'il a essayé d'intéresser tous les grands médias à son histoire, mais qu'en général, ils ont tous refusé d'y toucher. Au lieu de cela, Nichols dit avoir été soumis à un barrage d'abus verbaux et physiques qui l'ont pratiquement discrédité.

Nichols a déclaré qu'un de ses associés, Gary Johnson, un avocat vivait dans la copropriété de la Tour Quapaw. Johnson avait apparemment une caméra de surveillance installée à l'extérieur de son appartement — ceci bien avant que Geniffer Flowers emménage à côté de son appartement. Johnson affirme avoir vu Clinton entrer dans l'appartement de Geniffer Flowers à plusieurs reprises, avec une clé.

Johnson a dit :

> "Je l'ai vu entrer dans son appartement. Ce n'est pas que j'étais là à regarder par le judas l'appartement de Geniffer Flowers. C'est juste que j'avais pris l'appareil photo. J'avais la caméra avant que Geniffer Flowers n'emménage."

Nichols a dit :

> "Devinez ce qu'il a filmé ? Bill Clinton entrant dans l'appartement de Geniffer Flowers à de nombreuses reprises, avec une clé."

Jusqu'à présent, rien n'est venu corroborer les histoires de Nichols et Johnson, mais comme nous l'avons dit, "The Nation" a commencé à écrire sur Mena et Wes Hubell, puis, après quelques articles, n'a pas fait de suivi — ce qui est très différent de leur style journalistique.

En octobre 1992, "The Nation" a déclaré :

> "À Hot Springs, où Clinton a pris la parole le week-end de la fête du Travail, j'ai vu le processus à l'œuvre. C'est ici, dans cette ville louche de bains publics et d'anciens casinos, que notre Bill a grandi. Vous pouvez oublier toutes ces conneries angoissantes sur 'une ville appelée Hope'. L'atmosphère agitée l'a manifestement impressionné. Si l'on en croit Hillary, qui a présenté le gouverneur lors du rassemblement de rentrée, la première chose qu'ils se sont dite lorsqu'il l'a amenée ici lors

d'un week-end romantique fut : "Regardez toutes ces petites entreprises…"

Le même magazine de gauche a publié un article en mars 1992, dont les extraits suivants sont tirés :

"Sur la question plus large des faveurs de Clinton à ses amis, Larry Nichols — l'homme licencié par Clinton de l'Arkansas Development Finance Authority, et la source originale de l'histoire de Flowers — affirme que les liens avec les Clinton sont pratiquement une exigence pour les entreprises qui cherchent à obtenir des prêts de l'ADEA, qui a été largement développée par Clinton en 1985 pour attirer des capitaux dans l'État à des fins de développement économique, en offrant aux entreprises des prêts à long terme financés par la vente d'obligations exonérées d'impôt, et, en effet, les noms apparaissant dans les documents de l'ADFA examinés par mes collègues portent l'arôme du cercle de Clinton."

"Parmi les souscripteurs des émissions obligataires dont nous avons des copies, Stephens Inc. figure en bonne place. Le président de la société, Jackson Stephens, et son fils Warren ont aidé Clinton à collecter plus de 100 000 dollars pour sa campagne. En janvier, la banque dans laquelle Stephens détient une participation majoritaire, Worthen National, a accordé à Clinton une ligne de crédit de 2 millions de dollars. Un autre nom familier de l'émission d'obligations est celui de la défunte Lasater and Co. Dan Lasater, qui dirigeait la société, est un ami de longue date de Clinton et de son frère Roger. Roger et Lasater ont tous deux été arrêtés pour cocaïne, le premier pour une accusation plus sévère."

"Ensuite, il y a le cabinet d'avocats Rose, le cabinet d'Hillary Clinton dont le nom orne à la fois les émissions d'obligations et les documents relatifs aux accords de prêt. Hillary Clinton a représenté une société appartenant à Stephens Inc. dans un litige. Wes Hubbel, associé de Rose, représentait le bénéficiaire du premier prêt accordé par l'AFDA, une société appelée Park on Meter, ou POM, dont le nom revient souvent dans les discussions sur Mena. Hubbel avait été secrétaire de POM au début des années 1980. Le client de Hubbel dans l'affaire AFDA était Seth Ward, l'actuel président de POM, connu pour être un ami de Clinton. La Worthen Bank figure parmi les institutions qui ont eu de temps en temps des privilèges sur POM."

"Clinton et la politique de la drogue sont un autre domaine de confluence contrariée. Selon son adjoint, John Kroger, Mme Clinton pense que 'la vraie solution au problème de la drogue est de réduire la demande'. Mais Clinton soutient également 'les efforts continus pour interdire les drogues entrant aux États-Unis', favorisant 'l'expansion de l'utilisation de l'armée, en particulier pour suivre et arrêter les petits avions entrant dans le pays'. Alors pourquoi n'a-t-il pas suivi la piste du trafic de drogue qui mène à Mena, la ville et l'aéroport de l'Arkansas occidental ? Clinton ne peut pas prétendre ignorer le fait que l'Arkansas a servi de plaque tournante pour les opérations internationales de trafic de drogue. L'un de ses procureurs d'État, Charles Black, a attiré son attention sur ce fait en 1988. Pendant cinq ans avant cela, une enquête fédérale a été menée par la police d'État de Clinton. Dans le cadre de cette enquête, un grand jury fédéral a été constitué. Ce grand jury a finalement été dissous, et la presse locale a rapporté que les membres du jury avaient été empêchés de voir des preuves cruciales, d'entendre des témoins importants et même de voir le projet d'acte d'accusation de vingt-neuf chefs d'accusation pour blanchiment d'argent rédigé par un avocat du ministère de la Justice, l'opération Greenback."

"En 1989, Clinton a reçu des pétitions de citoyens de l'Arkansas lui demandant de convoquer un grand jury d'État et de poursuivre l'enquête. Winston Bryant, aujourd'hui procureur général de l'État, a fait du sujet de la drogue et de Mena un thème de sa campagne en 1990. Un an plus tard, Bryant a remis ses dossiers d'État concernant Mena, ainsi que les pétitions de 1000 citoyens au procureur chargé de l'affaire Iran/Contra, Lawrence Walsh, qui a depuis poursuivi une information de masse. (Walsh n'a fait que poursuivre la dissimulation.) Plus tard dans l'année, le 12 août 1991, le conseiller de Clinton en matière de justice pénale a écrit à un citoyen inquiet pour lui dire que le gouverneur avait compris que la question de l'activité criminelle à Mena était étudiée ou prise en charge d'une autre manière par Bryant, Walsh et le représentant de l'Arkansas Bill Alexander."

"Pourtant, avec toutes ces connaissances, Clinton n'a rien fait. Le procureur général de l'État n'est pas habilité à mener une enquête, mais le procureur de l'État l'est. Lorsque Charles Black a exhorté Clinton à allouer des fonds pour une telle enquête, Clinton a ignoré sa demande. La police d'État a été retirée de l'affaire après que le gouvernement fédéral a mis fin à son enquête. Maintenant, la balle est de nouveau dans le camp de Clinton et il continue à ne rien faire..."

Dans un numéro ultérieur, "The Nation" a dit ceci à propos de Wes Hubbel et Park on Meter. Décrivant l'histoire de la création personnelle de l'AFDA par Clinton, l'auteur poursuit :

"... L'ADFA a accordé son premier prêt industriel en 1985 à POM Inc, un fabricant de parcmètres basé à Russellville, Arkansas. Il a été allégué que POM était sous contrat secret pour fabriquer des composants d'armes chimiques et biologiques à l'usage des Contras, ainsi que des équipements spéciaux pour 130 avions de transport... Ces avions transportaient à l'époque de la drogue et des armes en provenance de Mena... L'avocat de POM pendant ces transactions était un associé du cabinet d'avocats Rose, dont Hillary Clinton était, et est toujours, membre. L'État de Clinton semble donc avoir été un maillon important de la chaîne d'approvisionnement des contras à une époque où l'aide militaire aux Contras avait été interdite par le Congrès."

"Nous en venons maintenant à Michael Risconosciuto, un ancien employé contractuel de la CIA, qui dit avoir travaillé chez Mena par intermittence entre 1988 et 1989. Risconosciuto a été arrêté peu après avoir été cité comme témoin dans l'affaire Inslaw... Il a été arrêté pour dix chefs d'accusation liés à la drogue et a été condamné pour sept d'entre eux... Selon Risconosciuto, Mena faisait partie d'un réseau de bases qui a évolué au fil du temps... Mena était cruciale en raison de sa position centrale par rapport aux autres bases... Mena était le principal point de chute des narcotiques, les autres bases servant de points de distribution... À la connaissance de Risconosciuto, aucune drogue n'a jamais été déchargée à l'aéroport de Mena. Comme pour l'installation de Seal en Louisiane, les avions volant à basse altitude utilisaient des parachutes pour larguer des conteneurs de drogue dans la campagne environnante, parfois dans la forêt nationale de Ouachita, mais le plus souvent sur des terrains privés..."

"POM, selon Risconosciuto, ne se contentait pas de fabriquer des parcmètres. Il affirme que dès le début, en 1981, la société a également fabriqué des réservoirs de largage de ferry... pour les C-130."

La direction de POM a apparemment renvoyé le journaliste de gauche vers l'avocat de la société et rien de plus n'a été dit sur POM et sa correction avec Wes Hubbell et le cabinet d'avocats d'Hillary Clinton.

Le magazine de gauche "The Nation" a publié un autre article sur Clinton et les accusations portées contre Gennifer Flowers, dont nous présentons ici des extraits :

"Les allégations concernant la vie sexuelle de Bill Clinton ont été présentées pour la première fois dans un procès intenté par Larry Nichols, licencié par Clinton de son poste de directeur du marketing de l'Arkansas Development Finance Authority (ADFA). Clinton affirme que Nichols a été licencié pour avoir passé 700 appels téléphoniques non autorisés à des Contras en Amérique centrale et que le procès fait partie d'un coup monté par les républicains. La séquence est plus compliquée, elle découle du rôle de l'État, et plus particulièrement de celui d'un aéroport à Mena, dans l'ouest de l'Arkansas, dans l'entraînement et l'approvisionnement des Contras ; également du flux d'armes contre de la drogue entre les États-Unis et l'Amérique centrale... Une organisation d'étudiants de l'Université d'Arkansas, Fayetville, qui enquête depuis longtemps sur l'affaire Mena, a réussi à demander, en vertu des lois F.O.I.A., les relevés des appels téléphoniques de Nichol, à l'ADFA. Mark Swaney, membre de cette organisation, affirme qu'il n'y a eu aucun appel vers l'Amérique centrale sur les péages pendant la période concernée..."

"Les Clinton — Bill et Hillary — sont vantés comme étant dynamiques et bienveillants, et en quelque sorte formidablement unis. Cette version a prévalu en dépit du fait, concédé entre parenthèses par leurs admirateurs, qu'ils ont été séparés pendant un certain temps et qu'ils ne se sont apparemment unis qu'à l'approche de la campagne présidentielle. Est-ce la soif de pouvoir qui les a rapprochés ? Par contraste avec les Clinton bienveillants, nous sommes invités à ridiculiser Flowers en tant que fille de joie..."

De Sid Blumenthal dans la "New Republic" (le porte-voix des

socialistes), l'une des flatteries les plus effusives de l'histoire des relations publiques, aux innombrables articles favorables du "Washington Post" et du "New York Times", en passant par les grands bahuts des éternels spécialistes, le mot est passé :

> Clinton est sain, réfléchi, pragmatique, moderne, blanc, masculin et sûr. Et pour tous les serveurs de temps démocrates qui ont langui pendant douze longues années, il a porté — du moins jusqu'à ce qu'il soit affligé du mal de Flowers[14] — le parfum d'une victoire possible..."

Il semblerait qu'il y ait une grande zone de terrain inexploré à ratisser pour le procureur spécial nouvellement nommé, terrain que les anciens procureurs spéciaux Fiske ont refusé d'approcher. Cela explique peut-être l'extrême nervosité des démocrates du Congrès à l'égard du retrait de Fiske de l'enquête. Espérons que la vérité éclatera. Pour l'instant, il semble que nous soyons en présence de la dissimulation la plus réussie de l'histoire de la politique américaine.

---

[14] Référence à la relation de Clinton avec une jeune femme du nom de Flowers, NDT.

Chapitre 7

PÉNÉTRATION ET IMPRÉGNATION DE LA RELIGION PAR LE SOCIALISME

> "Les grandes civilisations du monde ne produisent pas les grandes religions comme une sorte de sous-produit ; dans un sens très réel, les grandes religions sont les fondations sur lesquelles les grandes civilisations reposent." Christopher Dawson, historien.
>
> "La religion chrétienne n'est pas une religion adaptée à notre époque." Edward Lindeman. Écrivain socialiste-chrétien.

S'il est vrai que le socialisme fabien s'est fixé pour objectif de pénétrer toutes les religions, la véritable cible a toujours été la religion chrétienne. À ses débuts, la Fabian Society appelait ses pamphlets d'une page, des "tracts", terme utilisé par les missionnaires chrétiens, et ce, afin de tromper délibérément le public quant à l'aversion du socialisme fabien pour la religion organisée. L'influence la plus néfaste sur les croyances religieuses a sans doute été la "rationalisation allemande", issue de Bismarck et de Marx, qui considéraient la religion comme une simple science sociale.

Aux États-Unis, le leader socialiste maléfique, John D. Rockefeller, s'est employé à déplacer les églises vers la gauche, en utilisant des prédicateurs laïcs infiltrés. L'un de ses serviteurs, Paul Blanshard, a été utilisé pour la formation d'une organisation appelée "Protestants et autres Américains unis pour la séparation de l'Église et de l'État." Cette doctrine est l'un des mensonges et des canulars les plus réussis jamais perpétrés sur le peuple américain. Un tel pouvoir n'existe pas dans la Constitution.

L'une des premières églises chrétiennes d'Amérique à être "socialisée" fut la Grace Church de South Boston, dont le révérend W. D. Bliss était le pasteur. Grand ami de Sydney Webb, le zèle missionnaire de Bliss au nom de la Fabian Society était louable, mais son christianisme professé ne s'étendait pas à l'enseignement de l'Évangile du Christ. Un autre corrupteur de la religion chrétienne était le Père (plus tard Monseigneur) John Augustin Ryan, dont l'évangile était celui enseigné par le socialiste anglais John Hobson. Ryan a formé un groupe appelé le National Catholic Welfare Council qui a été utilisé par les socialistes fabiens pour pénétrer et imprégner les églises catholiques dans toute l'Amérique. Ryan est ensuite devenu le "padre du New Deal" et a été utilisé par Roosevelt pour obtenir la "bénédiction de la religion pour ses projets de loi les plus controversés du New Deal".

Mais le véritable centre de l'activité religieuse socialiste aux États-Unis était la Riverside Church, une église "chrétienne de sciences sociales" financée par la fondation Rockefeller de New York. De ce point de vue, des percées ont été réalisées dans la vie politique de la nation, en particulier par le biais de la famille Dulles, qui dominait le Conseil fédéral des églises du Christ en Amérique (FCCA). Le FCCA a été l'un des tout premiers "groupes religieux" à soutenir avec enthousiasme le "New Deal" de Roosevelt.

En 1935, le service de renseignement de la marine américaine désigne le FCCA comme le leader du pacifisme :

"... Il s'agit d'une grande organisation pacifiste radicale... sa direction est constituée d'un petit groupe radical qui est toujours très actif dans toute affaire contre la défense nationale".

La commission Dies a recueilli la déposition sous serment d'un témoin expert qui a déclaré ce qui suit :

"Apparemment, au lieu de promouvoir le christianisme parmi ses nombreux membres, elle (la FCCA) représente davantage une énorme machine politique et semble se mêler de politique radicale. Sa direction indique qu'elle entretient des relations avec un grand nombre des organisations les plus radicales."

En 1933, le révérend Albert W. Beaven et 44 co-sponsors ont adressé une lettre à Roosevelt, dans laquelle ils l'exhortaient à socialiser l'Amérique. Un autre "homme d'Église", le révérend Dr Kirby Page, a dit à Roosevelt de soutenir les bolcheviks.

> "Le but du prolétariat en Russie était d'établir une vie meilleure... Il est difficile de trouver dans le monde une jeunesse plus dévouée à la cause du Christ que celle que vous trouverez en Russie dévouée à Staline...", a déclaré Kirby.

Le Dr Harry F. Ward, une autre figure de proue de la FCCA, a en fait démissionné de l'American Civil Liberties Union (ACLU) en 1925 parce que celle-ci excluait les "totalitaires" de ses membres. L'année précédente, Ward — alors président de l'ACLU — s'était prononcé en faveur de la défense des causes socialistes et communistes. C'était à l'époque où Ward était professeur d'éthique chrétienne à l'Union Theological Seminary de New York. Grâce à son excellence dans les tactiques de pénétration et d'imprégnation. Ward est capable de subvertir trois générations de futurs chefs d'église américains et de les faire passer dans le camp socialiste.

Le révérend Niebuhr est un autre éminent socialiste nommé par un expert appelé par les auditions de la commission Dies. Niebuhr occupait le poste de professeur de christianisme appliqué et de doyen de l'Union Theological Seminary, et fut l'un des tout premiers socialistes fabiens américains à promouvoir le livre "A New Deal" de Graham Wallas, un écrivain de premier plan de la Fabian Society. En 1938, Niebuhr a rejoint l'Association américaine des professeurs d'université (Fabian Socialist Association of University Professors), qui se qualifiait elle-même d'"organisme éducatif progressiste". Comme nous le savons maintenant, "progressiste" n'est qu'un autre mot pour "socialiste". Niebuhr est également identifié comme étant le secrétaire de la Students League for Industrial Democracy (SLID) (qui deviendra plus tard la League of Industrial Democracy), l'organisation étudiante ultra-socialiste très engagée dans la politique radicale.

De nombreux étudiants membres de l'EDLR ont ensuite rejoint le parti démocrate, plutôt que d'essayer de former leur propre parti socialiste. C'est à partir de ce moment que le parti démocrate a été infesté de socialistes, jusqu'à ce qu'aujourd'hui, selon mes contacts spécialistes du renseignement, 86% des membres du parti démocrate soient des socialistes purs et durs. Niebuhr devait plus tard avoir une profonde influence sur les frères Kennedy, Robert citant le livre de Niebuhr, "Children of Light, Children of Darkness" (un livre de culte païen) comme l'un des livres qu'il emmènerait sur la lune si jamais il devait y aller.

L'influence de Niebuhr s'étendit très loin, propageant sa politique "progressiste" parmi les membres socialistes des Americans for Democratic Action (ADA) et de la LID. Pendant toute sa vie politique, Niehbur a prêché l'"Évangile social", connu plus tard sous le nom de théologie marxiste de la libération. Il est devenu un ami proche d'Arthur Schlesinger Jr, prêchant que "le capitalisme était une maladie" et que la violence était dans l'œil de celui qui regarde. Schlesinger a ensuite joué un rôle très important dans la socialisation de l'Amérique, prouvant que le socialisme religieux était une arme dévastatrice entre les bonnes (ou mauvaises) mains. Niehbur a ouvertement embrassé le marxisme (bien qu'il s'agisse d'un credo totalement impie et d'une croyance étrange pour un ministre censé être un enseignant de l'Évangile), affirmant qu'il s'agissait

> "essentiellement d'une théorie et d'une analyse correctes des réalités économiques de la société moderne".

Ce soi-disant "théologien" était également actif dans le contrôle de la presse, ayant été nommé par Rockefeller à la "Commission sur la liberté de la presse". Inévitablement, Niehbur a été nommé au Conseil des relations étrangères (CFR) sur les instructions de David Rockefeller. Ainsi, dans le théâtre religieux des opérations socialistes, nous voyons que le socialisme fabien a été très occupé aux États-Unis et a bien appris la leçon que l'utilisation de la religion comme moyen de pénétration et d'imprégnation de la société dans son ensemble, était très importante. On nous a fait croire que les bolcheviks et leurs cousins socialistes étaient contre toute forme de religion. En fait, ce n'est pas du tout vrai. La haine socialiste/bolchevique de la religion visait davantage le christianisme que toute autre religion.

L'un des moyens par lesquels les socialistes ont pu garder leur emprise sur la religion organisée est le Fellowship of Faiths, qui a été créé en tant qu'organisation socialiste en 1921 et qui a récemment été complètement réactivé en vue de l'avènement du gouvernement mondial unique — le Nouvel Ordre Mondial. Il s'agit d'une organisation destinée à contrôler la religion — un objectif de longue date du socialisme — qui a réalisé que la religion ne peut jamais être éradiquée. L'homme d'État principal du Comité des 300, Bertrand Russell, a décrit l'attitude des socialistes à l'égard de la religion de la manière suivante :

> "Si nous ne pouvons pas la contrôler, alors nous devons nous en débarrasser".

Mais se débarrasser de la religion étant plus facile à dire qu'à faire, la méthode choisie est celle du "contrôle".

Toutes les guerres ainsi menées n'ont pas permis de débarrasser le monde de la religion. D'autres tactiques ont dû être mises au point, telles que le lavage de cerveau intensif, en utilisant l'idée relativiste bien connue selon laquelle toutes les religions se valent. La preuve que la guerre contre le christianisme gagne en férocité et en intensité se trouve dans l'attaque contre la Constitution des États-Unis par des socialistes comme Lloyd Cutler — conseiller du président Carter, du président Clinton et de son procureur général, Janet Reno. Le socialiste Cutler cherche à affaiblir la Constitution afin de réduire la protection et la liberté de culte et de religion de chacun.

Le choquant massacre de citoyens américains à Waco, au Texas, est un exemple récent de jusqu'où les socialistes sont prêts à aller pour supprimer la liberté de religion. Les événements qui ont conduit à l'assassinat de plus de citoyens américains chrétiens que d'étudiants chinois sur la place Tienanmen sont trop connus pour être relatés ici, mais certains aspects doivent être clarifiés et amplifiés.

Le premier point à considérer est le suivant : où est-il dit dans la Constitution que le gouvernement fédéral a le droit d'interférer dans les affaires religieuses de N'IMPORTE QUELLE église, comme il a interféré et est intervenu dans les affaires de l'église chrétienne Branch Davidian ? Où est-il dit dans la Constitution que le gouvernement fédéral a le droit de décider ce qui est une "secte" et ce qui ne l'est pas ? Que le procureur général Reno nous montre où ce pouvoir est donné aux agences fédérales chargées de faire respecter la loi. La vérité est qu'on ne le trouve pas ; il n'est pas dans la Constitution !

Nulle part dans les pouvoirs délégués au Congrès dans l'Article 1, Section 8, Clause 1-18 n'est donné le pouvoir d'attaquer une "secte". Pour permettre à une agence fédérale de s'immiscer dans l'Église Branch Davidian et de l'attaquer par la force des armes, comme ils l'ont fait à Waco, il faudrait un amendement à la Constitution des États-Unis. Ce qui s'est passé à Waco était une trahison et une sédition contre la Constitution et le peuple américain. En utilisant des véhicules militaires pour attaquer des civils dans une église chrétienne, nous devons supposer que l'intention était de terroriser les citoyens et de les priver de leurs droits.

L'article 1 de la Déclaration des droits de la Constitution des États-Unis stipule :

> "Le Congrès ne fera aucune loi concernant l'établissement d'une religion, ni n'en interdira le libre exercice, ni ne restreindra la liberté de parole ou de la presse, ni le droit des gens de se réunir pacifiquement et d'adresser des pétitions au gouvernement pour le redressement de leurs griefs."

Notez l'utilisation du mot "shall" qui est beaucoup plus fort que "will". Notez également les mots "concernant l'établissement d'une religion". Dans le mot "établissement", on comprend implicitement qu'il s'agit aussi de l'acte d'établir, ou en langage clair, une ENTITÉ NOUVELLEMENT ÉTABLIE. Dans ce cas, l'entité nouvellement établie était l'église Branch Davidian. Ainsi, le gouvernement fédéral était tenu par la loi de PROTÉGER les davidiens, PAS DE LES ASSASSINER.

Le gouvernement fédéral est entré à Waco avec l'intention expresse d'interdire le libre exercice de la religion aux membres de l'église chrétienne Branch Davidian. Il a interdit aux membres de la Branche davidienne de se réunir pacifiquement. Ce que le gouvernement fédéral a dit, c'est "nous disons que vous êtes une secte et que nous n'aimons pas votre religion, et donc nous allons fermer votre église".

Pour ce faire, le gouvernement fédéral a fait venir des véhicules militaires qu'il a ensuite utilisés pour attaquer les bâtiments de l'église et tuer les membres de l'église Branch Davidian. À la page E7151 du Congressional Record du 31 juillet 1968, le juge William O. Douglas a déclaré :

> "... Il est impossible pour le gouvernement de tracer une ligne entre le bien et le mal et d'être fidèle à la Constitution, mieux vaut laisser toutes les idées de côté."

Le gouvernement des États-Unis a choisi d'ignorer cette décision et a essayé de simplifier la religion, de la réduire à ce qui est bon ou mauvais, avec le gouvernement fédéral comme arbitre. Le gouvernement fédéral a essayé de faire de la religion une affaire simple alors qu'il s'agit d'une affaire très complexe, dans laquelle il n'aurait pas dû se mêler sous quelque condition que ce soit.

Les dix premiers amendements de la Constitution des États-Unis constituent une restriction pour le gouvernement fédéral. En outre, la permission de légiférer sur la religion est également refusée par l'article 1, section 9 de la Constitution. Le gouvernement fédéral n'a pas de pouvoirs absolus. Les Branch Davidians avaient droit à une protection policière en vertu des pouvoirs accordés à l'État dans le 10e amendement. Le shérif de Waco a manqué à son devoir lorsqu'il n'a pas répondu à l'appel à l'aide d'un membre de l'église Branch Davidian, qui lui demandait de faire son devoir, à savoir défendre les citoyens de l'État du Texas contre les agents fédéraux en maraude. Si le shérif avait fait son devoir, il aurait emmené ses hommes sur le site et ordonné aux agents fédéraux de quitter la propriété et l'État du Texas, où ils n'ont aucune juridiction. Malheureusement, le shérif, soit par ignorance de la Constitution, soit par crainte pour sa propre sécurité, n'a pas intercepté les agents fédéraux armés et dangereux, comme il était tenu de le faire par la Constitution.

En vertu de la Constitution des États-Unis, la responsabilité de la protection de "la vie, la liberté et la propriété" incombe aux États et non au gouvernement fédéral. L'affaire Emma Goldman a réglé cela pour toujours. (L'auteur du crime a été jugé par un tribunal d'État et exécuté par l'État pour le meurtre du président McKinley, bien que le meurtre d'un président ait été, et soit toujours, un crime fédéral). Le 14e amendement, même s'il n'a pas été ratifié, n'a pas tenté de transférer la responsabilité de la protection policière des États au gouvernement fédéral. Ainsi, ce que nous avons eu à Waco, c'est une attaque non autorisée contre une communauté religieuse, aggravée par l'échec abject du shérif à protéger les citoyens de l'État du Texas contre une agression illégale et illégitime par des agents fédéraux.

En conséquence, les citoyens de la branche Davidian de l'État du Texas ont été illégalement et avec une intention malveillante, privés de vie, de liberté et de propriété, sans procédure régulière, et privés d'un procès devant jury, tandis que le shérif de Waco, responsable de l'administration de la loi de l'État, est resté les bras croisés et n'a rien fait pour arrêter ces attaques. Des accusations pour manquement à ses devoirs devraient être portées contre le shérif de Waco. La clause d'immunité de l'article IV, partie I a été grossièrement violée :

"Les citoyens de chaque État auront droit à tous les privilèges et immunités des citoyens de plusieurs États."

Le gouvernement fédéral, en vertu de la Constitution des États-Unis, n'a pas le pouvoir de décider ce qui est une église et ce qui est un culte. Le pouvoir du gouvernement fédéral de décider ce qu'est une secte et ce qu'est une religion est le pouvoir de DÉTRUIRE TOUTES LES RELIGIONS comme le préféreraient les socialistes, ce qui est leur but ultime. Le 1er amendement de la Constitution ne donne PAS ce pouvoir et ne le délègue pas au Congrès. Au lieu de cela, nous avons eu l'opinion publique faite par les médias, avec la répétition pendant des jours et des jours que l'église Branch Davidian était une "secte" comme si cela était une sanction légale suffisante pour que les agents fédéraux prennent d'assaut les bâtiments de l'église.

Waco n'est pas la première fois que le gouvernement fédéral s'immisce dans les affaires religieuses, et ce ne sera certainement pas la dernière. Aux pages 11995-2209 du Congressional Record, Sénat, 16 février 1882, nous lisons avec horreur comment le gouvernement a essayé d'empêcher certains mormons de voter. À la page 1197, nous lisons une partie du débat.

"... Ce droit (de voter) appartenait à la civilisation et au droit américains bien avant l'adoption de la Constitution. Il est comme le droit de porter des armes, comme beaucoup d'autres droits que l'on pourrait mentionner ici, qui existaient au nom des citoyens à l'époque coloniale dans tous les États ; et les dispositions qui ont été introduites dans la Constitution par voie d'amendement, ainsi que dans l'instrument original, qui visent à protéger ces droits, n'étaient que des garanties d'un droit existant et n'étaient pas les créateurs du droit lui-même."

Les mormons étaient alors considérés comme l'église Branch Davidian l'est par le gouvernement fédéral. En 1882, le Sénat a essayé de faire passer une loi qui aurait nommé une commission de cinq personnes pour agir en tant que juge et jury sur les mormons et les empêcher de voter. En dehors de toute autre chose, il s'agissait d'une violation du bill of attainder. À la page 1200 des pages 1195-1209, le sénateur Vest a fait la déclaration suivante :

"... Par exemple, personne ne peut présumer, nous soutiendrons que le Congrès peut faire une loi dans un Territoire, concernant l'établissement d'une religion, ou le libre exercice de, ou restreindre la liberté de la presse, ou le droit de la population du Territoire de s'assembler pacifiquement, et d'adresser des pétitions au gouvernement pour la réparation des griefs. Le Congrès ne peut pas non plus refuser au peuple le droit de porter des armes ni le droit à un procès par jury ni obliger quiconque à témoigner contre lui-même dans une procédure criminelle. Ces pouvoirs, et d'autres en relation avec les droits des personnes, qu'il n'est pas nécessaire d'énumérer ici, sont, en termes exprès et positifs, refusés au gouvernement général ; et les droits de propriété privée ont été gardés avec le même soin."

Après avoir examiné l'exposé des faits ci-dessus concernant la protection offerte par la Constitution et sa Déclaration des droits, nous sommes frappés par l'horreur de la situation de Waco ; les Branch Davidians n'ont reçu aucune protection garantie par la Constitution. Les pouvoirs de protection de la police ont été abandonnés par le shérif de Waco, le gouvernement fédéral a attaqué les membres de l'église Branch Davidian, a pris leurs vies de manière gratuite, sauvage et barbare, et a complètement détruit leurs biens au mépris de leurs "droits à la propriété privée gardée avec le même soin". Nous pouvons voir à quel point nous avons régressé depuis 1882, lorsque le projet de loi visant à empêcher les mormons de voter a été rejeté.

Pourquoi les Branch Davidians ont-ils été privés de chacun de leurs droits ? Pourquoi ont-ils été traités comme l'aurait été un ennemi tentant d'envahir nos côtes ; avec des équipements militaires, des hélicoptères, des tanks, des bulldozers, et finalement, avec des tirs qui les ont tous détruits ? Leurs droits à un procès devant un jury ont-ils été respectés, si, en effet, le gouvernement fédéral avait des charges légitimes contre eux avant que ses agents ne pénètrent dans la propriété de l'église, armes au poing ?

Tout ce qui s'est passé, c'est que les auteurs des crimes disent, presque allègrement, qu'ils assument la responsabilité des actes barbares de leurs serviteurs ! Ce que nous avons vu lors du massacre brutal de Waco, c'est le socialisme/communisme en action. La religion prêchée par David Koresh aurait pu un jour être acceptée comme une religion établie, comme la Science chrétienne de Mary Baker Eddy et les mormons sont des religions acceptées aujourd'hui. Ces religions auraient pu, à leurs débuts, être classées comme "une secte", bien que le mot n'ait pas eu la même connotation à l'époque qu'aujourd'hui. Mais le gouvernement fédéral socialiste a eu peur que cela se produise avec Koresh, comme cela s'était produit avec Mary Baker Eddy, alors il est intervenu et a étouffé l'affaire dans l'œuf.

Le socialisme est déterminé à contrôler la religion, et cela n'est nulle part plus évident que dans sa soi-disant "communauté de foi". Les guerres n'ont pas réussi à débarrasser le monde de la religion ; les bolcheviks ont pris la vie de 60 millions de Russes, dont la grande majorité était chrétienne. Ils ont transformé les églises chrétiennes en maisons de prostitution, les ont dépouillées de leurs objets d'art précieux et ont vendu leur butin par l'intermédiaire des bureaux de traîtres tels qu'Armand Hammer. Les chrétiens ont été persécutés et tués dans de terribles massacres, depuis les Romains jusqu'à aujourd'hui, comme nous l'avons vu à Waco.

Les socialistes, ayant compris qu'ils ne pouvaient pas détruire la religion en tuant ses croyants et ses adeptes, se sont mis à essayer de la contrôler. Ils ont formé le faux gouvernement mondial unique "Fellowship of Faiths" pour prendre le contrôle de toutes les religions. En tandem avec le contrôle religieux, nous sommes censés croire que le communisme est mort et qu'il sera bientôt archaïque. Ce n'est pas le cas, le communisme ne changera jamais. Il peut le faire en surface, mais au fond, il y aura peu de changement. Ce qui changera, c'est le socialisme, au fur et à mesure qu'il gagnera en puissance, puis, lorsqu'il aura pris le contrôle total du monde, il réintroduira le communisme comme maître d'œuvre des peuples de la terre.

Quelle est la place de l'Alliance des confessions dans ce scénario ? Comment peut-elle influencer les événements politiques de manière profonde, comme on l'attend d'elle et comme l'avaient prévu ses fondateurs ? La tâche d'unifier la religion, c'est-à-dire de la "normaliser", a été confiée au socialiste Keddrantah Das Gupta, membre exécutif de la Ligue des résistants à la guerre et partisan d'une révolution armée contre notre république. Bien qu'imaginée en 1910, la première session officielle de la Fellowship s'est tenue à Chicago en 1933. Sa véritable nature a été exposée par Sir Rabindrath Tagore, fondateur d'un mouvement politique pro-communiste en Inde.

L'évêque Montgomery Brown, l'orateur principal du premier séminaire FF, a déclaré :

> "il n'existera une communauté de foi mondiale complète que lorsque les dieux seront bannis des cieux et les capitalistes de la terre".

Il est clair que le Fellowship était une entreprise socialiste dès sa création. Sir Rabinddrath, dans ses écrits et ses paroles, a souligné la nécessité d'une éducation sexuelle pour les très jeunes enfants. Nous avons tendance à considérer l'éducation sexuelle des jeunes comme une malédiction qui ne nous est tombée dessus que récemment, mais elle remonte en fait aussi loin que les prêtres de Baal et le sacerdoce égyptien d'Osiris.

Il aurait été surprenant de trouver des ministres et des dirigeants chrétiens acceptant l'idée d'une religion normalisée et travaillant avec ceux qui détestent le christianisme, si la même chose ne s'était produite dans les années 1980-1990. En 1910, l'Amitié mondiale des religions était promue par Sir Francis Younghusband qui soulignait que l'idée d'une union Est-Ouest des religions devait être réalisée. Sir Francis n'a pas dit que l'initiateur de cette idée, Das Gupta, était un communiste enragé, cherchant à promouvoir cette vile doctrine. Sir Francis a donné l'histoire de la religion "normalisée" comme suit :

> "L'idée est venue à M. Das Gupta qui y a travaillé pendant 25 ans et a trouvé un coopérateur cordial en la personne d'un Américain, M. Charles F. Weller... En Amérique, un Parlement des religions s'est réuni en 1893. En Amérique, un Parlement des religions s'est réuni en 1893. A Paris, en 1904, a débuté une série de sessions du Congrès international de l'histoire des religions. D'autres sessions ont eu lieu à Bâle, Oxford et Leyde".

(Tous des centres de "normalisation" de la religion et les promoteurs aujourd'hui de la doctrine marxiste de la Théologie de la Libération).

"À Londres, en 1924, s'est tenue une Conférence des Religions vivantes de l'Empire (l'Empire britannique). En 1913 à Chicago, poursuivi en 1934 à New York, un Congrès mondial de l'Amitié des Fois, convoqué sous la présidence de l'Honorable Herbert Hoover et de Miss Jane Addams."

La présence de Mlle Addams à ces réunions était le signe que le socialisme enragé était à l'œuvre sous le couvert de la religion. L'histoire de Mlle Addams est présentée dans les chapitres consacrés aux femmes socialistes. L'idée était de submerger le christianisme dans une marée d'autres religions. Mais le christianisme ne peut pas être "standardisé", il est unique et se suffit à lui-même. Ses enseignements sont la base du capitalisme qui a depuis été remplacé par le babylonialisme, et aujourd'hui, le capitalisme a été tellement prostitué et avili qu'il est méconnaissable comme le système original.

Sans le christianisme, le monde sera plongé dans un nouvel âge des ténèbres, bien pire que tout ce qui l'a précédé. Cela devrait aider à expliquer pourquoi les détracteurs du christianisme sont si désireux de le détruire, ou du moins de le contrôler, afin qu'il soit dilué, amputé, puis rendu inutile. Le Fellowship of Faiths a cherché à fusionner le christianisme avec d'autres religions et à provoquer ainsi la perte de son identité unique. L'idée d'une "doctrine de séparation de l'Église et de l'État" est l'œuvre des socialistes au sein du gouvernement des États-Unis. Ce qu'il faudrait définir, c'est LA SUPPRESSION DU CHRISTIANISME DANS L'ÉTAT.

Se sont joints à l'entreprise de "normalisation" de la religion Keith Hardie, membre socialiste du parti travailliste britannique, Felix Adler, fondateur de la Leftwing Ethical, Culture Society de New York, H. G. Wells, le célèbre auteur socialiste, qui représentait Lord Bertrand Russell. Wells était membre de la société maçonnique secrète Kibbo Kift Kindred, "Clarte", qui avait son siège dans la loge des neuf sœurs du Grand Orient à Paris, loge qui a joué un rôle de premier plan dans la sanglante Révolution française.

Moses Hess, un des communistes les plus révolutionnaires de

l'époque, se joint à Wells pour soutenir la Société pour les relations culturelles avec la Russie soviétique. C'est dans l'enceinte de la loge des Neuf sœurs que Wells a fait une déclaration qui allait le faire passer pour un détracteur du christianisme :

> "Désormais, le nouveau gouvernement mondial ne tolérera pas la concurrence de systèmes religieux rivaux. Il n'y aura pas de place pour le christianisme. Il ne doit désormais y avoir qu'une seule foi dans le monde, l'expression morale de la communauté mondiale."

Annie Besant, membre notable de la Fabian Society, s'est avancée pour ajouter son nom à la liste des opposants au christianisme. Besant était le successeur spirituel de Madame Blavatsky, fondatrice de la Société Théosophique et amie de H. G. Wells. M. Charles Wells, de l'Alliance capitaliste-communiste, était un millionnaire de plein droit à une période de l'histoire où le terme "millionnaire" signifiait vraiment quelque chose.

La tâche d'organiser une section américaine du Fellowship of Faiths a été confiée à M. Weller, qui a rapidement reçu la bénédiction de Samuel Untermeyer, un sioniste mondial de premier plan et confident du président Wilson, qui l'a immédiatement approuvée après qu'elle lui a été présentée dans le bureau ovale. Comme l'a dit M. Samuel Landman, des sionistes de New York,

> "M. Woodrow Wilson, pour des raisons bonnes et suffisantes, a toujours attaché la plus grande importance à l'avis d'un sioniste très éminent."

Les "bonnes et suffisantes raisons" auxquelles se réfère M. Landmann sont un paquet de lettres d'amour écrites par Wilson à une Mme Peck, qui, en échange de l'aide promise par Untermeyer pour sortir son fils d'une situation criminelle, a remis le paquet de lettres attaché avec un ruban rose, soit à Untermeyer, soit à Baruch. Wilson avait une grande passion pour les liaisons avec les femmes mariées, la romance avec Peck étant particulièrement longue et torride. Sottement, Wilson a fait part de ses sentiments amoureux à Mme Peck, par écrit. C'est cette indiscrétion qui est citée comme la méthode utilisée pour faire chanter Wilson afin d'engager les États-Unis dans la Première Guerre mondiale, qui a enterré la fleur de la virilité chrétienne américaine dans les champs des Flandres et a

pratiquement ruiné cette nation. Plus tard, le soutien apporté à
Wilson par la Ligue des Voisins, un front d'"église" socialiste, a
failli entraîner la création de la Société des Nations.

Le président du comité exécutif provincial pour les affaires sionistes
générales, le juge Brandeis, est remplacé par le rabbin Stephen
Wise, qui se trouve être membre du front pro-socialiste de la
Fédération de la paix d'urgence ainsi que de dix-neuf autres fronts.
Brandeis était également membre de la Fabian Society de Londres.
Nombre des anciennes organisations "socialistes religieuses"
existent encore aujourd'hui, bien qu'elles aient changé de nom pour
s'adapter à l'évolution des temps et des circonstances.

Upton Sinclair, socialiste enragé devenu auteur, qui a écrit pour la
"New Encyclopedia of Social Reform" et a été l'un des membres
fondateurs de l'American Fabian League, a fortement soutenu
l'Alliance des religions. Sinclair a constamment donné au
christianisme un moins pendant toute sa carrière. Ce que ni Sinclair,
ni Wise, ni Addams, ni même de nombreux partisans du Fellowship
n'ont dit au public, c'est qu'il s'agissait d'un mouvement
d'inspiration franc-maçonnique, de part en part. En 1926, le
Fellowship of Faiths était un ami bien établi de la révolution
mondiale, dominé par les rosicruciens au sein du conseil
d'administration et des comités.

Le Threefold Movement, lancé en 1924 par Charles Weller et Das
Guptas, a organisé des réunions dans tous les États-Unis et la
Grande-Bretagne. En 1925, ils avaient organisé 325 réunions de ce
type. Parmi les dirigeants du Threefold Movement, on trouve M.S.
Malik, membre de la secte Beni-Israel, le Dr A.D. Jilla, représentant
des Parsis, M.A. Dard, représentant du mahométisme, Sir Arthur
Conon Doyle (l'auteur du célèbre Sherlock Holmes), représentant
du spiritisme (remarque : c'est la première fois qu'il est présenté
comme une religion), le bouddhisme, représenté par Angarika
Dharmapala : La Théosophie représentée par Annie Besant. Le point
important à garder à l'esprit dans tout cela est que toutes ces
religions étaient, et sont essentiellement anti-chrétiennes. Un autre
point est que la littérature du Fellowship of Faiths était vendue dans
les librairies communistes partout en Grande-Bretagne, en Europe
occidentale et aux États-Unis.

Le premier congrès mondial du Fellowship of Faiths s'est ouvert à

Chicago en 1933, sous l'égide de Miss Jane Addams. L'un des principaux orateurs était l'évêque Montgomery Brown, président national du Communist Workers Relief, et membre de cinquante autres organisations de façade communistes. Dans son discours d'ouverture, Brown a déclaré :

> "Il y a un endroit sur terre où l'on a osé mettre fin à l'exploitation de l'homme : la Russie ! L'URSS est le précurseur du communisme international qui absorbera progressivement tous les États capitalistes qui se décomposent peu à peu. Si un gouvernement, une église ou une institution s'opposent ou font obstacle à cet État communiste, ils doivent être impitoyablement renversés et détruits. Si l'unité mondiale doit être atteinte, elle doit l'être par le communisme international, qui ne peut être atteint que par le slogan : "Bannissez les dieux du ciel et les capitalistes de la terre". C'est alors, et alors seulement qu'il existera une communauté de foi mondiale complète."

Weller et Brown se sont montrés très élogieux à l'égard de l'évêque Brown, Das Gupta déclarant :

> "Je suis sûr que d'autres personnes pensent comme moi, qu'elles ont les mêmes convictions que l'évêque Brown, mais n'ont pas eu le courage de le dire et de l'admettre. Je tiens à dire que je suis entièrement d'accord avec les sentiments de l'évêque."

Brown a écrit un certain nombre d'ouvrages, dont un intitulé "Enseignements de Marx pour les garçons et les filles", plus dix-sept petits livres sur le sexe pour les enfants qui ont été largement distribués. Une enquête menée par les autorités a révélé que tous ceux qui faisaient partie de la structure et des membres du Fellowship of Faiths étaient également francs-maçons.

Les francs-maçons ont créé une organisation de façade pour couvrir leurs activités à la conférence de la Société des Nations à Paris, l'organisation étant appelée Union de la Société des Nations. Elle a joué un rôle important dans les délibérations qui se sont déroulées lors de la Conférence de paix de Paris, qui a pratiquement garanti qu'il y aurait une autre guerre mondiale. Comme l'a dit Sir Francis Younghusband,

> "Nous sommes ici pour fournir une base spirituelle solide à la Société des Nations".

Nous pouvons mieux juger du TYPE de base spirituelle qui a été fournie, en étudiant simplement la structure des Nations Unies, le successeur de la Société. C'est dans l'enceinte des Nations unies et de son organe exécutif religieux, le Conseil œcuménique des Églises (COE), qu'a lieu le renouveau de l'Alliance des religions.

Nous, aux États-Unis et en Occident en général, ne pouvons pas nous permettre de fermer les yeux sur ce renouveau. Soit nous croyons que la religion chrétienne est le fondement de la Constitution des États-Unis, et nous nous en tenons à cela, soit nous périssons. La "tolérance", la "compréhension" ne doivent pas nous empêcher de voir la vérité, et si nous ne prenons pas position maintenant, il pourrait bien être trop tard demain. C'est dire à quel point la situation est devenue grave pour l'avenir de la Nation. Soit le christianisme est la vraie religion comme l'a déclaré Jésus-Christ, soit il est totalement dénué de substance. La "tolérance" et la "compréhension" ne doivent pas occulter ce principe important.

Le christianisme a apporté au monde un système économique parfait qui a été délibérément prostitué, de sorte qu'aujourd'hui, il est pratiquement méconnaissable. Les socialistes, marxistes et communistes voudraient nous faire croire que leur système est supérieur, mais lorsque nous regardons les pays qu'ils ont contrôlés — la Russie, la Grande-Bretagne, la Suède — nous voyons la ruine et la misère à grande échelle. Les socialistes s'efforcent puissamment d'imposer leur système, qui conduira à l'esclavage. La religion est l'un des domaines les plus importants qu'ils ont pénétrés, et donc le plus dangereux. Il ne s'agit pas seulement d'une question religieuse, mais aussi d'une question de survie de la République, fondée sur les lois de Dieu, qui incluent des lois politiques et économiques immuables, et non d'une question de "démocratie" fondée sur les lois de l'homme. Nous devons garder cela à l'esprit : toutes les démocraties pures de l'histoire du monde ont échoué.

Il est important de relier ces éléments entre eux, d'autant plus que j'ai découvert que les membres de l'Alliance de la foi ont voté en bloc pour le ticket socialiste lors des élections de 1932, qui ont vu le succès de Roosevelt, leur idole socialiste. C'était particulièrement vrai à New York et à Chicago. La croisade anti-chrétienne va s'intensifier à mesure que le grand mensonge se répand dans le monde entier, à savoir que le communisme est mort. S'il est vrai que le communisme fait profil bas, le SOCIALISME sévit, en particulier aux États-Unis, où nos églises ont été profondément pénétrées et imprégnées par des agents de changement socialistes. Pour accepter le Gouvernement Mondial Unique — Nouvel Ordre Mondial, nous devrions sacrifier le christianisme.

Une révolution des plus graves est en train de se produire aux États-Unis. La révolution de Weishaupt contre l'Église chrétienne a atteint de nouveaux niveaux de bestialité avec la promotion de l'homosexualité et du lesbianisme, de "l'amour libre" (avortement) et un abaissement général des normes morales de la nation. L'un des principaux chefs de file de cette révolution est le Conseil œcuménique des Églises (COE), le bras religieux des Nations unies. Les activités du COE ont entraîné des changements profonds dans la vie politique, religieuse et économique de la nation. Le COE a toujours su que la religion ne s'arrête pas aux portes de l'église.

Le Conseil fédéral des Églises (FCC), précurseur du COE, avait pour objectif de pénétrer et d'imprégner le gouvernement civil, notamment dans le domaine de l'éducation et des relations de travail. Mark Starr, le socialiste britannique nommé par Roosevelt à un certain nombre de postes gouvernementaux, était utilisé par le FCC pour visiter des usines et distribuer la publication de la Fabian Society, "What the Church Thinks of Labor", une diatribe profondément marxiste contre le capitalisme. Le FCC était dirigé selon des lignes socialistes radicales, conformément aux méthodes établies par Sydney et Beatrice Webb, ses fondateurs, et son adhésion à la Troisième Internationale montre sans l'ombre d'un doute que le FCC/WCC était, et est anti-chrétien.

Le FCC/WCC était dirigé par des païens pour des païens comme le révèle son histoire passée, et comme nous le voyons aujourd'hui. L'un de ces païens était Walter Rauschenbach qui a rendu visite à Sydney et Beatrice Webb et a ensuite apporté leurs idées, plus ce qu'il avait appris en lisant Marx, Mazzini et Edward Bellamy, à la Second Baptist Church de New York. Au lieu de l'Évangile du Christ, Rauschenbach prêchait l'Évangile du socialisme selon Marx, Engels, Ruskin et le socialisme franc-maçonnique de Mazzini.

Le FCC/WCC revendiquait vingt millions de membres, mais les recherches prouvent que ses membres étaient et sont toujours considérablement moins nombreux. Quant au soutien financier que le FCC recevait et que le COE reçoit aujourd'hui, les recherches montrent qu'il provenait de nombreuses organisations pro-communistes comme le Laura Spellman Fund, le Carnegie Endowment Fund et la Rockefeller Brothers Foundation.

Le FCC a préparé le terrain pour le fléau de l'homosexualité et du lesbianisme, sans parler de l'"amour libre" sans responsabilité (avortement) qui s'est abattu sur la nation. La FCC était, et le COE est, le plus fervent partisan de l'homosexualité et du lesbianisme, et a fortement soutenu la soi-disant protection "constitutionnelle" de ces groupes. L'homosexualité n'est mentionnée comme un "droit" nulle part dans la Constitution des États-Unis, et constitue donc une interdiction. Les "droits des homosexuels" sont le fruit de l'imagination des législateurs socialistes et de certains juges de la Cour suprême.

En cela, le COE était soutenu par l'Union américaine pour les libertés civiles (ACLU), qui essayait de tordre et de presser la Constitution pour créer des "droits" inexistants pour ceux qui choisissaient le mode de vie homosexuel. Comme nous le verrons dans les chapitres consacrés à la loi, aux tribunaux et au Congrès, toute personne debout qui protestait contre l'acceptation de ces "droits" inexistants se retrouvait rapidement en difficulté.

Le Fellowship of Faiths a été formé pour consolider les opinions sur les questions religieuses colorées avec le socialisme, recueillies dans le monde entier. L'un de ses bastions est le mouvement bahaï. Le bahaïsme a été lancé en Perse en 1844 (aujourd'hui connu sous le nom d'Iran), par Mirza Ali Muhammad, également connu sous le nom de "Rab" ou "Gate". Malheureusement pour "Rab", il a été tué par les forces de sécurité à Tabriz. Le bahaïsme enseigne que Zoroastre, Bouddha, Confucius et Jésus-Christ étaient des chefs qui ont préparé la voie à la venue du puissant éducateur mondial, Baha u'lla (la Gloire de Dieu), dont le précurseur, Abdul Baha, est mort en 1921.

Le mouvement bahaï est très fort en Iran et en Australie, et dans une moindre mesure, en Angleterre. Puisque la franc-maçonnerie et la théosophie sont pratiquement indissociables l'une de l'autre, et qu'elles comportent des éléments que l'on retrouve dans la foi bahaïe, il n'est pas étonnant que la religion bahaïe se soit répandue si rapidement. Madame Petrova Blavatsky, franc-maçonne, vice-présidente du Conseil suprême et Grand Maître du Conseil suprême pour la Grande-Bretagne, créatrice de la Théosophie, a grandement favorisé le mouvement bahaï qui est une convergence de ces trois courants.

Qu'est-il arrivé au Mouvement des croyants ? Peu avant la Première Guerre mondiale, elle a failli fusionner avec le sionisme mondial et a ensuite émergé au sein de la Société des Nations. Puis, juste avant la Seconde Guerre mondiale, elle a émergé sous la forme du mouvement bahaï en Angleterre, et s'est constituée en Angleterre en Oxford Group, auquel a succédé le Réarmement moral. Après la fin de la Seconde Guerre mondiale, il a joué un rôle clé dans la formation des Nations unies (ONU) et a pénétré au cœur de la vie politique américaine par le biais d'organisations socialistes franches comme les suivantes :

➢ American Association of University Professors

➢ American Civil Liberties Union (ACLU)

➢ Americans for Democratic Action (ADA)

➢ Comité pour le développement économique Hull House (centre pour le féminisme radical)

➢ National Council of Women

➢ La Ligue de la démocratie industrielle

➢ Les sociaux-démocrates USA

➢ Institut d'études politiques OTAN, aile politique Club de Rome

➢ La Fondation Cini

➢ Institut d'études politiques de Cambridge

➢ Comité pour une majorité démocratique

➢ Lucius Trust

➢ Nouvelle coalition démocratique

➢ Ligue des résistants à la guerre Institut Aspen

➢ Recherche à Stanford

> ➤ Organisation nationale des femmes

Le Mouvement des croyants est un projet "olympien" (Comité des 300). Cela garantit que les personnes les plus riches et les plus puissantes du monde vont promouvoir ses objectifs, comme nous l'avons vu lors de la "réunion de classe" du Fellowship of Faiths qui s'est tenue à Chicago en 1993. Le peuple américain devra choisir entre laisser les principes chrétiens aller dans le mur ou risquer une révolution mondiale. C'est ce qu'a suggéré Mikhaïl Gorbatchev lorsqu'il a rencontré le pape Jean-Paul II. Gorbatchev a suggéré une "convergence des idéaux religieux" qui serait le premier pas vers une renaissance du Fellowship of Faiths dans son nom original.

Mais le pape Jean-Paul II lui a rappelé que "le christianisme apporté sur ce continent par les Apôtres, pénétré dans diverses parties par l'action de Benoît, Cyrille, Mathusalem, Adalbert et d'innombrables saints, est à la racine même de la culture européenne." Le Pape ne parlait pas d'une autre religion ayant conféré à l'Europe les bienfaits de la civilisation : il parlait du christianisme. Il n'a pas dit que la croissance d'une grande culture européenne était due aux cathares ou aux Albigeois ; c'est le christianisme seul, a-t-il dit, qui a apporté la civilisation à l'Europe.

Ceci est à l'origine de la haine ressentie envers le christianisme par les communistes, les marxistes et les socialistes, qui craignent que la force unificatrice du christianisme ne soit la pierre d'achoppement sur laquelle leur gouvernement mondial unique pourrait s'appuyer —Le Nouvel Ordre Mondial va trébucher et tomber. C'est pourquoi la volonté des socialistes de nier et finalement d'anéantir le christianisme est une question de nécessité urgente. L'ordre donné par Lord Bertrand Russell au socialisme de s'emparer de la religion ou de la détruire est la base de la campagne mondiale du socialisme visant à pénétrer et à imprégner la religion chrétienne en particulier et à la manière de Weishaupt, à la ronger de l'intérieur, jusqu'à ce qu'il ne reste plus qu'une structure fragile et évidée qui s'effondrera par quelques coups stratégiques au moment opportun.

Le modèle le plus réussi de cette tactique se trouve en Afrique du Sud, où un soi-disant chef d'église, le révérend Heyns, s'est ennuyé de l'intérieur de l'Église réformée néerlandaise, tandis qu'un soi-disant "évêque" anglican, Desmond Tutu, a lancé un assaut frontal contre l'Église anglicane. Aidée par des francs-maçons occupant des postes élevés au sein du gouvernement sud-africain et prêt à trahir leur peuple, l'Afrique du Sud a été renversée et forcée de se soumettre au régime communiste en la personne de Joe Slovo, un ancien colonel du KGB qui utilise Nelson Mandela comme marionnette de façade. Le vieux dicton "méfiez-vous des Grecs qui apportent des cadeaux" peut être modifié : "Méfiez-vous des prêtres et des ecclésiastiques porteurs de fausses promesses socialistes frauduleuses." L'utilisation réussie de la religion pour amener le socialisme au pouvoir a été amplement démontrée au Nicaragua, au Pérou, aux Philippines, en Rhodésie, en Afrique du Sud. Les États-Unis sont les prochains.

Chapitre 8

LA DESTRUCTION PLANIFIÉE DES ÉTATS-UNIS PAR LE LIBRE-ÉCHANGE

Il n'y a pas de plus grand cheval de Troie à l'intérieur de notre République que le "libre-échange". Ailleurs, nous l'avons souvent évoqué en passant. Dans cette section, nous aimerions entrer dans les détails de ce plan monstrueux visant à provoquer la destruction des États-Unis, un rêve longtemps caressé par les socialistes fabiens d'Angleterre et leurs convertis dans le pays. La destruction socialiste de notre République se fait sur de nombreux fronts, mais aucun n'est aussi venimeux, séditieux, subreptice et traître que le soi-disant "libre-échange".

Toute personne qui croit au "libre-échange" doit être déprogrammée et libérée de la propagande socialiste et du lavage de cerveau. Retournez au début de cette nation : Clause 1 de la section 8 de l'article 1 :

> "Percevoir les taxes, les droits, les importations et les accises. Pour payer les dettes et pourvoir à la défense commune et au bien-être général des États-Unis, mais tous les droits, importations et accises doivent être uniformes dans tous les États-Unis."

Le gouverneur Morris a rédigé la section 8 et il est intéressant de noter qu'il a laissé entendre que les droits de douane sont liés au paiement des factures du pays. Il n'y a aucune mention d'impôts progressifs sur le revenu à cette fin.

Les socialistes sont arrivés avec leurs projets de trahison et ont essayé d'annuler et d'abroger cette section de la Constitution par le biais du 16e amendement à la Constitution des États-Unis, non ratifié. Ils savaient que la clause 1 de la section 8 de l'article I de la

Constitution visait à empêcher les Britanniques d'infliger le "libre-échange" aux colons. Si nous lisons les Annales du Congrès et les Globes du Congrès de la fin des années 1700 et du début des années 1800, il nous apparaîtra rapidement que l'une des principales causes de la Révolution américaine était une tentative de la British East India Company (BEIC) d'imposer le "libre-échange" d'Adam Smith aux colonies.

Qu'est-ce que le "libre-échange" ? Ce n'est qu'un euphémisme pour dépouiller et piller le peuple américain de ses richesses en violation de la Constitution des États-Unis. C'est le vieux jeu de dupes, remis au goût du jour ! Le "libre-échange" était le jeu de passe-passe que la Compagnie britannique des Indes orientales (BEIC) utilisait pour priver les colons américains de leurs richesses, en dissimulant ses tactiques de dépouillement sous de belles phrases économiques, en elles-mêmes dénuées de sens.

Les Pères fondateurs n'ont pas eu le bénéfice d'une expérience directe pour les avertir des guerres de "libre-échange" qui allaient s'abattre sur les colonies, mais ils ont eu la perspicacité et la clairvoyance de savoir que, s'il était autorisé, le "libre-échange" anéantirait la jeune nation. C'est pour cette raison que le président George Washington, après avoir été témoin de la terrible dévastation causée en France par la cause du "libre-échange" et surnommée la "Révolution française", a déclaré en 1789 qu'il était nécessaire et approprié pour la jeune République de se protéger des machinations du gouvernement britannique :

> "Un peuple libre doit promouvoir les manufactures qui tendent à le rendre indépendant des autres pour les fournitures essentielles, notamment militaires." — George Washington, Premier Congrès des États-Unis, 1789.

Les Pères fondateurs ont vu dès le début que la protection de notre commerce était primordiale, et en ont fait pratiquement le premier ordre du jour. Aucune nation qui prend au sérieux sa souveraineté et la protection du bien-être de son peuple ne permettrait le "libre-échange". Comme l'a dit Joseph Chamberlain, dans sa préface à "The Case Against Free Trade" en 1911 :

> "Le libre-échange est la négation de l'organisation, de la politique établie et cohérente. C'est le triomphe du hasard, la

concurrence désordonnée et égoïste d'intérêts individuels immédiats sans considération pour le bien-être permanent dans son ensemble."

Alexander Hamilton et les Pères fondateurs avaient compris que la nation devait protéger son marché intérieur si elle voulait rester souveraine et indépendante. C'est ce qui a fait la grandeur de l'Amérique au départ : l'explosion du progrès industriel dans la nation, indépendamment de tout "commerce mondial" extérieur. Washington et Hamilton savaient que céder nos marchés intérieurs au monde entier reviendrait à renoncer à notre souveraineté nationale.

Les socialistes savent combien il est important de se débarrasser des barrières commerciales protectrices des nations indépendantes, au lieu de ne les franchir que graduellement, et ils ont attendu leur chance pour élire Woodrow Wilson à cette fin. En tant que nouveau président, le premier ordre du jour de Wilson était de prendre des mesures actives pour briser les barrières tarifaires érigées par Washington, puis élargies et maintenues en place par Lincoln, Garfield et McKinley.

Comme nous l'avons vu précédemment, la première tâche du socialiste fabiusien qui a mis le président Woodrow Wilson au pouvoir a été de faire tomber les barrières commerciales et les tarifs protecteurs qui avaient fait des États-Unis une grande nation en un temps relativement court, c'est-à-dire par rapport à l'âge des grandes puissances européennes. L'accord NAFT et le GATT reprennent là où Wilson et Roosevelt se sont arrêtés. Ces deux accords violent la Constitution des États-Unis et sont l'œuvre de la Fabian Society et de leurs cousins américains.

L'Accord de libre-échange nord-américain est un projet du Comité des 300 et un prolongement naturel de la guerre contre l'industrie et l'agriculture américaines, tel que défini dans les documents stratégiques du Club de Rome de 1969 sur la croissance zéro post-industrielle, sous la direction de Cyrus Vance et d'une équipe de scientifiques du gouvernement mondial unique et du nouvel ordre mondial. Le démantèlement des barrières commerciales érigées par Washington, Lincoln, Garfield et McKinley a longtemps été un objectif cher à la Fabian Society. L'ALENA est leur concoction, leur grande chance d'ouvrir les marchés des États-Unis au "libre-échange" à sens unique et, ce faisant, de porter un coup fatal à la classe moyenne américaine.

L'ALENA est un autre triomphe pour Florence Kelley en ce sens qu'il contourne la Constitution par une action législative. Comme l'a dit le juge Cooley dans son ouvrage sur le droit constitutionnel, page 35 :

> "La Constitution elle-même ne cède jamais à un traité ou à un texte législatif. Elle ne change pas avec le temps et ne se plie pas à la force des circonstances".

Par conséquent, ni l'ALENA ni aucun autre traité ne peut modifier la Constitution. L'ALENA n'est rien d'autre qu'un stratagème tordu, menteur et sournois visant à contourner la Constitution, ce qui est également une description exacte du GATT.

La première attaque connue du "libre-échange" contre les États-Unis remonte à 1769, lorsque la loi Townsend a été inventée par Adam Smith pour soutirer des revenus aux colonies américaines. L'accord ALENA est conçu pour soutirer davantage de revenus aux travailleurs américains ou, si ces derniers ne veulent pas, pour les délocaliser à l'étranger où les salaires et la vie sont généralement moins chers. En fait, l'ALENA a beaucoup de points communs avec la lutte des colons entre 1769 et 1776. Tragiquement, au cours des dernières années, plusieurs présidents se sont éloignés des politiques commerciales qui protégeaient l'industrie américaine et faisaient des États-Unis la plus grande nation industrialisée du monde.

Le mondialisme n'a pas contribué à faire de l'Amérique un grand pays. Le mondialisme est un mot d'ordre des laveurs de cerveau des médias de Madison Avenue pour masquer le fait que la soi-disant économie mondiale vantée par Wilson, Roosevelt, Bush et Clinton finira par réduire le niveau de vie des Américains à celui des pays du tiers monde. Nous avons ici un cas classique où, par le biais du socialisme, les Américains combattent à nouveau la révolution américaine de 1776 pour libérer la nation des affres de la fraude appelée ALENA, avec une fraude encore plus grande appelée GATT qui attend de se rendre sur le champ de bataille.

En 1992, Bush s'est empressé de saisir la balle de l'ALENA et a commencé à courir avec elle. Le Canada a été utilisé comme un instrument de mesure pour voir si l'ALENA serait bien accueilli par le peuple canadien. Pour ce faire, Bush a été habilement aidé par l'ancien premier ministre Brian Mulroney. L'objectif de l'ALENA est de détruire les bases industrielles et agricoles des deux pays et de faire ainsi chuter la classe moyenne. Les plans post-industriels du Comité des 300 n'ont pas progressé assez vite. La situation est assez semblable à celle que Bertrand Russell a décrite dans son désir de tuer des millions de "mangeurs inutiles". Le plan de Russell appelait à un retour de la peste noire pour débarrasser le monde de ce qu'il appelait "l'excès de population".

L'ALENA représente un point culminant dans le réalignement des politiques transnationales et la rééducation des futurs dirigeants de l'industrie et du commerce américains qui sortent tout juste de nos établissements d'enseignement. L'ALENA peut être comparé au Congrès de Vienne (1814-1815) qui était dominé par le prince Klemmens von Metternich. On se souviendra que Metternich a joué un rôle de premier plan dans les affaires européennes. Il était responsable du mariage de l'archiduchesse Marie Louise avec Napoléon, qui a façonné les événements politiques et économiques en Europe pendant au moins 100 ans. En substance, Clinton a "marié" les États-Unis au "libre-échange", ce qui aura également un effet considérable sur cette nation pendant plus de 1000 ans.

Le Congrès de Vienne a été marqué par des fêtes somptueuses et des événements étincelants, avec un éventail de cadeaux éblouissants pour ceux qui étaient prêts à coopérer avec Metternich au lieu de se battre pour les meilleurs intérêts de leur pays. Des tactiques similaires ont été utilisées pour imposer l'ALENA à la Chambre et au Sénat, et à la manière des débats décisionnels tenus à huis clos à Vienne (les quatre grandes puissances n'ont jamais permis aux petites nations de participer), chaque accord, chaque décision importante concernant l'ALENA a été conclu en secret, à huis clos. L'ALENA aura un effet délétère profond sur les États-Unis, dont nous n'avons pas encore réalisé l'étendue et la profondeur.

L'ALENA est un tournant dans l'histoire de l'Amérique du Nord, un tournant pour la classe moyenne américaine et canadienne. Lorsqu'il sera combiné avec les pays de la CE, la phase deux de la stratégie socialiste visant à prendre le contrôle total du commerce aura été achevée. L'ALENA se traduira par un revenu de 100 milliards de dollars pour le Mexique ; il dévastera l'économie américaine par un grand déclin de sa base industrielle. On s'attend à une perte de 100 000 emplois américains au cours des deux premières années de la mise en œuvre complète de l'ALENA, ce qui fera chuter le niveau de vie de la classe moyenne d'une manière jamais vue auparavant. La pollution sera réexportée aux États-Unis par le biais de produits et d'aliments provenant du Mexique.

Les produits alimentaires en provenance du Mexique contiendront des niveaux de poisons toxiques de toutes sortes qui sont interdits par les réglementations de l'USDA couvrant les produits américains. Tout bien considéré, le montant des sommes dépensées pour le lobbying de l'ALENA avoisine les 150 millions de dollars. Le lobbying de l'ALENA a été le plus concentré de l'histoire des États-Unis, impliquant une véritable armée de spécialistes et d'avocats qui ont submergé la Chambre pour qu'elle vote en faveur du prétendu accord.

L'Accord général sur les tarifs douaniers et le commerce (GATT) est un instrument conçu aux États-Unis, basé sur les principes socialistes fabiens. Je ne me souviens pas de la dernière fois où quelque chose a été aussi peu compris par les législateurs que cet accord insidieux. J'ai contacté des dizaines de législateurs, et sans exception, aucun d'entre eux n'a pu me fournir une explication ni me donner les faits que je cherchais. Le GATT a été élaboré lors de la Conférence des Nations Unies sur le commerce et l'emploi, qui s'est tenue à Cuba, le 24 mars 1948. Les élégants de la conférence défendaient la cause du "libre-échange" d'Adam Smith qui, selon eux, rendrait le monde meilleur pour les gens ordinaires. Bien que le titre, GATT, soit venu plus tard, les bases de cette fraude socialiste ont été posées à Cuba en 1948.

Lorsque l'accord conclu à Cuba a été présenté à la Chambre et au Sénat, il a été adopté, pour la simple raison qu'il n'a pas été compris. En général, lorsque la Chambre et le Sénat ne comprennent pas une mesure qui leur est présentée, celle-ci est adoptée le plus rapidement possible. C'est ce qui s'est passé dans le cas de la loi sur la Réserve fédérale, du traité des Nations unies, du traité sur le canal de Panama et de l'ALENA.

En votant en faveur de l'ALENA, la Chambre a transféré la souveraineté des États-Unis au gouvernement mondial unique de Genève, en Suisse. Cet acte séditieux avait un précédent. En 1948, une Chambre et un Sénat dominés par les républicains ont adopté la loi sur les accords commerciaux qui découlait de la réunion des Nations Unies à Cuba. Jusqu'alors, le parti républicain s'était présenté comme le protecteur de l'industrie et des emplois américains, mais il s'est avéré être aussi faux que la position des démocrates, et favorable au "libre-échange" socialiste d'Adam Smith. Un grand coup a été porté contre l'industrie et le commerce américains par les socialistes fabiens en Grande-Bretagne et leurs cousins américains aux États-Unis. Le fait que la loi sur l'accord commercial était à 100% inconstitutionnelle, et qu'elle soit pourtant passée, a été une cause de douce satisfaction pour la Fabian Society.

En 1962, le président John F. Kennedy qualifiait la braderie du peuple américain de "toute nouvelle approche, un nouvel instrument audacieux de la politique commerciale américaine". Dans son évaluation fatalement erronée de l'orientation que les socialistes fabiens donnaient au peuple américain, Kennedy avait été pleinement soutenu par le leader syndical George Meaney lors de la convention de l'AFL - CIO en Floride plus tôt cette année-là. Le Congrès a consciencieusement adopté la législation, apparemment inconsciente de son inconstitutionnalité.

Elle était inconstitutionnelle, car elle donnait au président des pouvoirs qui appartenaient au Congrès, des pouvoirs qui ne pouvaient être transférés entre les trois branches du gouvernement. L'administration Kennedy a immédiatement institué des réductions tarifaires radicales, certaines allant jusqu'à 50% sur un large éventail de produits importés. Nous avons vu les mêmes actions inconstitutionnelles de Bush et Clinton avec l'ALENA. Les deux présidents se sont impliqués de manière inconstitutionnelle dans le pouvoir législatif. Les pots-de-vin peuvent également avoir été un facteur. Il s'agit d'une trahison.

Alors que les États-Unis entraient dans le vingtième siècle, le pays était sur la voie du succès comme aucun autre pays ne l'avait été avant lui, depuis l'Antiquité. Mais les spoliateurs, les socialistes et leurs proches cousins, les communistes, guettaient l'Amérique. Les États-Unis étaient construits sur une base solide de protectionnisme, d'argent sain ; il y avait une base industrielle en croissance rapide, et grâce à la mécanisation, l'agriculture était prête à nourrir notre peuple pour les siècles à venir, quelle que soit l'augmentation de la population.

La mesure de protection commerciale, le Tariff Act de 1864, que Lincoln signe, augmente les droits de douane de plus de 47%. En 1861, les recettes douanières représentaient 95% des recettes totales des États-Unis. Lincoln, avec la guerre sur les bras, est déterminé à renforcer la protection tarifaire traditionnelle et à la protéger à tout prix. Ses actions en matière de protection tarifaire, plus que toute autre chose, ont mis les États-Unis sur la voie de deux décennies de progrès dans l'industrie, l'agriculture et le commerce, progrès qui ont stupéfié l'Angleterre et fait des États-Unis un objet d'envie — et de haine. Il ne fait aucun doute que le complot visant à assassiner Lincoln impliquait Benjamin Disraeli, le Premier ministre anglais, et que la décision d'assassiner Lincoln a été prise en Angleterre en raison de la position résolue du président contre la baisse des droits de douane sur les marchandises en provenance de ce pays.

Les États-Unis sont engagés dans une guerre à mort. On ne s'en rend pas compte, car il n'y a pas de grands tambours de patriotisme, pas de drapeaux flottants, pas de défilés militaires et, ce qui est peut-être la clé de tout, les chacals de la presse présentent le "libre-échange" comme un avantage et non comme l'ennemi mortel des États-Unis. Il s'agit d'une guerre sur plusieurs fronts ; le monde entier, ou presque, est aligné contre les États-Unis. C'est une guerre que nous sommes en train de perdre rapidement, grâce aux plans habilement élaborés par le Comité des 300 et confiés aux socialistes pour qu'ils les exécutent. Lincoln a été l'une des premières victimes de la guerre commerciale.

En 1873, les banquiers d'affaires et les financiers de la City de Londres se sont associés à leurs alliés de Wall Street pour provoquer une panique entièrement due à des causes artificielles. La dépression prolongée qui s'ensuivit fit beaucoup de mal à l'agriculture, comme le voulaient nos ennemis. La plupart des historiens s'accordent à dire que l'action anti-américaine de 1872 a été prise pour affaiblir le protectionnisme. La voie du journalisme jaune pour accuser le protectionnisme de la dépression était ouverte et ne s'est jamais refermée. Grâce aux mensonges scabreux parus dans la presse, les agriculteurs ont été amenés à croire que leurs problèmes étaient dus aux barrières commerciales qui entravaient le flux du "libre-échange".

Les agents de la City de Londres et de Wall Street, aidés par une presse déjà bien fournie, ont commencé à battre le pavé de l'opinion publique et, en réponse à la pression d'un public mal informé, en 1872, une brèche a été ouverte dans la barrière tarifaire des États-Unis. Les droits de douane furent réduits de 10% sur un large éventail d'articles importés et de 50% sur le sel et le charbon. Comme tout économiste le sait, et comme tout diplômé du secondaire correctement formé le saurait, une fois que cela se produit, il s'ensuit rapidement que l'activité manufacturière commence à décliner, car les investisseurs cessent d'investir dans la richesse réelle — installations industrielles, outils agricoles, machines-outils.

Mais les envahisseurs ont été partiellement repoussés par les années 1900, et les dommages se sont limités à une brèche dans notre redoute, sans que les forces ennemies puissent s'étendre dans l'arrière-pays. Puis vint Wilson et le premier assaut massif et majeur mené par les troupes de protection anti-tarifaires qui non seulement brisèrent nos redoutes, mais placèrent les Philistins au beau milieu de notre camp.

Lorsque le président Roosevelt est arrivé à la Maison-Blanche, le deuxième assaut majeur contre nos protections tarifaires a été lancé. Wilson avait ouvert la voie à Roosevelt, et avait réussi à ouvrir une brèche qui menait tout droit vers l'objectif final. Bien que Wilson ait fait beaucoup de dégâts, qui ont été élargis par Roosevelt, une trop grande partie des barrières tarifaires restait encore en place au goût des socialistes fabiens, Ramsey McDonald, Gunnar Myrdal, Miss Jane Addams, Dean Acheson, Chester Bowles, William C. Bullitt, Stuart Chase, J. Kenneth Galbraith, John Maynard Keynes, le professeur Harold Laski, Walter Lippmann, W. Averill Harriman, le sénateur Jacob Javitts, Florence Kelley et Trances Perkins.

Lorsque George Bush a été nommé par le CFR pour s'asseoir dans le bureau ovale, il s'est attaqué avec énergie et enthousiasme à sa mission "One World - New World Order", faisant de l'accord ALENA l'une de ses priorités. Mais Wilson, Roosevelt et Bush avaient-ils le droit de négocier seuls des traités portant sur des questions commerciales sans respecter le processus d'avis et de consentement prévu par la Constitution ? De toute évidence, non.

Examinons donc la Constitution et voyons ce qu'elle a à dire sur cette question vitale : Article VI, Section 2

"... Cette Constitution et les lois des États-Unis qui seront faites en application de celle-ci, et tous les traités faits, ou qui seront faits, sous l'autorité des États-Unis seront la loi suprême du pays..."

Les mots, "Cette Constitution et les lois des États-Unis", disent qu'un traité est seulement une loi. La "loi du pays" se rapporte à la Magna Carta, "et les juges de chaque État seront liés par elle, sans préjudice de toute disposition contraire de la Constitution ou des lois de tout État".

Le mot "suprême" dans la deuxième partie n'est PAS "suprême", mais appartient au droit commun. Pour bien comprendre cela, il faut connaître la Constitution des États-Unis et le contexte historique qui l'accompagne, que l'on ne peut trouver que dans les Annales du Congrès, les Globes du Congrès et les Congressional Records. Une étude complète et correcte de ces documents est une condition préalable à la compréhension de ce qu'est un traité. Malheureusement, nos législateurs ne prennent jamais la peine de s'instruire par l'étude de ces merveilleux documents. Les professeurs de droit en savent encore moins sur ces mines d'informations et, par conséquent, enseignent souvent un droit constitutionnel très éloigné de la réalité. C'est l'aveugle qui guide l'aveugle.

Le terme "suprême" a été inséré pour s'assurer que les gouvernements français, britanniques et espagnols ne puissent pas revenir sur les accords conclus sur les territoires cédés aux États-Unis. C'était une manière suffisante d'empêcher les futurs gouvernements de ces pays de revenir sur les accords, mais, malheureusement, cela a également amené de nombreux Américains à comprendre qu'un traité est une loi "suprême". Il est impossible qu'un traité soit "suprême" lorsqu'il n'est qu'en application de celui-ci. La progéniture peut-elle être plus grande que le parent ? La Constitution des États-Unis est toujours SUPRÊME, à tout moment et en toutes circonstances. Les lois ne peuvent jamais être "suprêmes", car elles sont modifiables et peuvent avoir été adoptées à tort. L'enfant ne peut pas être plus grand que le parent.

Malgré ce qu'a dit la juge Ruth Ginsberg sur la flexibilité de la

Constitution, la Constitution des États-Unis n'est pas flexible, elle est IMMUTABLE. Nous savons que la première règle de tout traité est l'auto-préservation. Nous savons aussi maintenant, qu'aux États-Unis, TOUS LES TRAITÉS SANS EXCEPTION SONT DES LOIS ORDINAIRES ET PEUVENT ÊTRE RÉPUTÉS À TOUT MOMENT. N'importe quel traité qui porte gravement atteinte aux États-Unis viole la règle de l'auto-préservation et peut être révoqué, même si ce n'est qu'en coupant l'argent qui le finance. C'est pourquoi des traités tels que l'ONU, l'ALENA, le GATT, l'ABM, le traité du canal de Panama sont NULS ET NON AVENUE, et devraient être révoqués par le Congrès ; en fait, ils le seraient si le Congrès n'était pas dominé par les socialistes.

Les lecteurs sont invités à se procurer un exemplaire du "Droit des gens" de Vattel, la "Bible" utilisée par nos Pères fondateurs, et ils seront rapidement convaincus qu'un traité n'est qu'une loi qui peut être modifiée par le Congrès. En fait, un traité pourrait être décrit comme une "loi précaire", car, par essence, il est sans substance. Thomas Jefferson a dit que

> "tenir le pouvoir de conclure des traités sans limites, c'est faire de la Constitution un papier blanc par construction". Congressional Record, House, 26 février 1900.

En outre, la Constitution des États-Unis interdit expressément le transfert de pouvoirs d'une branche du gouvernement à une autre. C'est ce qui s'est passé tout au long des guerres de libre-échange et c'est toujours le cas. L'abandon lent et souvent inaperçu du pouvoir législatif au profit du pouvoir exécutif est ce qui a sapé la force des défenseurs des guerres commerciales. De telles actions sont inconstitutionnelles et équivalent à une sédition et une trahison contre le peuple américain.

L'abandon des pouvoirs qui appartiennent exclusivement à la branche législative du gouvernement a commencé avec le Payne Aldrich Tariff Act, et la créature difforme a commencé à grandir comme le laurier vert. Bien que la loi Payne Aldrich n'ait pas atteint son premier objectif, elle a plus que réussi à atteindre le second : le transfert des pouvoirs législatifs à l'exécutif. Elle conférait au président des pouvoirs qui lui étaient interdits par la constitution en ce sens qu'il pouvait désormais contrôler les taux de droits de douane sur les importations. La Chambre a porté un coup fatal aux personnes qu'elle était censée protéger et a permis au "libre-échange" de priver nos travailleurs de leurs emplois, les usines de fabrication incapables de faire face aux politiques de dumping et de réduction des prix des produits étrangers étant contraintes de fermer leurs portes.

La trahison et la sédition commises par ceux qui ont accepté comme "loi" la loi tarifaire Payne Aldrich de 1909 sont aujourd'hui évidentes dans les accords de l'ALENA et du GATT. L'article 1, section 10 de la Constitution des États-Unis confie clairement les questions commerciales à la Chambre des représentants. La section 10 renforce le contrôle de la Chambre sur les questions commerciales. Les pouvoirs de la Chambre n'étaient pas et ne sont pas transférables ! C'est aussi simple que cela. Toutes les "lois", tous les "ordres exécutifs", toutes les décisions présidentielles en matière de commerce, tous les accords internationaux, sont nuls et non avenus et doivent être effacés des livres dès que le gouvernement sera rendu à Nous, le peuple. Nous verrons les énormes dégâts causés par l'usurpation présidentielle des pouvoirs commerciaux au fur et à mesure.

La loi sur les tarifs douaniers Payne Aldrich est typique de la manière dont le socialisme fabien agit, en dissimulant toujours ses véritables intentions derrière une façade de mensonges. Comme je l'ai déjà dit, le peuple américain est le peuple le plus trompé du monde, et le Payne Aldrich Tariff Act a été le point culminant des mensonges de l'époque. Présentée à la Chambre comme une mesure de protection tarifaire, la signification réelle de cette loi était exactement le contraire : c'était un pas de géant en avant pour les ennemis du peuple américain, les "libres-échangistes" et leurs alliés de la City de Londres — ou les maîtres sont-ils une meilleure description de leur association ?

Le Payne Aldrich Tariff Act a ostensiblement transféré des pouvoirs à l'exécutif, un transfert qui ne pouvait et ne devait pas avoir lieu sans qu'un amendement constitutionnel ait été adopté. Comme cela n'a pas eu lieu, tous les accords commerciaux conclus depuis 1909 sont ultra vires. Si nous avions une Cour suprême qui ne soit pas aux mains des Philistins, nous aurions pu lui demander de l'aide, mais nous ne le pouvons pas.

Depuis l'époque de Brandeis et de "Fixer" Fortas, la Cour suprême est devenue une cour remplie de socialistes qui n'a pas d'oreilles pour entendre les plaidoyers de Nous, le Peuple. Avec l'adoption du Payne Aldrich Tariff Act, les États-Unis ont subi un grave revers dans les guerres commerciales, dont ils ne se sont jamais remis. La mesure Payne Aldrich était un "gradualisme" socialiste dans les meilleures traditions de cette entité politique malhonnête.

Ces attaques sournoises contre le peuple des États-Unis ont eu lieu à une époque où nous étions relativement innocents. Nous ne savions pas grand-chose du socialisme fabien ni de son modus operandi. Le livre "The Case Against Socialism: A Handbook for Conservative Speakers" est un guide des sales tours que le socialisme utilise pour faire passer ses lois et il n'y a pas de plus grand joueur de sales tours socialiste que le président Clinton.

Les citoyens de ce grand pays que sont les États-Unis ont été trompés par leurs dirigeants — à commencer par Woodrow Wilson — qui leur ont fait croire que le "commerce triangulaire" était bénéfique pour toutes les nations. Ils nous diront que c'est l'idée d'Adam Smith et que David Ricardo, l'économiste préféré des socialistes, a affiné les limites et la signification du libre-échange. Mais tout cela n'est que de la poudre aux yeux. La mythologie du "libre-échange" est tellement ancrée dans l'esprit du peuple américain qu'il croit qu'il est réellement bénéfique ! Les dirigeants de la nation, à commencer par le président, ont grossièrement induit le peuple en erreur en le faisant tomber dans ce terrible piège.

LES PERTES DE CETTE GUERRE SONT DÉJÀ BIEN PLUS IMPORTANTES QUE LES TOTAUX COMBINÉS DES DEUX GUERRES MONDIALES. Des millions de vies américaines ont déjà été ruinées. Des millions de personnes vivent dans le désespoir alors que cette guerre implacable continue de s'abattre sur notre peuple. Le "libre-échange" est la plus grande menace pour l'infrastructure de la nation — une menace plus grande que n'importe quelle attaque nucléaire.

Quelques statistiques

Sept cent cinquante mille sidérurgistes américains ont perdu leur emploi depuis que le Comité des 300 a lâché le comte Étienne Davignon sur ce front particulier en 1950.

La mort de l'industrie sidérurgique a entraîné la perte d'un million et quart des emplois industriels stables les mieux rémunérés, liés aux produits sidérurgiques et reposant sur eux. Ce n'est pas parce que les sidérurgistes américains n'étaient pas de bons travailleurs ; en fait, compte tenu des vieilles usines avec lesquelles certains devaient travailler, ils ont très bien résisté aux pratiques commerciales déloyales. Mais ils ne pouvaient pas concurrencer les importations "libres" qui vendaient moins cher que les produits fabriqués aux États-Unis parce que les gouvernements étrangers les subventionnaient fortement. De nombreuses aciéries étrangères ont même été construites avec l'argent du "Plan Marshall" ! En 1994, un total de quarante millions d'Américains avaient perdu leur emploi en raison des attaques du "libre-échange" contre leurs usines, leurs usines textiles et leurs sites de production.

L'Amérique est devenue un géant industriel et, dans les années 1880, elle devançait l'Angleterre en tant que première nation industrielle du monde. Cela était entièrement dû à la protection fournie à l'industrie locale par les barrières commerciales. Lorsque la guerre de Sécession éclate, et jusqu'à la fin du XIXe siècle, on compte 140 000 usines produisant des biens industriels lourds avec une main-d'œuvre de 1,5 million d'Américains, probablement la mieux payée au monde, et de loin, à n'importe quelle période de l'histoire occidentale.

Dans les années 1950, l'industrie et l'agriculture avaient créé le meilleur niveau de vie pour la vaste classe moyenne américaine, stable et bien rémunérée, la plus importante de ce type au monde. Elle avait également créé un vaste marché pour ses produits, un marché intérieur que sa classe moyenne bien rémunérée, occupant des emplois avec une sécurité d'emploi garantie à vie, soutenait et contribuait à élargir et à développer. LA PROSPÉRITÉ ET LA SÉCURITÉ DE L'EMPLOI EN AMÉRIQUE NE SONT PAS LE FRUIT DU COMMERCE MONDIAL. Les États-Unis n'avaient pas besoin des marchés mondiaux pour prospérer et se développer. Il s'agissait d'une fausse promesse vendue au peuple américain, d'abord par Wilson, puis, avec enthousiasme, par Roosevelt, Eisenhower, Kennedy, Johnson, Bush et Clinton.

Grâce à la trahison et à la sédition commises par ces présidents et le Congrès, les importations n'ont cessé d'augmenter, jusqu'à ce qu'aujourd'hui, en 1994, nous puissions à peine garder la tête au-dessus de la crue des eaux des produits importés par une main-d'œuvre bon marché. Dans l'année qui vient (1995), nous verrons les pertes monter en flèche alors que l'assaut des "libres-échangistes" décime les moyens de subsistance de millions d'Américains supplémentaires. Il n'y a pas de fin en vue, et pourtant, nos législateurs continuent de reculer, laissant derrière eux des millions et des millions de vies détruites. Cette question, plus que toute autre, prouve que le gouvernement ne prend pas au sérieux la protection de notre souveraineté nationale, CE QUI EST LE PREMIER DEVOIR DE TOUT GOUVERNEMENT.

Dans ce chapitre, nous ne pourrons examiner que quelques-uns des traités, chartes et "accords" commerciaux les plus importants imposés aux États-Unis par les pratiques de connivence, de tricherie, de sournoiserie, de mensonge et de sédition des socialistes britanniques et américains. Nous commencerons par les soi-disant "accords commerciaux". La constitution interdit le transfert de pouvoir d'une branche du gouvernement à une autre branche. C'est ce qu'on appelle la doctrine de la séparation des pouvoirs et elle est sacro-sainte et immuable, ou c'est ainsi qu'elle a été écrite par les Pères fondateurs. C'est illégal, voire une trahison de transférer des pouvoirs, pourtant nous sommes censés croire qu'il était légal pour Bush de consulter le Mexique et le Canada et de mettre en place l'accord ALENA. Nous sommes censés croire que, de la même manière, Clinton avait tout à fait le droit de se mêler de l'ALENA et maintenant du GATT. Faux sur les deux points ! Ni Bush ni Clinton n'avaient le droit de s'immiscer dans les questions commerciales qui relèvent de la compétence de la Chambre.

Rien que pour cela, l'ALENA et le GATT sont illégaux, et si nous avions une Cour suprême qui ne fasse pas ses propres prédilections au lieu de faire respecter la Constitution, elle serait déclarée telle. L'une des tactiques les plus courantes utilisées par les généraux du "libre-échange" pour attaquer les États-Unis consiste à rendre les "barrières commerciales" responsables des difficultés économiques. C'est manifestement faux. En examinant les articles du "New York Times", du "Washington Post" et d'autres journaux, j'ai constaté qu'ils ne donnaient jamais, au grand jamais, une image fidèle du grave préjudice que le "libre-échange" infligeait à notre pays. Les libéraux incendiaires n'ont jamais laissé entendre que les États-Unis étaient systématiquement saignés à blanc depuis que Wilson a lancé le premier assaut contre nos défenses commerciales.

Le "plan Marshall" tant annoncé, qui est censé avoir sauvé l'Europe de la ruine, était en fait une escroquerie au "libre-échange". Le peuple britannique, fatigué du criminel de guerre Winston Churchill, a voté pour que le chef du parti travailliste Clement Attlee, vice-premier ministre de Churchill et élitiste socialiste fabien, lui succède. C'est Attlee qui a succédé à Ramsey McDonald, envoyé "pour espionner le terrain" du socialisme aux États-Unis à la fin des années 1890. Attlee figurait sur la liste des vedettes fabiennes aux côtés du professeur Harold Laski et de Hugh Gaitskell, ce dernier étant le favori des Rockefeller, qui choisirent Gaitskell pour aller en Autriche en 1934 voir ce que faisait Hitler.

Lorsque Chamberlain est évincé parce qu'il refuse de suivre les plans de guerre du Comité, Attlee attend dans les coulisses, et son tour arrive lorsqu'il est appelé à remplacer Churchill. À cette époque, la Grande-Bretagne n'avait pas encore remboursé ses prêts de la Première Guerre mondiale aux États-Unis, comme elle avait accepté de le faire à la conférence de Lausanne. Pourtant, en dépit de cette énorme dette en souffrance, la Grande-Bretagne a contracté des milliards et des milliards de dollars de dettes que Roosevelt voulait oublier : "Oublions ces stupides petits signes de dollars", a déclaré Roosevelt, tout en exhortant la nation à recourir au prêt-bail.

Avec l'arrivée des travaillistes au pouvoir en Angleterre, l'élite de la Fabian Society a immédiatement mis en pratique les projets socialistes qu'elle chérissait en nationalisant les principales industries et en fournissant des services sociaux "du berceau à la tombe". Bien entendu, le trésor britannique ne pouvait pas faire face aux nouvelles obligations financières énormes que lui imposaient les fabianistes sans augmenter sévèrement les impôts. Attlee et son collègue socialiste John Maynard Keynes se sont donc tournés vers les États-Unis pour obtenir de l'aide. Le premier barrage d'artillerie sur les contribuables américains a pris la forme d'un prêt de 3,75 milliards de dollars, que Roosevelt a rapidement et joyeusement accordé.

Les 3,75 milliards de dollars de prêts américains ont été utilisés pour payer les dettes contractées par le gouvernement socialiste dans sa folle poursuite de dépenses socialistes illimitées et de programmes de transferts socialistes. Ils n'avaient pas encore pris conscience de la réalité, et lorsque les travaillistes n'avaient toujours pas assez de liquidités pour faire face à leurs obligations, les Fabian Brain Trusters se sont réunis et ont imaginé le plan Marshall.

Comme il se doit, le plan Marshall a été dévoilé à l'université de Harvard — ce foyer du socialisme aux États-Unis — par le général socialiste George Marshall. Coût pour les contribuables américains ? Un montant stupéfiant de 17 milliards de dollars sur les cinq années suivantes, qui est allé en grande partie aux pays européens pour financer leurs industries subventionnées par l'État, afin qu'ils puissent écouler leurs produits étrangers moins chers sur le marché américain, ce qui a entraîné la perte de millions d'emplois industriels à long terme et bien rémunérés.

Cette situation avait été anticipée par les planificateurs socialistes fabiens, qui avaient besoin de Woodrow Wilson pour ouvrir les portes des barrières commerciales américaines, afin que les produits fabriqués à l'étranger puissent inonder le marché américain dans les années qui ont immédiatement suivi la Seconde Guerre mondiale, ce qui a aidé la France, la Pologne, la Hongrie et le Royaume-Uni à stabiliser leur revenu national au détriment du travailleur américain !

Est-il possible qu'un gouvernement comme le nôtre fasse une chose aussi terrible à son propre peuple ? Non seulement c'est possible, mais en réalité, notre gouvernement s'est retourné contre son peuple, envoyant des millions d'entre eux faire la queue pour manger, sans emploi et sans espoir. Notre main-d'œuvre a été transformée en une file de mendiants, essayant désespérément de comprendre ce qui était arrivé à leurs emplois, et comment il était arrivé qu'au lieu de travailler à leurs anciens emplois, ils se tenaient maintenant dans des lignes de pain ou mendiaient pour des emplois inexistants dans l'un ou l'autre bureau d'emploi.

Les Pères fondateurs ont dû se retourner dans leur tombe ! S'ils avaient été là, ils se seraient sans doute demandés comment les descendants des colons, qui s'étaient tant battus pour se débarrasser des taxes imposées par le roi George III (y compris une taxe sur le thé d'un penny par livre), pouvaient maintenant rester les bras croisés et se laisser docilement imposer et voir leur revenu national provenant des recettes douanières se tarir. Ils reculeraient aussi probablement d'horreur devant la perte d'environ 17 milliards de dollars de dettes de crédit-bail, que le Congrès, contrôlé par les socialistes, a effacées des livres de comptes afin de sauver leurs collègues socialistes britanniques et de maintenir le gouvernement mondial unique, le nouvel ordre mondial, le rêve fabien et socialiste.

Plus tôt, nous avons souligné les grands dommages causés à notre cœur industriel par le transfert des pouvoirs en matière de commerce de la Chambre à la branche exécutive du gouvernement. Quelques exemples concrets nous aideront à renforcer nos conclusions. Mais avant d'entrer dans les détails, il convient de noter que trois présidents des États-Unis, Lincoln, Garfield et McKinley, tous d'ardents défenseurs des barrières tarifaires et commerciales, ont été assassinés pour leur prise de position contre les ennemis du "libre-échange" de cette nation. Ceci est bien connu, mais ce qui l'est moins, c'est que le sénateur Russell B. Long, l'un des hommes les plus brillants qui ait jamais siégé au Sénat, était farouchement opposé aux "libres-échangistes".

Le président Gerald R. Ford a tenté de panser les graves blessures subies par l'industrie lorsque des produits importés de toutes sortes ont commencé à inonder les marchés de la nation. Pour cela, il a été dépeint par les chacals de la presse comme un clochard, un trébuchant qui ne pouvait pas contrôler son propre budget, et encore moins diriger la nation. Les ennemis du "libre-échange" ont fait en sorte que le séjour de Ford à la Maison-Blanche soit bref, surtout après que Ford ait signé la loi sur le commerce de 1974, qui était l'aboutissement des efforts du sénateur Huey Long pour endiguer la marée montante des marchandises importées.

Long, président de la commission des finances du Sénat, a proposé des mesures visant à renforcer la protection tarifaire existante par le biais de la section 201. En ce qui concerne la "clause d'exemption" de Long (section 201), les entreprises lésées par les importations n'ont plus à prouver leurs dires. Mais elles devaient toujours démontrer que "le préjudice substantiel, ou la menace de préjudice, subi par leur entreprise était dû aux importations". Avant l'entrée en vigueur de la section 201 de la loi sur le commerce de 1974, la lourdeur, le temps et le coût de la preuve ont poussé de nombreuses usines à fermer leurs portes plutôt que de se soumettre à une procédure qui favorisait fortement les gouvernements étrangers.

Une honte et un scandale ? Oui, mais ce sont nos législateurs qui sont responsables de cet incroyable état de fait, et non un gouvernement ou un ensemble de gouvernements étrangers.

Le fait odieux est que depuis la présidence de Wilson, les gouvernements étrangers ont eu plus de poids devant la loi américaine que nos propres propriétaires d'usines et leur force de travail en matière de lois commerciales. En prévision de l'évolution vers le "commerce mondial", le gouvernement américain a même changé le nom de l'agence de surveillance des questions commerciales, qui est passée de la Commission des tarifs à la Commission du commerce international des États-Unis (ITC). Personne n'a protesté contre ce petit pas vers la vente de ce qui restait de nos industries dans la rivière du commerce mondial. Parce que le président Ford a signé la loi sur le commerce de 1974, il a été vilipendé comme étant "anti-libre-échange" et son mandat a été écourté.

En pratique, la clause 201 n'a pas apporté le soulagement promis. Le temps que le Sénat, rempli de socialistes se faisant passer pour des "démocrates libéraux", ait fini d'examiner le projet de loi, le terrain de jeu, déjà inégal, s'est transformé en une pente raide en défaveur des fabricants locaux. En dépit de la formulation contraire de la loi Long, il s'est avéré dans la pratique qu'une industrie ne pouvait déposer une plainte qu'APRÈS avoir subi un préjudice pendant un certain temps, et même dans ce cas, il n'y avait aucune garantie de succès, car l'ITC pouvait ne pas se prononcer contre les importations incriminées. Pire encore, même si l'ITC se prononçait en faveur de l'industrie locale, le président pouvait toujours opposer son veto à la mesure.

Pendant ce temps, des centaines d'entreprises américaines ont été contraintes de fermer en raison de la concurrence déloyale des produits étrangers.

Il est difficile de croire qu'un président de ce pays puisse faire passer les intérêts étrangers avant ceux de son propre peuple, mais c'est ce qui s'est passé, à chaque fois, et c'est encore le cas aujourd'hui avec les socialistes de Clinton au pouvoir. La Constitution des États-Unis, section 3 de l'article 11, dit : "Il (le président) veillera à ce que les lois soient fidèlement exécutées..." Aucun des présidents, de Wilson à Clinton, n'a pris soin d'exécuter les lois protégeant notre commerce, et pour cela, ils auraient dû être mis en accusation.

Après avoir été accusé d'être "anti-libre-échange", Ford a fait marche arrière dans sa proposition de défense de l'industrie de la chaussure, qui avait démontré que les chaussures importées posaient un problème évident. Au cours des administrations Johnson, Ford, Carter, Reagan et Bush, des centaines de recours en vertu de la loi sur le commerce de 1974 ont été rejetés, y compris les représentations faites par les fabricants d'automobiles, de chaussures, de vêtements, d'ordinateurs et de téléviseurs, ainsi que par l'acier. Clinton s'avère être un ennemi de son propre peuple encore pire que Wilson et Roosevelt. Le Congrès et les présidents ont tiré dans le dos de leurs troupes.

Un cas particulier qui mérite d'être relaté concerne l'industrie de la chaussure, et il existe littéralement des dizaines de cas similaires dans d'autres secteurs. À l'époque où Lincoln est arrivé à la Maison-Blanche, les chaussures et les bottes étaient fabriquées dans de petites entreprises familiales de type cottage disséminées dans tout le pays. La situation a changé avec l'avènement de la guerre de Sécession, mais des milliers de petits producteurs qui ne pouvaient pas répondre aux contrats de l'armée sont restés en activité et ont très bien réussi. Il n'y avait manifestement aucun besoin d'importer des chaussures.

Les "libres-échangistes" ont jeté leur dévolu sur l'industrie de la chaussure, qui, dans les petites villes, était souvent le seul employeur. Par le biais du Congrès, les barrières commerciales contre les chaussures importées ont commencé à être attaquées. Les fabricants locaux sont accusés de provoquer une "inflation" en augmentant les prix. C'était totalement faux. L'industrie de la chaussure fabriquait un bon produit à un prix très compétitif. Mais lorsque Lyndon Johnson arrive à la Maison-Blanche, les "libres-échangistes" se sont assurés 20% du marché local. Alors, les Footwear Industries of America, alarmées, ont déposé une plainte auprès de l'ITC pour demander une aide immédiate, mais, comme mentionné précédemment. Ford ne leur a donné aucun répit.

Lorsque Carter est entré en scène, il a également reçu une pétition des Footwear Industries of America. Ce qui est faux ici, bien sûr, c'est que le président n'aurait JAMAIS dû avoir son mot à dire sur les questions commerciales qui appartiennent de droit au Congrès.

Mais, ayant déjà violé la Constitution de cent façons, rien ne pouvait arrêter Carter. Au lieu de venir en aide à son propre peuple, Carter a conclu un accord avec Taïwan et la Corée qui était censé limiter leurs exportations de chaussures vers les États-Unis, mais qui, dans la pratique, n'a pas amélioré la situation. Le marché de la chaussure pour les importations a grimpé en flèche pour atteindre 50% du marché américain. Carter était sourd, aveugle et muet lorsqu'il s'agissait de protéger le gagne-pain de centaines de milliers d'Américains. Pourtant, c'est ce même Carter qui s'est adressé à la nation à la télévision le 15 juillet 1979 :

> "La menace est presque invisible de manière ordinaire. Il s'agit d'une crise de confiance. C'est une crise qui frappe le cœur, l'âme et l'esprit même de notre volonté nationale. Nous pouvons voir cette crise dans le doute croissant sur le sens de nos propres vies et dans la perte d'unité de but pour notre nation."

En effet, et en encourageant le "libre-échange", Carter était responsable de la crise.

Il n'y a jamais eu de message plus hypocrite à sortir du Bureau ovale. Lors de la guerre de Corée, le général Douglas MacArthur a été trahi par Dean Acheson et Harry Truman. Dans la guerre du libre-échange, la bataille de la chaussure a été perdue parce que nous avons été trahis par Jimmy Carter et Robert Strauss.

Puis vint le président "conservateur" Ronald Reagan, qui ne fit rien pour empêcher l'inondation du marché par d'énormes quantités de chaussures importées de Corée et de Taïwan, deux pays qui n'ont jamais importé une seule paire de chaussures fabriquées aux États-Unis ! Voilà pour le "libre-échange". En raison de la négligence étudiée de Reagan, les importations de chaussures ont atteint un nouveau record en 1982, totalisant 60% de notre marché. D'une importance nationale majeure, cette situation a également creusé le déficit commercial d'un montant énorme de 2,5 milliards de dollars et mis au chômage plus de 120 000 travailleurs du secteur de la chaussure. Les industries de soutien ont perdu 80 000 emplois, soit un grand total de 200 000 travailleurs jetés sur le tas de ferraille.

Comme d'habitude avec la propagande socialiste, ceux qui attiraient l'attention sur la situation désespérée de l'industrie de la chaussure étaient constamment vilipendés. "Ils veulent augmenter l'inflation

— pourquoi l'industrie locale de la chaussure ne devient-elle pas compétitive", ont repris en chœur le *Wall Street Journal*, le *New York Times* et le *Washington Post*. C'est bien sûr la fonction des chacals de la presse : protéger le décideur socialiste au gouvernement et salir comme "fascistes" ou pire, toute personne qui attire l'attention sur la trahison des politiciens.

La vérité est que l'industrie américaine de la chaussure était très compétitive et fabriquait des produits de bonne qualité. Ce que l'industrie ne pouvait pas concurrencer, c'était les produits de qualité inférieure et fortement subventionnés provenant de Taïwan et de la Corée, dont les gouvernements injectaient des milliards de dollars de subventions dans leur industrie de la chaussure. C'est ce qu'on appelle le "libre-échange". La seule chose qui est "libre" dans tout cela, c'est que les fabricants étrangers sont autorisés à écouler gratuitement leurs produits subventionnés sur le marché américain, mais nos fabricants sont exclus des marchés étrangers par des lois et des restrictions — dans ce cas, il n'y avait pas un seul espoir que les fabricants de chaussures américains puissent vendre à Taiwan et en Corée. À ce jour, aucune chaussure de fabrication américaine n'est vendue à Taïwan ou en Corée. C'est ce qu'on appelle le "libre-échange".

Malgré cinq appels interjetés au sein de l'ITC, qui ont conclu que l'industrie américaine de la chaussure subissait un préjudice irréparable en raison d'un déluge d'importations en provenance de Corée et de Taïwan, Reagan a refusé de faire quoi que ce soit pour endiguer la marée qui noyait désormais les travailleurs et les employeurs. L'industrie de la chaussure s'est retrouvée sans défense. Elle ne pouvait pas se tourner vers le Congrès, car celui-ci avait transféré sa souveraineté à l'exécutif, et Reagan, sous l'emprise de ses conseillers socialistes, tourna le dos à ses troupes et laissa les troupes ennemies du "libre-échange" les submerger.

La bataille de l'industrie de la chaussure n'est qu'une autre bataille perdue par notre peuple dans la guerre commerciale en cours, et il ne faudra pas longtemps avant que nous soyons submergés par le GATT et l'ALENA. Le cheval de Troie du "libre-échange" au Congrès aura fait le bonheur des forces ennemies. Nos troupes meurtries n'auront d'autre recours que de se retirer, laissant derrière elles des millions de vies brisées. Et toute cette dévastation est faite au nom du "commerce mondial".

Il convient d'attirer l'attention sur la similitude des méthodes utilisées pour faire adopter la loi sur l'expansion du commerce de 1962 et l'ALENA en 1993. Outre l'ingérence du président dans le département législatif, une énorme campagne de relations publiques a été mise sur pied avec l'aide de la crème de la crème de Madison Avenue. Un barrage de presse a été soutenu par Howard Peterson de la Maison-Blanche, du Sénat et du Département du Commerce. Le schéma s'est répété avec l'ALENA en 1993. L'ALENA est au même niveau que la trahison de la loi sur le contrôle monétaire de 1980, signée par Carter.

L'ALENA est un "accord" illégal qui ne peut passer un test constitutionnel. Les pages 2273-2297, Congressional Record, House, Feb 26,1900 donnent la position constitutionnelle concernant les "accords" tels que l'ALENA, le canal de Panama, le GATT, etc. :

> "Le Congrès des États-Unis tire son pouvoir de légiférer de la Constitution, qui est la mesure de son autorité. Toute loi du Congrès qui est opposée à ses dispositions, ou qui n'entre pas dans le cadre des pouvoirs accordés par celle-ci, est inconstitutionnelle, et par conséquent n'est pas une loi, et n'est obligatoire pour personne…".

Le juge Cooley, grand spécialiste des questions constitutionnelles, a déclaré :

> "La Constitution elle-même ne cède jamais à un traité ou à un texte législatif. Elle ne change pas avec le temps et ne se plie pas à la force des circonstances".

Le Congrès n'a aucune autorité constitutionnelle pour transférer ses pouvoirs d'élaboration de traités au Président, comme cela a été fait avec l'ALENA. C'est de la pure sédition. Les négociations commerciales appartiennent à la Chambre : Article 1, section 8, clause 3, "réglementer le commerce avec les nations étrangères, et entre les différents États, et avec les tribus indiennes." Il est clair que ni Bush ni Clinton n'avaient le droit constitutionnel de se mêler de l'ALENA. Il s'agit certainement d'une trahison et d'une sédition.

Aux pages 1148-1151, Congressional Record, House, 10 mars

1993, "Foreign Policy or Trade, the Choice is Ours",[15] dans lequel les méfaits du "libre-échange" sont mis à nu. Il a fallu 47 ans aux socialistes pour faire tomber les sages barrières commerciales érigées par Washington, Lincoln, Garfield et McKinley. La cause de la Révolution "française" était le "libre-échange". Les socialistes britanniques ont provoqué la dépression et la panique en France, ce qui a ouvert les portes aux séditieux et aux traîtres, Danton, Marat, le comte de Shelburne et Jeremy Bentham.

À la page 1151 du dossier du Congrès susmentionné, nous lisons :

"En 1991, les travailleurs américains gagnaient un salaire hebdomadaire moyen inférieur de 20% à celui de 1972. Pendant ce temps, les industries du textile et de l'habillement ont perdu plus de 600 000 emplois, tandis que l'acier et l'automobile ont sacrifié 580 000 autres postes. Mesuré en termes de baisse de revenus et d'emplois, le fardeau du leadership mondial a donc lourdement pesé sur les travailleurs américains peu qualifiés. Les emplois manufacturiers à forte intensité de main-d'œuvre se sont déplacés à l'étranger, dans des pays du tiers-monde à faible coût, laissant une caste de travailleurs américains peu qualifiés..."

L'objectif socialiste de réduire le niveau de vie de la classe moyenne américaine à celui d'un pays du tiers-monde est atteint à environ 87% et, si tout se passe comme prévu, l'administration Clinton mettra bientôt la touche finale à la guerre commerciale, au prix d'un coup de poignard dans le dos du peuple américain. Comme je l'ai souvent dit, le président Clinton a été choisi pour exécuter un mandat socialiste fabien, et le "libre-échange" n'est qu'une des politiques de trahison qu'on lui a ordonné de mettre en œuvre.

"Nous avons tous senti à quel point nous avons besoin des Nations unies si nous voulons vraiment nous diriger vers un Nouveau Monde et des types de relations dans le monde dans l'intérêt de tous les pays. L'Union soviétique et les États-Unis ont plus d'une raison de s'associer à sa construction, à l'élaboration de nouvelles structures de sécurité en Europe et

---

[15] "Politique étrangère ou commerce, le choix est nôtre", NDT.

dans la région Asie-Pacifique. Et aussi dans la mise en place d'une économie véritablement mondiale, voire dans la création d'une nouvelle civilisation." - Mikhaïl Gorbatchev, discours à l'université de Stanford, 1990.

Remplacez l'Union soviétique par les "socialistes" et il est facile de voir que rien n'a changé.

Le plan à long terme du Socialisme pour briser la Constitution des États-Unis par l'adhésion d'entités étrangères est assez bien enregistré, nulle part plus que dans les écrits des socialistes fabiens et des socialistes internationaux. Nous savons que les socialistes s'attendent à instaurer une dictature mondiale par le biais des actions du communisme et du socialisme, l'un par des méthodes ouvertes et directes, et l'autre par des moyens plus subtils et cachés. Ils espèrent triompher grâce à la dictature financière du Fonds monétaire international (FMI), qui peut contrôler les gouvernements en forçant les pays libres, par le sabotage de leurs structures monétaires, à adhérer à des organismes internationaux tels que l'éphémère Société des Nations, son successeur, les Nations unies, et une foule d'organisations internationales périphériques.

Tous ont un objectif commun : détruire la souveraineté de la nation visée — victime par la suspension du crédit, le manque d'emploi, la stagnation de l'industrie et de l'agriculture et par la superposition des lois d'un organisme international aux lois des nations individuelles. Dans ce livre, nous ne pourrons traiter que des Nations Unies comme un exemple de surproduction socialiste du sang de la vie des États-nations indépendants.

Il n'entre pas dans le cadre de cet ouvrage d'examiner comment la charte des Nations unies a été mise en place, si ce n'est qu'il s'agit d'une entreprise socialiste de la première à la dernière heure. Certains la considèrent comme une entreprise communiste. S'il est vrai que les rédacteurs du projet des Nations unies étaient deux citoyens soviétiques, Leo Rosvolsky, Molotov et un citoyen socialiste américain, Alger Hiss, la charte est socialiste, une grande victoire pour la Fabian Society et ses cousins américains. La charte des Nations unies s'inscrit dans la droite ligne du Manifeste communiste de 1848.

Si le traité/accord/charte des Nations unies avait été présenté comme un document communiste, il n'aurait pas été accepté par le Sénat américain. Mais les socialistes connaissent leur jeu, et c'est ainsi qu'il a été présenté comme une organisation destinée à "maintenir la paix". J'ai dit ailleurs que lorsque nous voyons le mot "paix" dans un document de gouvernement mondial, nous devons reconnaître qu'il est d'origine socialiste ou communiste. C'est précisément la nature de la charte des Nations unies. C'est une organisation communiste/socialiste. De plus, les Nations unies font la guerre, elles ne maintiennent pas la paix.

Bien que la charte ait été signée par une majorité de sénateurs américains et qu'elle ait été promulguée, les États-Unis ne sont pas membres de cet organisme du Nouvel Ordre Mondial — One World Government — et ne l'ont pas été pendant une seule minute. Il y a un certain nombre de raisons primordiales pour lesquelles il en est ainsi : le "droit des gens" de Vattel, la "Bible" qui a fourni la somme et la substance sur lesquelles le droit international de nos pères fondateurs était basé, s'applique dans ce cas et est toujours valable. Cela remonte au droit romain et grec et, en soi, c'est l'étude de toute une vie. Combien de nos soi-disant sénateurs et représentants savent quelque chose sur ces questions ? Le livre inestimable de Vattel ne fait pas partie du programme des écoles de droit et ne figure pas dans les manuels scolaires des lycées et des universités. Le Département d'État est singulièrement ignorant de ce livre inestimable, et c'est pourquoi il fait un gâchis après l'autre en essayant d'organiser les affaires de cette nation sans avoir la moindre connaissance de la Loi des Nations de Vattel. La Constitution des États-Unis est suprême par rapport à tous les traités, chartes et accords de quelque nature que ce soit et ne peut être supplantée par une action du Congrès ou de l'exécutif.

Pour que les États-Unis soient membres des Nations unies, il aurait fallu qu'un amendement à la Constitution des États-Unis soit adopté par les 50 États. Comme cela ne s'est pas produit, nous ne sommes pas membres de l'ONU et ne l'avons jamais été. Un tel amendement aurait retiré à la Chambre et au Sénat le pouvoir de déclarer la guerre pour le confier à un organisme international. Parce que l'ancien président Bush a tenté de faire cela au moment de la guerre du Golfe, il aurait dû être mis en accusation pour trahison envers les États-Unis et pour ne pas avoir respecté son serment.

Le deuxième point digne d'être noté est que pas plus de cinq sénateurs ont lu les documents de la charte des Nations unies, sans parler d'un débat approprié et constitutionnel sur la question. Un tel débat constitutionnel aurait pris au moins deux ans, alors que cette monstruosité a été adoptée en 1945 en trois jours ! Lorsqu'un tel accord ou projet de loi ou autre est soumis au Sénat et que les sénateurs n'en débattent pas correctement, cela représente un exercice de pouvoir arbitraire. Pages 287-297, Sénat, Congressional Record, 10 décembre 1898 :

> "Les États-Unis sont souverains, la souveraineté et la nationalité sont des termes corrélatifs. Il ne peut y avoir de nationalité sans souveraineté et il ne peut y avoir de souveraineté sans nationalité. En ce qui concerne toutes les matières, les États-Unis, en tant que nation, possèdent le pouvoir souverain, sauf dans les cas où la souveraineté a été réservée aux États et/ou au peuple."

Aussi, de Pomeroy (sur la Constitution) page 27 :

> "Il ne peut y avoir de nation sans souveraineté politique et pas de souveraineté politique sans nation. Je ne pourrai donc pas séparer ces idées et les présenter comme distinctes l'une de l'autre…"

Suite à la page 29 :

> "Cette nation possède la souveraineté politique. Elle peut avoir n'importe quelle organisation, depuis la démocratie la plus pure jusqu'à la monarchie la plus absolue, mais considérée dans ses rapports avec le reste de l'humanité et avec ses propres membres individuels, elle doit exister, au point de promulguer des lois pour elle-même comme une société souveraine intégrale et indépendante parmi les autres nations similaires de la terre."

Le Dr Mulford, l'un des meilleurs historiens et constitutionnalistes, a déclaré dans son livre sur la souveraineté d'une nation, à la page 112 :

> "L'existence de la souveraineté d'une nation ou souveraineté politique est indiquée par certains signes ou notes qui sont universels. Ce sont l'indépendance, l'autorité, la suprématie, l'unité et la majesté. La souveraineté d'une nation ou souveraineté politique implique l'indépendance. Elle n'est

soumise à aucun contrôle extérieur, mais son action est en correspondance avec sa propre détermination. Elle implique l'autorité. Elle dispose de la force inhérente à sa propre détermination pour l'affirmer et la maintenir. Elle implique la suprématie. Cela ne présume pas de la présence d'autres pouvoirs inférieurs..."

Comme l'a dit à plusieurs reprises le regretté sénateur Sam Ervin, l'un des grands spécialistes de la Constitution de ce siècle,

"il est impossible que nous ayons pu adhérer en pleine conscience aux Nations unies".

Si l'on examine les conditions de souveraineté exposées ci-dessus, il apparaît clairement que les Nations unies ne sont pas une nation et qu'elles sont totalement dépourvues de souveraineté. Elle ne fait pas de lois individuelles pour la nation, car elle n'est pas une nation. Elle n'a pas de territoire propre, elle n'a pas d'unité et de majesté. Elle est soumise à un contrôle extérieur.

De plus, le traité des Nations Unies ne peut être maintenu, car les Nations Unies ne sont pas souveraines. Selon le "Droit des gens" de Vattel, la "Bible" que nos Pères fondateurs ont utilisée pour rédiger la Constitution, il est interdit aux États-Unis de conclure un traité avec TOUTES LES PERSONNES, TOUTES LES ENTITÉS qui ne sont pas souveraines. Personne ne contestera que les Nations Unies ne sont pas souveraines, de sorte que le "traité" des Nations Unies adopté par le Sénat en 1945 est nul et non avenu, ultra vires. En tant qu'instrument juridique, ce n'est ni un traité ni une charte et, en tant que tel, il n'a absolument aucune valeur, pas plus qu'un bout de papier vierge.

Les Nations Unies sont un organisme étranger maintenu par une collection d'ersatz de lois, qui ne peuvent avoir la priorité sur les lois des États-Unis. Soutenir une position selon laquelle les lois des Nations Unies priment sur les lois des États-Unis est un acte de sédition et de trahison. Une étude du Droit des Nations de Vattel et du Droit International de Wheaton en conjonction avec la Constitution ne laissera aucun doute sur l'exactitude de ceci. Tout membre du Congrès, sénateur ou agent du gouvernement qui soutient les Nations unies est coupable de sédition.

Aux pages 2063-2065, Congressional Record, House, Feb. 22nd,

1900, nous trouvons cette autorité : "Un traité n'est pas supérieur à la Constitution." Dans les échanges diplomatiques entre l'ambassadeur des États-Unis en France et le secrétaire d'État de l'époque, Marcy, il est à nouveau clairement précisé :

> "La Constitution doit prévaloir sur un traité lorsque les dispositions de l'un sont en conflit avec l'autre…"

Lorsque John Foster Dulles, un agent profondément socialiste de la couronne britannique, a été contraint de comparaître devant une commission d'enquête du Sénat américain sur les Nations unies, il a tenté, comme le socialiste glissant qu'il était, de bluffer en laissant entendre que le "droit international", comme le droit national, pouvait être appliqué aux États-Unis. L'application du "droit international" est le fondement même des Nations unies, mais elle ne peut être appliquée aux États-Unis.

Notre affirmation selon laquelle les États-Unis ne sont pas membres des Nations unies est renforcée par la lecture du Congressional Record, Sénat, 14 février 1879 et des pages 1151-1159, Congressional Record, Sénat, 26 janvier 1897. Nous ne trouverons ce matériel essentiel dans AUCUN livre de droit. Les professeurs de droit de l'extrême gauche marxiste à Harvard ne veulent pas que leurs étudiants soient informés de ces questions vitales.

Le fait que le Sénat des États-Unis ait "ratifié" le "traité" de l'ONU, l'accord de la charte ne fait aucune différence. Le Congrès ne peut pas adopter des lois qui sont inconstitutionnelles, et lier la loi des États-Unis à l'asservissement du traité des Nations Unies est manifestement inconstitutionnel. Tout acte du Congrès (Chambre et Sénat) qui subordonne la Constitution à tout autre organe ou entité n'a aucune force de loi et n'a aucun effet. Il est clair qu'en se basant uniquement sur l'article 25 du traité des Nations Unies, les États-Unis n'auraient pas pu conclure un tel accord.

Les Annales du Congrès, les Globes du Congrès et les Archives du Congrès regorgent d'informations sur la souveraineté et un examen détaillé de ce matériel, dont une grande partie provient du "Droit des Nations" de Vattel, montre très clairement que les États-Unis n'ont jamais été membres des Nations Unies et ne pourront jamais l'être, à moins que le vote du Sénat en 1945 ne soit soumis à un amendement constitutionnel et ensuite ratifié par les 50 États. Pour une confirmation supplémentaire du fait que les États-Unis ne sont pas membres des Nations Unies, nous renvoyons les lecteurs aux pages 12267-12287 du Congressional Record, House December 18, 1945.

Ce qui passait pour un débat constitutionnel sur le Traité des Nations Unies en 1945 peut être trouvé dans le Congressional Record, Sénat, pages 8151-8174, 28 juillet 1945 et dans les pages 10964-10974 Congressional Record, Sénat, 24 novembre 1945. L'étude de ces comptes rendus des "débats" des Nations Unies convaincra même le sceptique le plus endurci de l'incroyable ignorance de la Constitution dont ont fait preuve les sénateurs américains qui ont "ratifié" le Traité des Nations Unies.

Le juge Cooley, l'un des plus grands constitutionnalistes de tous les temps, a dit :

"Le Congrès des États-Unis tire son pouvoir de légiférer de la Constitution, qui est la mesure de son autorité. Et toute loi du Congrès qui est opposée à ses dispositions, ou qui n'entre pas dans le cadre des pouvoirs qu'elle confère, est inconstitutionnelle, n'a donc pas force de loi, et n'est obligatoire pour personne."

Le vote de 1945 du Sénat en faveur de l'adhésion aux Nations Unies est "donc sans force de loi et sans obligation pour personne".

Le vote de 1945 sur l'accord des Nations unies était un exercice de pouvoir arbitraire et est donc, nul et non avenu, étant donné qu'il n'a pas été débattu constitutionnellement avant d'être adopté par le Sénat, en trois jours :

"Aucun traité/accord ne peut affaiblir ou intimider la Constitution des États-Unis, lesquels accords/traités ne sont pas plus que des lois, et comme toute autre loi, peuvent être abrogés."

Ainsi, loin d'être un document immuable, la charte/accord des Nations Unies (nos législateurs n'ont pas eu le courage de l'appeler un traité) est nulle et non avenue, sans conséquence et n'est obligatoire pour personne. Il est particulièrement interdit aux militaires d'obéir aux lois d'une entité, d'un organisme ou d'une organisation étrangère, et nos chefs militaires ont le devoir de respecter leur serment de protéger les citoyens des États-Unis. Ils ne peuvent pas faire cela, et obéir aux lois des Nations Unies.

De tous les organismes internationaux du gouvernement mondial unique à l'étranger aujourd'hui, aucun n'est plus insidieusement maléfique que le FMI. Nous avons tendance à oublier que le FMI est l'enfant bâtard des Nations Unies, les deux étant des extensions du Comité des 300, et le FMI, comme le Council on Foreign Relations (CFR), devient de plus en plus audacieux quant à ses véritables objectifs et intentions. Les mêmes forces sinistres qui ont imposé le bolchevisme à la Russie chrétienne sont derrière le FMI et ses plans pour prendre le contrôle de la soi-disant "économie mondiale".

Chapitre 9

UNE NATION DÉFAITE

L a grande majorité du peuple américain ne sait pas que la nation est en guerre depuis 1946 ni que nous sommes en train de la perdre. À la fin de la Seconde Guerre mondiale, le Tavistock Institute for Human Relations de l'université de Sussex et du Tavistock Center de Londres a porté son attention sur les États-Unis. Sa présidente est la reine Elizabeth II et son cousin, le duc de Kent, fait également partie du conseil d'administration. Les anciennes méthodes déployées contre l'Allemagne pendant la Seconde Guerre mondiale sont maintenant tournées contre les États-Unis. Tavistock est le centre reconnu de "lavage de cerveau" dans le monde et, en substance, a mené et mène toujours une opération massive de lavage de cerveau contre le peuple des États-Unis depuis 1946.[16]

L'objectif principal de cette entreprise est de soutenir les programmes socialistes à tous les niveaux de notre société, ouvrant ainsi la voie à la nouvelle ère sombre du gouvernement mondial unique et du nouvel ordre mondial. Tavistock est actif dans les domaines de la banque, du commerce, de l'éducation, de la religion et, en particulier, cherche à briser la Constitution des États-Unis. Dans ces chapitres, nous examinerons certains des programmes destinés à faire de l'Amérique un État esclave. Voici quelques-unes des principales organisations et institutions socialistes qui luttent

---

[16] Cf, *L'Institut Tavistock des relations humaines : Façonner le déclin moral, spirituel, culturel, politique et économique des États-Unis d'Amérique*, John Coleman, Omnia Veritas Ltd, www.omnia-veritas.com.

contre le peuple américain :

LES POLITIQUES BANCAIRES ET ÉCONOMIQUES :

LE CONSEIL DE LA RÉSERVE FÉDÉRALE

"Monsieur le président, nous avons dans ce pays l'une des institutions les plus corrompues que le monde ait jamais connues. Je veux parler du Conseil de la Réserve fédérale et des banques de la Réserve fédérale. Le Conseil de la Réserve fédérale, un conseil d'État, a escroqué le gouvernement des États-Unis et le peuple des États-Unis de suffisamment d'argent pour payer la dette nationale... Cette institution maléfique a appauvri et ruiné le peuple des États-Unis... Ces 12 monopoles de crédit privés ont été imposés à ce pays de façon trompeuse et déloyale par des banquiers venus d'Europe et qui nous ont remerciés de notre hospitalité en sapant nos institutions américaines..." Discours prononcé à la Chambre par le député Louis T. McFadden, président de la commission bancaire de la Chambre, vendredi 10 juin 1932.

Comme on l'a souvent dit, le plus grand triomphe des socialistes est venu avec le monopole bancaire de la Réserve fédérale. Les socialistes-banquiers sont venus d'Europe et d'Angleterre pour ruiner par la ruse le peuple de ce pays en pénétrant et en imprégnant toutes les facettes de notre système monétaire. Ces agents de changement socialistes n'auraient rien pu accomplir sans la pleine coopération de traîtres à l'intérieur de nos frontières, et ils les ont trouvés par centaines, des hommes et des femmes qui étaient prêts à trahir le peuple américain. Un traître notable était le président. Woodrow Wilson, qui a percé des trous dans les barrières commerciales érigées par le Président Washington et maintenues intactes par Lincoln, McKinley et Garfield. En 1913, Wilson a introduit le système marxiste d'impôt sur le revenu progressif pour remplacer les recettes perdues des droits de douane et a ouvert les portes pour permettre aux banquiers philistins d'Europe d'entrer dans notre citadelle par l'adoption du Federal Reserve Act de 1913.

Peu de gens réalisent que le système bancaire américain a été SOCIALISÉ avec l'adoption du Federal Reserve Act de 1913. Les banques commerciales (nous n'avons pas de banques marchandes au sens britannique du terme) ont été mises à contribution depuis que les banquiers-voleurs socialistes ont pu en prendre le contrôle cette année-là. Ce que nous avons dans ce pays est un système bancaire d'assistance, presque identique au système bancaire que les bolcheviks ont institué en Russie. Les banques de la Réserve fédérale créent des titres de créance, ce que l'on appelle "l'argent". Cet argent ne revient pas à la Réserve fédérale par le biais d'échanges commerciaux, mais plutôt par le biais du vol du peuple. L'argent fictif est volé directement au peuple. L'argent que les banques de la Réserve fédérale contrôlent n'est pas de l'argent honnête, mais de l'argent imaginaire, toujours inflationniste.

Qui pouvons-nous tenir pour responsable ? Qui pouvons-nous accuser du vol de notre argent ? Personne ne sait qui sont les actionnaires du plus grand système bancaire du monde. Est-ce vraiment croyable ? Malheureusement, ce n'est que trop vrai, et pourtant nous laissons cette situation diabolique perdurer année après année, en grande partie par ignorance du fonctionnement du système. On nous dit, à nous, le peuple, de laisser l'argent tranquille, car c'est trop compliqué à comprendre pour nous. "Laissez faire les experts", disent les voleurs.

Que fait la Réserve Fédérale socialiste avec notre argent volé ? Elle nous fait notamment payer l'usure, ce que le système appelle la dette nationale et qu'elle transforme en obligations sur 30 ans. Ces banquiers socialistes ne font RIEN pour créer de la richesse, ce sont des parasites qui vivent en mangeant la substance du peuple américain. Ces parasites ont le "droit" de créer de l'argent à partir de rien et de le prêter ensuite aux banques commerciales avec usure et ils le font sur le crédit du peuple.

C'est de la servitude involontaire, car le crédit personnel du citoyen appartient au citoyen, et non à la Réserve fédérale. En accordant prétendument à la Réserve Fédérale le droit de s'approprier le crédit individuel du citoyen, le Gouvernement des États-Unis permet à cette organisation parasitaire de violer les droits du 5ème Amendement du peuple, les droits de "vie, liberté et propriété" garantis par la Constitution.

De plus, le Conseil de la Réserve Fédérale a détruit la Constitution. Rappelez-vous, une attaque contre une partie de la Constitution est une attaque contre l'ensemble de la Constitution. Si une partie de la

Constitution est détruite, toutes les parties de la Constitution sont profanées. Pouvoirs délégués au Congrès, par Nous, le peuple : Section 8, Article 5. "Frapper la monnaie, réglementer sa valeur et celle des pièces étrangères et fixer l'étalon des poids et mesures." Cet article se trouve dans les 17 pouvoirs énumérés délégués au Congrès par le peuple. Nulle part nous n'avons donné au Congrès le droit de transférer ce pouvoir à une institution bancaire privée.

Pourtant, c'est exactement ce que le Congrès a fait en 1913. Le projet de loi a été présenté pour discussion quelques jours seulement avant les vacances de Noël. Il se composait de 58 pages en triple colonne et de 30 pages de matériel fin, imprimé de près. Personne n'aurait pu le lire et encore moins le comprendre pendant les quelques jours où il a été soumis à la discussion. C'est ainsi que la loi sur la réserve fédérale a été adoptée par le Congrès et est devenue un acte de pouvoir arbitraire — c'est ainsi que l'on appelle un projet de loi qui n'a pas fait l'objet d'un débat approprié et qui devient une loi sans avoir été entièrement débattu.

Des centaines d'excellents livres ont été écrits pour démontrer l'inconstitutionnalité de la Loi sur la Réserve Fédérale de 1913, de sorte qu'il n'est pas utile d'y revenir dans ce livre. Il suffit de dire que malgré cette loi, la plus grande escroquerie de l'histoire, les banques de la Réserve fédérale restent fermement en place comme si son histoire était encore un secret. Pourquoi en est-il ainsi ? Probablement par la peur. Ceux qui ont cherché à contester cette monstrueuse création socialiste de manière significative ont été brutalement assassinés. Les membres de la Chambre et du Sénat savent que la Réserve Fédérale est LE casse du 20ème siècle, mais ils ne font rien pour faire bouger les choses par peur d'être expulsés du Congrès, ou pire encore.

Les banques de la Réserve fédérale ont été conçues sur le modèle de la Banque d'Angleterre, une institution socialiste des Rothschild qui a pu s'attacher aux États-Unis après la guerre civile, période pendant laquelle elle a financé les deux parties belligérantes. Le système monétaire développé pour la jeune nation américaine par Jefferson et Hamilton était un système de bimétallisme, 16 onces d'argent pour 1 once d'or. C'était notre système monétaire CONSTITUTIONNEL, décrit dans l'Article I, Section 8, Clause 5 et il a donné à ce pays une prospérité inouïe jusqu'à ce que les prostituées des banques centrales européennes soient capables de le subvertir. Elles l'ont fait en démonétisant l'argent en 1872, ce qui a conduit à la panique de 1872, le tout planifié par les socialistes.

Les socialistes ont réussi à dévaloriser notre système monétaire jusqu'à ce que sa valeur soit nulle, puis ils ont imprimé de l'argent socialiste (keynésien) avec lequel ils ont racheté toutes les entreprises et les biens immobiliers de premier ordre. Dans les cours d'économie des universités, les professeurs de l'extrême gauche de Marx enseignent que le Congrès gère notre système monétaire, mais ce n'est pas le cas, le Congrès a abdiqué cette responsabilité et l'a remise entre les mains des banquiers internationaux de type Shylock pour créer un système bancaire commercial de bien-être en Amérique. Les Rothschild et leurs collègues socialistes de la banque internationale des Shylocks ont endetté le peuple américain pour toujours — à moins que nous ne trouvions le bon leader qui brisera ce carcan.

Les banquiers internationaux Shylock, bien avant l'avènement du Federal Reserve Board, considéraient la richesse de cette nation avec une grande convoitise et étaient déterminés à faire pression jusqu'à ce qu'ils la contrôlent. Les banquiers internationaux Shylock ont empêché la Banque Nationale, pendant le mandat du président Andrew Jackson, de payer la dette de la guerre civile, afin de garder le peuple américain pieds et poings liés, ce que nous sommes toujours. Il est bien établi que les services secrets britanniques ont fomenté et poursuivi la guerre civile américaine, qui aurait dû s'appeler la guerre internationale des banquiers véreux. Les services secrets britanniques avaient leurs agents en place dans les États du Sud, pénétrant et imprégnant chaque aspect de la vie.

Lorsque le président Jackson a fermé la banque centrale, les services secrets britanniques étaient prêts. La loi sur les banques de 1862 était un "coup" des Rothschild qui faisait partie du plan à long terme pour maintenir le peuple américain dans une pénurie éternelle. Bien que le Congrès et une Cour suprême patriotique aient repoussé les escrocs de Rothschild, le sursis a été de courte durée.

Grâce au cheval de Troie Wilson, ils ont pris le dessus en 1913 et ont plongé cette nation dans l'esclavage financier, qui est l'état dans lequel nous nous trouvons aujourd'hui. Comme nous l'avons dit dans nos chapitres sur l'éducation, les socialistes ont utilisé l'éducation pour mentir au public américain sur les banques de la Réserve fédérale, ce qui est une des raisons pour lesquelles elle est toujours tolérée. Ses excès flagrants et ses crimes contre le peuple américain ne sont pas connus, bien qu'ils soient exposés en détail dans les centaines d'excellents livres sur le sujet.

Mais ces livres ne sont pas à la portée de ceux qui n'ont pas un certain niveau d'éducation, régi par le contrôle socialiste de l'industrie des manuels scolaires, c'est pourquoi des millions d'Américains de tous âges trouvent du réconfort dans la télévision. Maintenant, si Larry King tenait des discours francs et ouverts sur les méfaits de la Réserve Fédérale socialiste, et si les animateurs de talk-show les plus populaires de la radio et de la télévision faisaient de même, nous pourrions juste enthousiasmer suffisamment notre peuple pour qu'il fasse quelque chose pour fermer le système de la Réserve Fédérale.

Le public américain apprendrait que le premier devoir du Congrès est de fournir et de maintenir un système monétaire sain pour les États-Unis. Le public apprendrait que nous n'avons pas un seul dollar honnête en circulation. Il apprendrait que la Compagnie britannique des Indes orientales et la Banque d'Angleterre ont conspiré avec Adam Smith pour retirer tout l'or et l'argent des colonies, afin de vaincre les colons dans une guerre économique qui a précédé la guerre armée.

Le public américain apprendrait que pour que le Conseil de la Réserve fédérale et les banques de la Réserve fédérale soient constitutionnels, un amendement constitutionnel devrait être rédigé et ratifié par les 50 États.

Ils commenceront à poser des questions, "pourquoi cela n'a pas été fait ? Pourquoi permettons-nous encore aux personnes privées qui possèdent la Réserve fédérale de nous escroquer d'énormes sommes d'argent ?" Ils pourraient même exercer une pression suffisante sur le Congrès pour le forcer à abolir la Réserve fédérale. Le peuple américain pourrait apprendre au Larry King Show, ou au Phil Donahue Show que les banques de la Réserve fédérale ne paient pas d'impôt sur le revenu, qu'elles n'ont jamais été contrôlées et qu'elles ne paient que 1,95 dollar pour chaque millier de dollars qu'elles reçoivent du Trésor de Nous, le peuple. "Quelle aubaine", pourrions-nous hurler de rage.

Une population éveillée et enragée pourrait même pousser le Congrès à agir et à forcer la fermeture de cette bête de Mammon. Le peuple américain apprendrait que la plus grande période de prospérité a été celle qui s'est écoulée entre la fermeture de la banque centrale de Shylock[17] par Andrew Jackson et le début de la guerre civile. Il apprendrait que les banques de la Réserve fédérale ont socialisé la banque commerciale dans ce pays et que nos banques travaillent sur la base du système décrit dans le "Marchand de Venise" de Shakespeare.

Le président Roosevelt a dit au peuple américain qu'il était l'ami des pauvres et de la classe moyenne d'Amérique, mais il a été un agent des banques internationales Shylock et du socialisme fabien, dès le premier jour. Il a arrangé des prêts énormes pour soutenir le gouvernement socialiste d'Angleterre, mis en faillite par les politiques socialistes ratées de ce pays, tandis que son propre peuple faisait la queue pour manger. En 1929, les mêmes intérêts étrangers ont manipulé le krach boursier qui a fait chuter le prix des actions de plusieurs milliards de dollars, que les prédateurs ont ensuite pu racheter à 10 cents le dollar. Les banques de la Réserve fédérale ont orchestré le krach par l'intermédiaire de la banque de la Réserve fédérale de New York. Aux pages 10949-1050 du Congressional Record, House, 16 juin 1930, nous trouvons ce qui suit :

> "Plus récemment, le Conseil de la Réserve Fédérale a fait de l'industrie américaine la victime d'une seule série de manipulations dans l'intérêt du crédit européen, qui ont provoqué l'effondrement de la bourse et la dépression industrielle actuelle. Ces manipulations ont commencé en février 1929 avec la visite dans ce pays du gouverneur de la banque d'Angleterre et ses consultations avec le chef du Conseil de la Réserve fédérale, le sujet de ces conférences étant l'inquiétude quant à la situation financière de la Grande-Bretagne (ébranlée par les programmes socialistes qui avaient mis le pays en faillite) et la chute de la livre sterling.

---

[17] Référence répétée à l'usurier de l'œuvre de Shakespeare, *Le marchand de Venise*, le terme de 'marchand' désignant en réalité le juif de la fameuse pièce. NDÉ.

Les Britanniques et les Français avaient investi 3 milliards de dollars dans le marché boursier américain, et le but était d'arrêter la fuite de l'or vers les États-Unis en cassant les valeurs mobilières américaines. Leur premier effort en mars 1929, provoqué par des proclamations publiques de la Réserve fédérale (depuis sa branche de New York) calculées pour effrayer les investisseurs, a provoqué une petite panique en mars. Le deuxième effort, à partir d'août 1929, a été fait par les ventes et les ventes à découvert des investisseurs britanniques et français par les banquiers américains et la panique d'octobre 1929..."

Les banques de la Réserve fédérale sont responsables du krach de 1929 et de la dépression qui a suivi.

Aujourd'hui, en 1994, le Conseil de la Réserve fédérale, sous la présidence du socialiste Alan Greenspan, étouffe la faible vie de l'économie américaine, parce que les maîtres de Greenspan à Londres lui ont dit de maintenir l'inflation à 1,5%, même si cela signifie la perte de 50 millions d'emplois. Aujourd'hui, notre adhésion à la Banque mondiale, à la Banque des Règlements Internationaux et notre volonté de compromettre notre souveraineté en nous soumettant aux diktats du Fonds monétaire international (FMI) sont de mauvais augure pour l'avenir et indiquent que le Comité des 300 se prépare à une nouvelle guerre mondiale.

On ne trouve nulle part dans la Constitution un pouvoir qui autorise le gouvernement des États-Unis à financer les banques dites internationales comme la Banque mondiale et le FMI. Pour trouver ce pouvoir, il faut chercher dans l'Article 1, Section 8, Clauses 1-18, mais il serait vain de le chercher, car il n'y est pas. Nous n'avons pas de pouvoir constitutionnel autorisant le financement des banques étrangères, donc une telle action est illégale.

Sous l'impulsion des socialistes anglais, le président George Bush a fait pression pour faire adopter les projets de loi sur le commerce de l'ALENA et du GATT, qui privent les États-Unis de leur souveraineté et détruisent les emplois industriels et agricoles, mettant ainsi des millions d'Américains au chômage. Le "commerce mondial" est un vieil objectif du socialisme fabien, qu'il s'efforce d'atteindre depuis 1910, dans son effort pour briser la position commerciale favorable des États-Unis et réduire le niveau de vie des cols bleus et blancs de la classe moyenne américaine à celui des pays du tiers monde.

Cependant, Bush a manqué de temps et le bâton de la course de relais a donc été passé au président Clinton, qui a réussi à faire adopter le "traité" de l'ALENA avec l'aide de 132 "membres progressistes (socialistes) du parti républicain". En 1993, le rêve de "commerce mondial" des socialistes fabiens a fait un pas de géant avec l'adoption de l'ALENA et la signature de l'accord général sur les tarifs douaniers et le commerce (GATT), qui a mis fin à la position unique de l'Amérique, capable d'offrir un bon niveau de vie et des emplois à sa classe moyenne unique.

Il faudrait un amendement à la Constitution des États-Unis pour rendre légaux les traités de l'ALENA et du GATT. Tout d'abord, il n'existe aucune disposition ou pouvoir dans la Constitution qui permette aux présidents Bush et Clinton d'agir de manière 100% inconstitutionnelle en s'impliquant dans les détails de ces traités, qui relèvent uniquement du pouvoir législatif. Il existe une interdiction constitutionnelle contre les trois branches du gouvernement de déléguer leurs pouvoirs les unes aux autres, Pages 108-116, Congressional Globe, Déc.. 10, 1867 :

> "Nous sommes d'accord sur la proposition qu'aucun département du gouvernement des États-Unis, ni le Président, ni le Congrès, ni les tribunaux, ne possède de pouvoir non donné par la Constitution."

Aucune disposition de la Constitution ne prévoit l'abandon de la souveraineté des États-Unis, mais c'est ce qu'ont fait nos ennemis du cheval de Troie lorsqu'ils ont négocié directement avec ces pourvoyeurs de l'ALENA et du GATT du gouvernement mondial unique et du nouvel ordre mondial, dans le cadre de leur programme socialiste international.

L'AIDE ÉTRANGÈRE

La "vache sacrée" des socialistes fabiens était d'obtenir l'argent des autres (OPM) pour financer leurs excès socialistes. Nous connaissons le prêt de 7 milliards de dollars conçu par John Maynard Keynes pour renflouer la socialisation ratée du peuple britannique via le parti travailliste. Nous connaissons également le plan socialiste visant à financer d'autres pays étrangers par le biais du projet de loi sur les crédits d'aide à l'étranger, un événement qui coûte au peuple américain près de 20 milliards de dollars par an, où nous jouons au Père Noël pour certaines des nations les moins méritantes du monde, dont nous continuons à soutenir les politiques socialistes ratées. La Chambre et le Sénat ne font lamentablement même pas semblant de vérifier la constitutionnalité des projets de loi avant de les laisser passer en séance. S'ils faisaient leur travail correctement, les projets de loi sur l'aide étrangère n'atteindraient jamais le sol de la Chambre et du Sénat. Il s'agit d'un crime contre le peuple américain, que l'on pourrait qualifier de sédition.

L'aide étrangère sert deux objectifs ; elle déstabilise l'Amérique et aide le Comité des 300 à prendre le contrôle des ressources naturelles des pays financés par la coercition des contribuables américains. Bien sûr, il y a des pays qui n'ont pas de ressources naturelles, comme Israël et l'Égypte, mais dans ces cas, l'aide étrangère devient une considération géopolitique, mais reste toujours, la servitude involontaire ou l'esclavage. L'aide étrangère a commencé sérieusement avec le président Roosevelt lorsqu'il a donné environ 11 milliards de dollars à la Russie bolchevique et 7 milliards de dollars au gouvernement britannique du parti travailliste.

La Constitution des États-Unis prévoit-elle une quelconque attribution de pouvoir pour cet étonnant cadeau annuel ?

La réponse est "NON" et il faudrait un amendement à la Constitution pour rendre l'aide étrangère légale, mais il est douteux qu'un tel amendement puisse être correctement rédigé, car l'aide étrangère viole la clause interdisant l'esclavage (servitude involontaire). Pour dire les choses crûment, l'aide étrangère est une trahison et une sédition. Les membres de la Chambre et du Sénat le savent, le président le sait, mais cela n'empêche pas le vol annuel de milliards de dollars aux travailleurs américains. L'aide étrangère est un vol. L'aide étrangère est de la servitude involontaire. L'aide étrangère, c'est le socialisme en action.

LA CLASSE MOYENNE

De toutes les personnes les plus détestées par les socialistes/communistes marxistes/fabiens et leurs cousins américains, aucune ne surpasse l'unique classe moyenne américaine, qui a longtemps été le fléau de l'existence du socialisme. C'est la classe moyenne qui a fait de l'Amérique la nation puissante qu'elle est devenue. Les guerres commerciales étaient et sont toujours dirigées contre la classe moyenne, personnifiée par la soi-disant "économie mondiale". Les efforts criminellement dégénérés des présidents Wilson et Roosevelt, et plus tard, Carter, Bush et Clinton, pour abattre les barrières commerciales qui ont développé et protégé la classe moyenne, sont racontés ailleurs dans ce livre. Ce que nous voulons faire dans ce chapitre, c'est examiner la situation de la classe moyenne au milieu de l'année 1994.

La classe moyenne est le plus grand triomphe social du 20e siècle pour notre République confédérée, qui était correctement et bien gérée jusqu'en 1913. Née de politiques monétaires saines, de barrières commerciales et de protectionnisme, la classe moyenne a été le rempart contre tous les espoirs de Karl Marx d'amener la révolution en Amérique, qui ont été réduits à néant. L'expansion de la classe moyenne, qui a commencé pour de bon entre le moment où Andrew Jackson a interdit la banque centrale et la guerre civile, s'est poursuivie pendant les deux guerres mondiales. Mais depuis 1946, quelque chose a mal tourné. Nous avons expliqué ailleurs la guerre menée contre la classe moyenne américaine depuis 1946 par le Tavistock Institute, une guerre que nous sommes en train de perdre haut la main.

L'égalité des cols bleus dans des emplois industriels bien rémunérés et à l'avenir assuré était la première cible du plan postindustriel à croissance zéro du Club de Rome pour la destruction de notre base industrielle. Les cols bleus bénéficiaient d'un revenu égal à celui des cols blancs et, ensemble, ils formaient une formidable classe moyenne, et non la "classe ouvrière" des pays socialistes européens. C'était LE fait politique reconnu par les socialistes comme un obstacle majeur à leurs plans de ruine de l'Amérique. Ainsi, l'industrie, qui soutenait la classe moyenne, devait être éviscérée, et elle a été, et est toujours, découpée, section par section, avec l'ALENA et le GATT qui font le sale boulot de démembrement.

Une chose que j'ai toujours soulignée est que les socialistes n'abandonnent jamais. Une fois qu'ils ont fixé leurs objectifs, ils les poursuivent avec une ténacité presque effrayante. J'ai retracé le déclin du pouvoir économique et politique de la classe moyenne au début des années 1970, après la mise en œuvre du plan de croissance zéro post-industriel du Club de Rome. En 1973, le socle sur lequel reposait la classe moyenne a commencé à montrer des signes d'affaissement sérieux, les perspectives d'emploi et de revenus s'étant effondrées. À tel point qu'en 1993, pour la première fois, les pertes d'emplois parmi les cols blancs étaient égales aux pertes d'emplois parmi les cols bleus. Depuis les années 70, et particulièrement en 1980, le Bureau des Statistiques a signalé que les revenus de la classe moyenne s'effondraient.

Ce que le socialisme a réalisé par la destruction des barrières commerciales, l'augmentation des impôts et un assaut continu contre le lieu de travail, c'est l'émergence d'une nouvelle classe en Amérique, les travailleurs pauvres. Des millions et des millions d'anciens cols bleus et cols blancs sont littéralement tombés dans les fissures béantes de leur ancienne fondation solide de classe moyenne, des emplois basés sur l'emploi industriel, la protection du commerce. La classe moyenne s'est retrouvée à constituer les plus de 60 millions d'Américains, soit environ 23% de la population, que l'on peut décrire avec précision comme des travailleurs pauvres, ceux dont les revenus sont insuffisants pour couvrir le coût des nécessités de base de la vie (pourtant, nous pouvons nous permettre de donner 20 milliards de dollars en "aide étrangère" à des étrangers).

L'un des coups les plus destructeurs tirés contre la classe moyenne dans la guerre commerciale a été la soi-disant pénurie de pétrole générée par le conflit israélo-arabe de 1973, délibérément planifié, combiné à la guerre contre les centrales nucléaires. Les socialistes ont fermé l'énergie nucléaire — la forme d'énergie la moins chère, la plus sûre et la moins polluante — et ont fait battre notre cœur industriel au pétrole — mieux encore, au pétrole importé. Si le programme d'énergie nucléaire de ce pays n'avait pas été complètement détruit par les troupes de choc "écologistes" contrôlées par les socialistes, le pays n'aurait plus besoin d'importer du pétrole, ce qui est si préjudiciable à notre économie en général et, en particulier, à notre balance des paiements. En outre, en fermant les centrales nucléaires, les socialistes ont supprimé environ un million d'emplois par an.

La hausse du coût du pétrole, attisée par la guerre israélo-arabe et la perte de l'énergie nucléaire, a fait baisser la productivité, ce qui a entraîné une baisse considérable des salaires, avec un impact sur l'économie, car les salaires plus bas découragent les dépenses. À partir de 1960, nous constatons que le revenu familial médian a augmenté de près de 3% par an jusqu'à la guerre israélo-arabe de 1973. Il ne fait aucun doute que c'est ce que Kissinger voulait dire lorsqu'il a déclaré que la guerre avait un impact bien plus important sur l'économie américaine qu'on ne le pensait au départ.

Depuis 1974, les salaires réels des cols bleus et blancs ont chuté de 20%. En 1993, le nombre de travailleurs contraints d'accepter des emplois à temps partiel, alors qu'ils occupaient auparavant des emplois de cols bleus à temps plein, a presque doublé par rapport à l'année précédente. De même, les cols blancs occupant des emplois stables liés à l'industrie sont devenus des "permanents temporaires" en nombre toujours croissant. Le nombre d'anciens cols bleus temporaires est maintenant d'environ 9%, et les cols blancs de la même catégorie représentent environ 10% de la main-d'œuvre totale. Les fondations sur lesquelles reposait la classe moyenne ne se sont pas seulement fissurées et enfoncées, elles ont commencé à se désagréger totalement.

Bien que les statistiques gouvernementales n'admettent qu'un taux de chômage moyen compris entre 6,4% et 7%, le taux réel est plus proche de 20%. Avec la réduction des contrats de défense, une perte estimée à 35 millions d'emplois est la réalité de la situation si l'on tient compte de l'impact de l'ALENA et du GATT sur le marché du travail. L'industrie textile de la Caroline du Nord devrait perdre deux millions d'emplois au cours de la deuxième année d'un GATT pleinement opérationnel.

Irving Bluestone, de l'Institut d'études politiques, affirme que son enquête sur les emplois stables liés à l'industrie, seule source de salaires permettant de faire vivre une famille de la classe moyenne, a révélé que 900 000 emplois industriels bien rémunérés ont été perdus chaque année à partir de 1978 jusqu'en 1982, soit près de 5 millions d'emplois de col bleu de qualité en cinq ans. Il n'existe pas d'autres statistiques de même nature couvrant la période de 1982 à 1994, mais, si nous prenons le même chiffre, 900 000 — et nous savons que le chiffre est plus élevé — alors il est raisonnable de supposer qu'en 12 ans, le nombre de ces emplois perdus, et qui ne reviendront jamais, s'est élevé à 10 millions d'emplois industriels à long terme bien rémunérés. Nous commençons maintenant à avoir les vrais chiffres du chômage, et pas seulement cela, nous avons la vraie image des emplois de QUALITÉ perdus pour toujours, grâce à l'assaut du Club de Rome et de l'Institut Tavistock contre le lieu de travail américain.

Le président Clinton paiera un prix pour sa guerre commerciale contre le peuple américain, ce prix comprendra un seul mandat. Clinton a opté pour une économie mondiale, ce qui signifie inévitablement une insécurité de l'emploi en Amérique. L'élimination de la dernière barrière commerciale par le GATT a envoyé notre économie dans le maelström de la baisse des dépenses comme cause de l'augmentation du chômage. Clinton apprend à ses dépens que l'on ne peut pas avoir le beurre et l'argent du beurre. Économie mondiale + réduction du déficit = ÉNORMES PERTES D'EMPLOIS. Il n'y a aucune chance que le pays puisse supporter quatre années supplémentaires de l'administration socialiste de Clinton, avec une marée montante d'emplois temporaires et mal payés qui submergent les anciens emplois industriels à long terme et bien rémunérés.

La classe moyenne est en train de disparaître, mais sa voix peut encore être entendue, et son message doit être "au diable l'économie mondiale et la réduction du déficit. NOUS VOULONS DES EMPLOIS BIEN PAYÉS, STABLES ET À LONG TERME !"

Même si les États-Unis n'ont été contraints que récemment de s'intégrer dans une économie mondiale, les ravages sont clairement visibles : des centaines d'entreprises solides et stables ont été contraintes de licencier en masse leur personnel qualifié.

Ce que nous avons aujourd'hui en 1994 — et cela s'est développé depuis la guerre israélo-arabe — est une économie sous l'égide de Wall Street/Las Vegas. L'action McDonald est élevée, mais le fait de retourner des hamburgers ne remplace pas un emploi industriel à long terme bien rémunéré. Alors, pendant que les actions McDonald se portent bien à Wall Street, les États-Unis peuvent-ils se contenter d'une économie dans laquelle les emplois bien rémunérés deviennent une espèce en voie de disparition ? Selon un article du *Los Angeles Times*, en 1989, un emploi américain sur quatre était à temps partiel, une augmentation effrayante par rapport aux chiffres de 1972, mais en 1993, le ratio était d'un sur trois, soit un tiers de tous les emplois aux États-Unis. L'essentiel est qu'aucune nation industrielle ne peut survivre au taux d'attrition des emplois industriels bien rémunérés sans se précipiter dans un abîme de destruction.

Les États-Unis sont en train de perdre la bataille contre les forces du socialisme dirigées par l'Institut Tavistock. Au cours des deux prochaines années, nous allons devoir faire face à une augmentation considérable de la concurrence imposée par l'"économie mondiale", où des nations comptant des millions de personnes semi-analphabètes apprendront à produire des marchandises à des taux de rémunération d'esclaves. Que fera alors la main-d'œuvre des États-Unis ? Permettez-nous de vous rappeler qu'il s'agit là du résultat logique des politiques mises en œuvre par Woodrow Wilson, politiques qui visaient à détruire le marché intérieur des États-Unis. Notre main-d'œuvre de cols bleus industriels qualifiés sera très bientôt hantée par le spectre de l'absence totale d'emploi, et nous verrons ces travailleurs s'agripper à n'importe quel type d'emploi pour arrêter la chute de leur niveau de vie, ou, en fait, simplement pour garder du pain sur la table.

Clinton a fait sa campagne en promettant à la classe moyenne. Combien de chômeurs se souviennent de son discours "Les riches ont la mine d'or et les travailleurs l'arbre" ? C'était avant qu'il ne reçoive l'ordre de rencontrer Jay Rockefeller et Pamela Harriman qui lui ont dit très crûment, "vous délivrez le mauvais message. Le DÉFICIT est le message à transmettre". Par la suite, Clinton a soudainement commencé à prêcher l'évangile socialiste de la réduction du déficit, sans mentionner que cela ne pouvait se faire qu'au prix de millions d'emplois.

Puis Clinton a fait l'autre chose que les socialistes savent faire : il a promis que le gouvernement allait tout remodeler. Mais l'inquiétude s'est accrue ; Clinton n'a pas réussi à convaincre les travailleurs qu'un déficit plus faible est préférable au plein emploi. Un récent sondage a montré que 45% contre 26% des Américains pensaient que le chômage était un problème plus grave que le déficit. Clinton nous a également dit que nous étions en train de profiter d'une reprise, mais cela ne correspond pas à la réalité, car contrairement à la tendance normale, lorsque la reprise signifie que moins de personnes travaillent à des emplois à temps partiel involontaires et moins bien payés, cette fois le pourcentage a AUGMENTÉ. En 1993, il y avait plus de 6,5 millions de personnes travaillant dans des emplois temporaires moins bien rémunérés.

En ce qui concerne l'affirmation tant vantée selon laquelle l'administration Clinton a créé 2 millions d'emplois l'année dernière, il convient de noter que 60% de ces emplois étaient dans les restaurants, les soins de santé, les bars, les hôtels (grooms, portiers, portières). La volonté de "mondialiser" (lire : détruire) le marché intérieur américain, amorcée par Woodrow Wilson, est passée à la vitesse supérieure avec Clinton. Les résultats dramatiques de ce programme destructeur peuvent être mesurés comme suit :

• Dans le secteur de l'automobile, les importations sont passées de 4,1% à 68% entre 1960 et 1986.

• Les importations de vêtements sont passées de 1,8% en 1960 à 50% en 1986.

• Les importations de machines-outils sont passées de 3,2% en 1960 à 50% en 1986.

• Les machines-outils sont LE plus important indicateur de l'économie réelle d'une nation industrielle.

• Les importations de produits électroniques sont passées de 5,6% du marché en 1960 à 68% du marché en 1986.

Les socialistes fabiens, avec leurs fausses promesses d'"économie mondiale", ont complètement sapé les États-Unis, la plus grande nation industrielle que le monde ait jamais connue. La tragédie contenue dans ces chiffres se traduit par des MILLIONS d'emplois stables, à long terme et bien rémunérés, qui sont maintenant perdus pour toujours, sacrifiés sur l'autel du rêve du socialisme fabien d'un gouvernement mondial unique — la dictature du Nouvel Ordre Mondial. Le travailleur américain s'est vu mentir par les présidents Wilson, Roosevelt, Kennedy, Johnson, Bush et Clinton, qui ont conjointement et solidairement commis une haute trahison contre les

États-Unis. En conséquence de cette politique de trahison menée par une succession de présidents, les investissements nationaux, publics et privés, ont chuté de moitié entre 1973 et 1986, supprimant des millions d'emplois à long terme bien rémunérés.

À l'heure actuelle, au milieu de 1994, à part les slogans pathétiques offerts par les candidats des deux partis, la crise de la classe moyenne n'a pas été et n'est pas abordée. Cela ne veut pas dire que les politiciens n'en sont pas conscients. Au contraire, ils entendent tous les jours leurs électeurs, qui sont de plus en plus en colère face à des problèmes qu'ils ne comprennent pas, une colère qui leur laisse peu de patience face à l'incapacité du gouvernement de Washington à maîtriser ces problèmes qui les affectent si radicalement. Les politiciens ne feront rien pour trouver des solutions aux crises, car les solutions disponibles sont contraires au plan dictatorial de croissance zéro post-industriel du Club de Rome. Tout effort visant à attirer l'attention nationale sur le désastre de la classe moyenne sera étouffé avant même d'avoir pu commencer.

Il n'y a pas d'autre crise qui soit comparable à celle de la classe moyenne. L'Amérique est en train de mourir. Ceux qui pourraient changer les choses ne veulent pas ou ont peur de le faire, et la situation va continuer à se détériorer jusqu'à ce que le patient soit en phase terminale, un point qui sera bientôt atteint, probablement dans moins de 3 ans. Pourtant, aucune attention n'est accordée à ce changement, qui est pourtant le plus important et qui se compare véritablement aux changements massifs provoqués par la guerre civile. Les dernières élections ont reflété la situation en matière de participation électorale ; les gens en ont eu assez de voter et de ne voir aucun résultat. L'état de crise des États-Unis demeure, alors pourquoi prendre le temps et la peine de voter ? Il n'y a aucune confiance dans l'avenir de l'Amérique — c'est ce que le fait d'être sans emploi significatif ou sans emploi du tout fait à l'esprit humain.

Depuis les années 30, les assoiffés de pouvoir continuent à s'emparer de plus en plus de pouvoir. Le parti communiste américain, également connu sous le nom de "parti démocrate", a obtenu de son président socialiste Roosevelt qu'il remplisse la Cour suprême de juges qui considéraient la Constitution comme un simple instrument à tordre et à presser pour satisfaire les programmes socialistes. Le 10e amendement est devenu leur ballon de football, qu'ils pouvaient taper partout. J'ai analysé les principales décisions de la Cour suprême depuis la création de cette "maison d'emballage" et j'ai découvert que cette cour n'a jamais, dans un seul cas, empêché les assoiffés de pouvoir de s'emparer de ce qu'ils voulaient.

Les droits des États ont été foulés aux pieds par la ruée de Roosevelt et cela continue encore aujourd'hui. À partir de l'administration Roosevelt, le gouvernement a étendu et contracté la Constitution comme un accordéoniste jouant la bonne mélodie. Ce que la Cour suprême a fait, et ce qu'elle fait encore, c'est redistribuer les droits et les pouvoirs dont nous, le peuple, sommes investis, en faveur du gouvernement fédéral. C'est pourquoi nous sommes confrontés à la mort imminente de la classe moyenne et à la destruction de la Constitution des États-Unis.

Ce qu'il faut, c'est un programme urgent qui redresserait le pays et sauverait la classe moyenne. Un tel programme exigerait la défaite totale du parti démocrate, qui a menti au peuple américain et l'a induit en erreur depuis l'administration Wilson : un programme d'éducation qui supprimerait le socialisme dans son intégralité, abolirait la fausse "séparation de l'Église et de l'État" inconstitutionnelle, ferait le ménage à la Cour suprême (qui pourrait être fermée pendant la procédure), fermerait la Réserve fédérale et supprimerait la dette nationale.

Lorsque Warren G. Harding a été élu à la Maison-Blanche, les États-Unis étaient dans le chaos comme aujourd'hui. Le crédit était surendetté, la Réserve fédérale manipulait follement la monnaie et provoquait l'inflation avec son cortège de faillites d'entreprises. Les prix des produits de base avaient été artificiellement abaissés par les pressions étrangères, et le chômage était généralisé. La dette nationale créée par la Réserve fédérale s'est envolée. Nous sommes toujours en guerre contre l'Allemagne, une ruse pour extorquer davantage de "réparations" à ce pays. Les impôts de Wilson n'ont jamais été aussi élevés.

Dès son entrée en fonction, Harding dresse une liste des problèmes des États-Unis et oblige le Congrès à rester en session pendant deux ans pour les résoudre. Harding s'est attaqué aux banquiers internationaux Shylock et à leurs alliés de Wall Street. Il a dit ce que Jésus-Christ avant lui avait dit, "Je vous chasserai du temple".

Harding dit aux banquiers Shylock qu'il n'y aura plus d'enchevêtrements à l'étranger, plus de guerres à l'étranger, plus de dette nationale, "dont la dernière a presque détruit la République".

Harding soulage le resserrement du crédit et promulgue de nouvelles taxes tarifaires qui protègent les industries locales. Les employés du gouvernement sont réduits au strict minimum et un budget est établi. L'immigration est limitée pour protéger nos frontières contre les hordes d'anarchistes qui affluent d'Europe de l'Est et pour protéger notre marché du travail. Harding a institué de nouvelles réglementations fiscales qui ont réduit l'impôt sur le revenu de centaines de millions de dollars chaque année, il a signé un traité de paix avec l'Allemagne et a dit à la Société des Nations de plier sa tente et de quitter nos côtes.

Mais Harding ne vit pas assez longtemps pour profiter de ses victoires éclatantes sur les Philistins, qu'il avait chassés de notre camp dans un désordre total.

Le 20 juin 1923, lors d'un voyage politique en Alaska, il tombe malade et meurt. Sa mort a été causée par une insuffisance rénale, l'indication la plus claire qu'un poison puissant lui avait été administré d'une manière ou d'une autre. Nous avons besoin d'un homme comme Warren Harding, dont le courage ne connaissait aucune limite. Nous devons chercher et trouver le "nouveau Warren Harding" qui restaurera les programmes qui auraient sauvé l'Amérique de l'emprise monstrueuse des méchants socialistes.

La notion absurde de "réduction du déficit est roi" doit être remise en perspective. Si le déficit était nul demain, la crise de la classe moyenne ne serait pas atténuée. Même le programme d'investissement public de 50 milliards de dollars de Clinton a été oublié. Il faut arrêter l'éviscération de nos industries par Wall Street, ce qui implique de démasquer les gnomes du marché obligataire. Les barrières commerciales érigées par Washington et maintenues par Lincoln, Garfield et McKinley doivent être rétablies. Un effort doit être fait pour éduquer le public sur les effets sur notre économie de l'importation illimitée et non taxée de marchandises, également connue sous le nom de "libre-échange". Cela permettrait un retour spectaculaire au plein emploi : cela amènerait également la nation à une confrontation directe avec les puissances étrangères qui dirigent ce pays.

Le "brave Nouveau Monde" de Clinton est sans substance. Il n'y a pas de marchés étrangers pour les produits américains, et il en a toujours été ainsi. La seule chose qui a changé avec l'"économie mondiale", c'est que nos défenses ont été percées et que les marchandises importées ont afflué par des trous béants dans les digues. C'est la cause profonde de la crise de la classe moyenne. Alors que les fabricants américains ont toujours été en mesure de répondre à une demande locale croissante grâce à des emplois stables pour les cols bleus et blancs, notre position est devenue intenable lorsque Wilson a déclaré que nous ne devions pas avoir peur de la "concurrence !" En 1913, les États-Unis avaient un marché fermé avec le plein emploi, une économie en hausse et une prospérité à long terme, les recettes douanières payaient les factures du gouvernement jusqu'en 1913, lorsque les socialistes ont obtenu de Wilson qu'il démolisse les digues protégeant notre niveau de vie.

Dans un marché fermé, nos fabricants pouvaient se permettre de payer de bons salaires : ce faisant, ils créaient un pouvoir d'achat et une demande effective pour leurs produits, ce qui signifiait le plein emploi, une sécurité d'emploi permanente à long terme. Tout ce que les présidents socialistes (démocrates), de Wilson à Clinton, ont offert au travailleur américain, c'est une mince chance de vendre quelques produits en Chine, au Japon ou en Angleterre, en échange d'une sorte d'emploi mal rémunéré, de sorte que, petit à petit, surtout avec l'application de l'ALENA et du GATT, ils accepteront une baisse constante de leur niveau de vie et seront reconnaissants d'avoir la possibilité d'occuper n'importe quel emploi, quel qu'il soit. Cela s'appelle le "libre-échange". C'est l'avenir de la classe moyenne américaine.

L'effet net du "libre-échange dans une économie mondiale" sera la disparition de la classe moyenne américaine (employés de bureau, cols bleus et cols blancs), la classe qui a fait la grandeur de l'Amérique. Les 500 plus grandes entreprises ont licencié plus de 5 millions de travailleurs de la classe moyenne au cours des 13 dernières années. Il se peut qu'un futur dirigeant réagisse de façon alarmante lorsque l'ampleur du ravage de la classe moyenne deviendra plus évidente. À ce moment-là, la seule alternative pour le dirigeant de cette nation sera d'endiguer la marée du "libre-échange", ce qui signifie un retour à des barrières commerciales sévères. Ce sera une défaite humiliante pour les socialistes qui dirigent le parti démocrate, mais une défaite qu'ils devront accepter si l'Amérique ne veut pas devenir comme la Russie : les possédés et les dépossédés.

Pour résumer la tragédie qui s'est abattue sur l'Amérique : une société mondiale signifie une société sans classe moyenne en Amérique. Le "libre-échange" a déjà érodé le niveau de vie de la classe moyenne au point qu'il n'est plus comparable à ce qu'il était en 1969. La classe moyenne américaine n'a pas été créée par le "libre-échange" ou une "économie mondiale". La classe moyenne a été créée grâce aux barrières commerciales et à un marché protégé et sécurisé pour les produits fabriqués localement. Les barrières commerciales n'ont pas engendré l'inflation. Depuis Woodrow Wilson, une succession de présidents a menti au peuple américain et a généralement réussi à faire accepter ce mensonge flagrant comme une vérité.

Le socialisme est un échec épouvantable. Si l'on met de côté les platitudes pieuses de l'enrichissement de la vie des gens ordinaires, le seul but du socialisme a toujours été d'asservir les gens et d'amener progressivement le nouvel âge sombre d'un gouvernement mondial unique — le nouvel ordre mondial. Même lorsqu'il était sous le contrôle total du gouvernement britannique, et malgré les milliards de dollars d'"aide étrangère" versés par l'Amérique au trésor britannique pour soutenir les programmes socialistes, le socialisme s'est avéré être un échec colossal.

La Suède est l'un des pays qui a choisi de suivre la voie fabienne. Nous avons déjà rencontré les idéalistes socialistes, Gunnar Myrdal, et sa femme, qui ont tous deux joué un rôle majeur dans le démantèlement de l'éducation en Amérique. Pendant plus de 50 ans, Stockholm a fait la fierté des socialistes du monde entier. Myrdal a été ministre au sein du cabinet suédois pendant de nombreuses années et a joué un rôle de premier plan dans l'introduction du socialisme en Suède, ses dirigeants étant satisfaits d'avoir prouvé que le socialisme fonctionne.

À partir des années 1930, la Suède est synonyme de socialisme. Tous les hommes politiques, quel que soit leur parti, sont des socialistes convaincus, leurs différences ne portant que sur le degré et non sur les principes. Les socialistes français, britanniques, indiens et italiens affluent à Stockholm pour étudier le "miracle" à l'œuvre. Le fondement de l'État socialiste suédois était son programme d'aide sociale. Mais où se situe le fier socialisme suédois aujourd'hui, en 1994 ? Eh bien, il n'est pas exactement debout, il ressemble plutôt à la Tour de Pise, qui penche de plus en plus vers le capitalisme au fil des mois.

Les politiciens suédois sont en train d'apprendre que les électeurs ne votent pas de manière altruiste, et que l'ère du socialisme idéal est morte et ne reste plus qu'à être enterrée. Les socialistes suédois qui se sont ingérés de manière flagrante dans la politique sud-africaine et ont manifesté pour protester contre l'engagement des États-Unis au Viêt Nam découvrent que leur vocabulaire socialiste est dépassé dans un pays où tout est parti en vrille. Les socialistes suédois se sont assis à table pour discuter du socialisme international, mais ils ont découvert que leur invité était parti avec l'argenterie. La Suède a été victime des mensonges et des fausses promesses du socialisme. Aujourd'hui, le pays est en proie à un désordre économique et il faudra cinquante ans à la Suède pour s'en sortir, à supposer qu'on lui permette de le faire. La Grande-Bretagne a été détruite par le socialisme il y a longtemps. Maintenant, c'est le tour de l'Amérique. Les États-Unis peuvent-ils survivre à une overdose quasi fatale de poison socialiste, administrée par le parti socialiste communiste démocrate des États-Unis ? Seul le temps nous le dira, et le temps est ce que la classe moyenne américaine des cols bleus, des cols blancs et des employés de bureau n'a plus.

Il est implicite dans tous les programmes des présidences Wilson, Roosevelt, Kennedy, Johnson, Carter, Bush et Clinton, bien que cela ne soit pas explicite, que la socialisation des États-Unis est le grand objectif vers lequel tend le socialisme. Ceci sera accompli par de nouvelles formes de propriété, le contrôle de la production — ce qui signifie que le choix de détruire les installations industrielles leur appartient — est essentiel si les socialistes veulent faire avancer leur plan visant à faire évoluer les États-Unis, puis le reste du monde, toujours plus rapidement et sûrement vers un gouvernement mondial unique, un nouvel ordre mondial du nouvel âge sombre de l'esclavage total.

L'image absolument fausse que les socialistes ont peinte d'eux-mêmes comme une organisation bénigne et amicale dont le seul intérêt est d'améliorer le sort des gens ordinaires n'est pas correcte... Le socialisme a un autre visage brutal et vicieux, dont l'histoire révèle qu'il n'hésitera pas à tuer si c'est ce qu'il faut pour socialiser les États-Unis.

Rien ne peut mieux décrire le côté vicieux du socialisme que la déclaration d'Arthur Schlesinger : "Je ne sais pas pourquoi le président Eisenhower ne liquide pas Joe McCarthy comme Roosevelt l'a fait avec Huey Long". Le "crime" de Huey Long était qu'il aimait vraiment l'Amérique et tous ses habitants, le tout premier homme politique américain à comprendre pleinement ce que Roosevelt faisait aux États-Unis. Huey Long s'est fait le porte-parole de la classe moyenne, qu'il percevait à juste titre comme la cible du socialiste, et il s'est élevé contre le socialisme à chaque occasion possible.

La machine socialiste/marxiste/communiste des États-Unis exprime une grande haine à l'égard de Long, qu'elle qualifie de "personnification de la menace fasciste — l'homme le plus susceptible de devenir le Hitler ou le Mussolini de l'Amérique". Le petit peuple américain est si avide d'un porte-parole de sa situation désespérée que l'on pense que Long reçoit jusqu'à 100 000 lettres par jour. Roosevelt entre dans une colère noire à la mention du nom de Huey Long et craint que celui-ci ne lui succède comme prochain président des États-Unis.

Un blizzard de propagande socialiste s'abat sur Huey Long. Jamais une telle campagne sans précédent de haine totale n'avait été dirigée contre un seul individu ; c'était effrayant, c'était impressionnant. Roosevelt est pris de crises quasi épileptiques chaque fois que Huey Long révèle de nouvelles vérités sur les programmes socialistes que Roosevelt s'apprête à imposer. Huey Long s'en prend aux "accords" socialistes britanniques Fabien de Roosevelt, exhortant le peuple à : "Défiez ce genre d'autocratie, défiez la tyrannie." Roosevelt tente de faire mettre Long en accusation pour fraude fiscale, mais celui-ci s'en sort sans la moindre tache.

Le camp Roosevelt n'avait plus qu'une seule option : "Assassiner Huey Long." La cause de la profonde inquiétude était la démarche de Long pour affirmer les droits de l'État. Il refuse le soi-disant "argent fédéral" et déclare à un public enthousiaste en Louisiane qu'il va poursuivre le gouvernement fédéral et obtenir une injonction pour retirer toutes les agences fédérales et leurs bureaux des frontières de l'État de Louisiane. Roosevelt prit peur ; c'était une action dont le gouvernement fédéral vivait dans la crainte quotidienne, une action qui pouvait balayer les États et réduire les fonctions du gouvernement fédéral jusqu'à ce qu'il opère dans les limites des 10 premiers amendements de la Constitution des États-Unis, les ailes coupées, ses agences confinées au District de Columbia.

"Défiez ce genre d'autocratie, défiez ce genre de tyrannie", s'écria Long lorsqu'il découvrit que le gouvernement fédéral tentait de bloquer la vente d'obligations de l'État de Louisiane, obligations qui fourniraient les revenus dont l'État avait besoin pour remplacer les "fonds fédéraux" qu'il avait ordonné à l'État de ne pas accepter. En 1935, alors que Roosevelt est aussi nerveux qu'un chat dans un arbre, Long se rend à Bâton Rouge pour rendre visite à son ami, le gouverneur Allen. Alors qu'il quitte le bureau du gouverneur, un homme lui tire dessus. L'assaillant, un ami proche de Roosevelt, était le Dr Carl Weiss, qui fut abattu par les gardes de Long, trop tard pour le sauver, et Weiss gisait mort.

Huey Long est transporté à l'hôpital, où il oscille entre la vie et la mort. Dans son état de mort imminente, Long a eu une vision d'Américains de tous horizons qui avaient besoin de son leadership. Il a crié à Dieu : "Oh, Seigneur, ils ont besoin de moi. S'il vous plaît, ne me laissez pas mourir. J'ai tellement de choses à faire, Dieu, j'ai tellement de choses à faire." Mais Long meurt, terrassé par un assassin socialiste. Lincoln, Garfield, McKinley, tous ont essayé de protéger l'Amérique contre les ravages des socialistes, tous l'ont payé de leur vie. Tout comme le député L. T. McFadden, le sénateur William Borah, le sénateur Thomas D. Schall et le président Kennedy, après avoir renoncé au socialisme.

Le socialisme est bien plus dangereux que le communisme, en raison de sa lenteur inhérente et maléfique à imposer des changements drastiques et non désirés au peuple des États-Unis. Il n'y a qu'un seul moyen de surmonter cette menace violemment dangereuse, et c'est que le peuple tout entier soit éduqué au point de reconnaître ce à quoi il est confronté et de rejeter le socialisme, coude à coude. Cela peut et DOIT être fait. "L'union fait la force." Il y a plus de nos patriotes que de nos socialistes. Tout ce dont nous avons besoin, c'est d'une direction et d'un peuple éduqué pour tenir bon face à la tyrannie vicieuse que tous les présidents depuis Woodrow Wilson ont contribué à attacher autour de notre cou. Les socialistes ne peuvent pas tous nous tuer ! Levons-nous et frappons les Philistins dans une démonstration de grande unité. Nous avons le pouvoir constitutionnel de le faire.

ÉPILOGUE

L es Américains et le monde entier attendaient que le marteau du communisme frappe, sans se rendre compte que le socialisme représentait un plus grand danger pour un État-nation républicain comme le nôtre. Qui, à l'époque de la guerre froide, craignait le socialisme ? Le nombre d'écrivains, de commentateurs et de prévisionnistes qui le disaient se comptait sur les doigts d'une main. Personne ne pensait qu'il fallait s'inquiéter du socialisme.

Les communistes nous ont joué un grand tour en gardant nos yeux collectifs fixés sur Moscou alors que les dommages les plus terribles étaient causés chez nous. Depuis vingt-cinq ans que j'écris, j'ai toujours maintenu que le plus grand danger pour le bien-être futur de notre nation se trouvait à Washington, et non à Moscou. L'"empire du mal" mentionné par l'ancien président Reagan n'est pas Moscou, mais Washington et la camarilla socialiste qui le contrôle.

Les événements qui se déroulent en cette fin de XXe siècle confirment l'exactitude de cette affirmation. En 1994, nous avons un socialiste à la tête des affaires de la nation, habilement assisté par un parti démocrate qui a adopté le communisme/socialisme en 1980, et avec plus de 87% des démocrates de la Chambre et du Sénat affichant leurs couleurs socialistes, les tentatives du peuple de changer le cours de la nation par les urnes ne vont nulle part.

La population mondiale "excédentaire" — y compris les États-Unis — est déjà décimée par des virus mutants fabriqués en laboratoire qui tuent des centaines de milliers de personnes. Ce processus sera accéléré, conformément au plan génocidaire Global 2000 du Club de Rome, lorsque les foules auront rempli leur mission. Les expériences commencées à Sierre Leone avec les virus mutants de la fièvre de Lassa et des médias visna sont menées à leur terme dans les laboratoires de l'université de Harvard en août 1994. Un nouveau virus, encore plus mortel que le SIDA, est sur le point d'être libéré. Les nouveaux virus de la grippe ont déjà été libérés et sont d'une efficacité mortelle. Ces virus mutants de la grippe seraient 100% plus efficaces que les virus de la "grippe espagnole" testés sur les troupes françaises marocaines dans les derniers jours de la Première Guerre mondiale. Comme les virus de la fièvre de Lassa, le virus de la "grippe espagnole" est devenu incontrôlable et, en 1919, a balayé le monde et tué plus de personnes que le total des pertes militaires des deux camps de la Première Guerre mondiale. Rien ne pouvait l'arrêter. Aux États-Unis, les pertes sont effroyables. Dans les grandes villes américaines, une personne sur sept est emportée par la "grippe espagnole". Les gens tombaient malades le matin, souffrant de fièvre et d'une fatigue débilitante. En un ou deux jours, ils mouraient — par millions.

Qui sait quand les nouveaux virus mutants de la grippe vont frapper ? En 1995 ou peut-être à l'été 1996 ? Personne ne le sait. La fièvre Ebola, dont le nom exact est "Ébola Zaïre", du nom du pays africain du Zaïre, où elle est apparue pour la première fois, attend également dans les coulisses. La fièvre Ebola ne peut être arrêtée ; c'est un tueur impitoyable, qui agit rapidement et laisse ses victimes horriblement déformées et saignantes par tous les orifices du corps. Récemment, le virus Ébola Zaïre est apparu aux États-Unis, mais les médias et les centres de contrôle des maladies en parlent peu. Des expériences de recherche ont été menées avec le virus Ebola à l'Institut de recherche médicale de l'armée américaine sur ce virus et d'autres germes très dangereux.

Quel est l'objectif du déclenchement de ces terribles virus tueurs ? La raison invoquée est le contrôle de la population, et si nous lisons les déclarations de Lord Bertrand Russell, Robert S. McNamara et H. G. Wells, les nouveaux virus tueurs ne sont que ce que ces hommes avaient annoncé. Aux yeux du Comité des 300 et de la camarilla socialiste, il y a simplement trop de personnes indésirables sur la terre.

Mais ce n'est pas toute l'histoire. La véritable raison du génocide de masse planifié à l'échelle mondiale est de créer un climat d'instabilité. Déstabiliser les nations, faire palpiter le cœur des gens par la peur. La guerre fait partie de ce plan, et en 1994, la guerre est partout. Il n'y a pas de paix sur terre. De petites guerres font rage dans ce qui était l'Union soviétique ; en ex-Yougoslavie, la guerre se poursuit entre les factions créées artificiellement à l'origine par les socialistes britanniques. L'Afrique du Sud ne sera plus jamais la terre de paix qu'elle était autrefois ; l'Inde et le Pakistan ne sont pas loin derrière. C'est le résultat d'années et d'années de planification socialiste minutieuse.

Il y a 100 nations de plus aujourd'hui qu'en 1945. La plupart d'entre elles sont construites sur une alliance bancale de divisions tribales-ethniques avec des différences religieuses et culturelles. Elles ne survivront pas, ayant été créées et mises sur l'étagère pour attendre le processus de déstabilisation. Les États-Unis sont poussés vers des divisions similaires grâce à une planification socialiste intelligente à long terme. En 1994, l'Amérique est prête à être déchirée par les différences raciales, ethniques et religieuses. Il y a longtemps que l'Amérique a cessé d'être "une nation sous la main de Dieu". Aucune nation ne peut survivre aux différences culturelles, surtout lorsque la langue et la religion jouent un rôle crucial.

Les socialistes vont de l'avant par l'intermédiaire du président Clinton pour exploiter cette réalité, que nous essayons de cacher chaque 4 juillet. La prochaine décennie sera celle de l'explosion de ces divisions. L'Amérique sera divisée par les revenus, le style de vie, les opinions politiques, la race et la géographie. Un énorme mur, que les socialistes construisent depuis qu'ils ont mis le président Woodrow Wilson au pouvoir, est presque terminé. Ce mur divisera l'Amérique entre les possédants et les dépossédés — avec la classe moyenne dans cette dernière catégorie. L'Amérique deviendra comme n'importe quel autre pays du tiers monde. De belles villes seront ruinées par le manque de services sociaux et de protection policière, car les gouvernements locaux et étatiques, délibérément privés de revenus, sont incapables de faire face aux coûts croissants des services et de la protection.

Le crime va se répandre dans les banlieues. Les banlieues autrefois sûres deviendront des banlieues infestées de criminels. Tout cela fait partie du plan socialiste visant à briser les grandes villes et à disperser les groupes de population — même dans vos quartiers sûrs, qui, dans dix ans ou plus, seront probablement aussi criminels et infestés de gangs que le sont aujourd'hui les centres-villes des grandes villes américaines.

Les taux d'illégitimité ne seront pas contrôlés par l'avortement, parce que l'avortement vise à endiguer le taux de natalité de la classe moyenne. L'avortement socialiste et l'amour libre de Madame Kollontay ont toujours eu pour but d'empêcher la classe moyenne de devenir trop puissante. Le taux de natalité illégitime va croître et croître parmi les travailleurs pauvres. Il y a maintenant une explosion démographique de bébés illégitimes qui grandissent sans père avec des mères qui ne peuvent ou ne veulent pas s'occuper d'eux. C'est le socialisme fabien en action, le côté sombre et maléfique du socialisme fabien qui a toujours été caché.

La nouvelle classe marginale qui émerge en Amérique sera composée de millions de chômeurs et d'inemployables, ce qui signifie une énorme population flottante et instable qui ne peut que se tourner vers le crime pour survivre. Les banlieues vont être inondées par cette sous-classe et ses gangs de rue. La police ne sera pas en mesure de les arrêter — et pendant un certain temps, on leur laissera le champ libre pour faire le travail de déstabilisation du socialisme.

La belle banlieue dans laquelle vous vivez actuellement sera probablement le ghetto de l'année 2010, peuplé de milliers de gangs dont les membres vivent par l'épée. "Aller à Mayberry" deviendra plus courant à mesure que ces jeunes voyous vicieux étendront leurs zones d'opération.

La grande majorité des Américains ne sont absolument pas préparés à ce qui les attend. Ils se laissent bercer par des promesses socialistes qui ne pourront jamais être tenues. Alors que les États-Unis font face à leur "Dunkerque", notre peuple se tourne de plus en plus vers le gouvernement pour résoudre les problèmes qui ont été créés par le socialisme en premier lieu, des problèmes que ni le président Clinton ni ses successeurs n'ont le moindre espoir de résoudre, simplement parce qu'il est jugé nécessaire de DÉSTABILISER l'Amérique.

Des temps durs et amers nous attendent, toutes les promesses du parti démocrate ne sont que des cymbales sonores. Faute d'éducation, de formation, d'emplois — les employeurs industriels étant soit éliminés, soit délocalisés dans des pays étrangers — des foules de chômeurs parcourront les rues à la recherche de la vie promise par les socialistes. Lorsqu'ils auront fait leur travail, et que l'Amérique sera déstabilisée, la "population excédentaire" sera éliminée par des maladies virales mutantes, plus rapidement que nous ne pouvons l'imaginer.

C'est ce que les SOCIALISTES ont prédit qu'ils feraient, mais peu ont prêté attention aux promesses de Bertrand Russell et de H. G. Wells. Les Américains sont plus préoccupés par le baseball et le football, à tel point que les historiens du futur s'émerveilleront de la façon dont la psychologie politique de masse n'a pas été reconnue par le peuple, et a résisté. "Ils devaient dormir profondément pour ne pas le voir" sera le jugement sévère des historiens du futur.

Peut-on faire quelque chose pour arrêter le ravage de cette nation ? Je crois que ce qu'il faut, c'est réveiller les super riches dans les rangs conservateurs — et ils sont nombreux — et les amener à soutenir une fondation qui donnerait un cours accéléré sur la Constitution des États-Unis, basé uniquement sur la lecture des Annales du Congrès, des Globes du Congrès et du Congressional Record. Ces documents contiennent les meilleures informations sur la Constitution ainsi qu'un grand nombre d'informations sur le socialisme et ses plans pour l'instauration d'un gouvernement mondial unique — le Nouvel Ordre Mondial, le nouvel âge sombre de l'esclavage.

Armés de ces informations, des millions de citoyens pourraient interpeller leurs représentants qui votent des mesures anticonstitutionnelles. Par exemple, si 100 millions de citoyens informés contestaient l'inconstitutionnalité d'un projet de loi sur le crime et faisaient savoir qu'ils n'obéiraient pas aux dispositions de cette mesure parce qu'elle est 100% inconstitutionnelle, elle n'aurait jamais été adoptée par la Chambre et le Sénat. C'est la seule voie qui reste au patriotisme pour s'exprimer. Il peut, et il doit le faire.

L'heure est tardive. À ceux qui répondent aux plans des socialistes visant à ramener les États-Unis au niveau de n'importe quel pays du tiers-monde, "nous sommes aux États-Unis, cela ne peut pas arriver ici", je dirais, "C'EST DÉJÀ EN TRAIN de se produire". Qui aurait cru, il y a quelques années à peine, qu'un gouverneur inconnu et obscur d'un État relativement peu important deviendrait le président des États-Unis — même si 56% des électeurs ont voté CONTRE lui ? C'est le SOCIALISME EN ACTION, qui impose aux États-Unis des changements impopulaires et non désirés.

L'HÉRITAGE DU SOCIALISME ; UN CAS D'ESPÈCE

Le vendredi 30 septembre 1994, à 9 h 40, Richard Blanchard, un architecte de 60 ans, a reçu une balle dans le cou après s'être arrêté à un feu rouge à la lisière du quartier de Tenderloin, à San Francisco. Alors que Blanchard était assis dans sa voiture en plein jour, attendant que le feu change, deux voyous de 16 ans se sont approchés de lui, ont pointé une arme sur lui et ont exigé de l'argent. À ce moment-là, le feu a changé et Blanchard a essayé de s'enfuir. Il a reçu une balle dans le cou et est aujourd'hui totalement paralysé et maintenu en vie à l'hôpital.

En l'état actuel de la législation, le jeune voyou de 16 ans ne peut être nommé et sa photo ne peut être publiée. Selon un rapport du *San Francisco Examiner*, l'ami de Blanchard, Alan Wofsy, a déclaré :

"Cela signifie que quelqu'un à San Francisco n'est pas en sécurité lorsqu'il s'arrête à un feu rouge pendant une journée de travail normale. Cela enlève toute l'innocence de la vie. L'idée que vous devez être vigilant dans l'accomplissement de vos tâches quotidiennes normales parce que votre vie peut vous être enlevée signifie qu'il n'y a plus de limites à un comportement civilisé. Une autre partie de cette tragédie est que c'est un homme dont les mains étaient tout pour lui. Pour un rien, un homme est passé du statut de merveilleux architecte à celui de paraplégique."

La réponse de la police à ce cauchemar a été :

"Remontez vos fenêtres et verrouillez vos portes de voiture. Si quelqu'un pointe une arme sur vous, donnez-lui ce qu'il veut. Ça ne vaut pas la peine de perdre votre vie pour une montre ou un portefeuille."

Tel est l'héritage du socialisme :

"Cédez aux voyous criminels parce que la police ne peut pas vous protéger, et qu'ayant été désarmés par une législation socialiste qui est à 100% inconstitutionnelle, vous ne pouvez plus vous protéger. "

Après le départ des archi-socialistes Art Agnos et Diana Feinstein (tous deux anciens maires de San Francisco), San Francisco était ce qu'ils en avaient fait, un cauchemar socialiste. Si M. Blanchard avait été autorisé à exercer son droit constitutionnel de porter une arme dans sa voiture, les voyous, le sachant, auraient probablement réfléchi à deux fois avant de s'approcher de lui, ou de tout citoyen portant des armes.

Mais grâce aux actions anticonstitutionnelles de socialistes comme Feinstein, les citoyens de Californie et de nombreux autres États ont été désarmés et on leur conseille maintenant de "tenir bon" face à des criminels armés. Que penseraient les colons, qui ont refusé de payer une taxe d'un penny par livre sur le thé, de l'Amérique moderne et d'un tel aveu officiel de l'échec total et abject de l'État à protéger ses citoyens ?

L'histoire tragique de Blanchard se répète des milliers de fois par mois à travers les États-Unis. Ce qu'il faut, c'est un retour à la Constitution, avec un balayage de toutes les lois sur les armes et des lois socialistes molles qui protègent les voyous criminels comme celui qui a tiré sur Blanchard. Chaque citoyen a le droit de garder et de porter des armes. Si les citoyens exerçaient ce droit à grande échelle et s'ils étaient connus de tous, le taux de criminalité s'effondrerait. Aucun voyou n'oserait s'approcher d'un automobiliste avec une arme en évidence.

Le raz-de-marée du socialisme balaie tout sur son passage. Ce raz-de-marée doit être affronté très rapidement et repoussé, sinon les États-Unis sont voués à l'extinction comme la Grèce et la Rome antiques. Les services de police nous disent qu'ils manquent de personnel et n'ont pas les ressources financières nécessaires pour faire face à la vague de criminalité. Pourtant, dans le même souffle, Clinton fait passer en force un projet de loi anticonstitutionnel dit "de lutte contre la criminalité" qui est en grande partie un programme de transfert socialiste avec très peu d'aide pour notre police…

À Washington D.C., la capitale nationale du crime avec des lois plus restrictives sur la possession d'armes à feu que dans toute autre ville, le maire a récemment demandé au Président d'envoyer la Garde nationale pour faire face à la violence des gangs noirs. Clinton a refusé, mais il a autorisé l'utilisation de fonds du budget pour affecter la police des parcs et les services secrets à des patrouilles de rue. Les résultats ont été spectaculaires : une baisse de 50% des fusillades liées aux gangs.

Puis, l'argent a manqué et les services secrets et la police des parcs ont été retirés des rues de Washington D.C. Les fusillades et la violence ont repris. "Nous n'avons tout simplement pas l'argent pour poursuivre ce programme", a déclaré un porte-parole de la Maison-Blanche à la chaîne de télévision ABC. POURQUOI PAS ? Comment pouvons-nous nous permettre de donner 20 milliards de dollars en AIDE ÉTRANGÈRE, ce qui est 100% inconstitutionnel, et ne pas pouvoir financer des programmes essentiels de prévention de la criminalité à Washington, le seul endroit où le gouvernement fédéral est compétent en matière de protection policière ? C'est l'héritage du socialisme, la voie de l'esclavage par la terreur et la délinquance.

SOURCES ET NOTES

"Foreign Affairs". CFR Journal, avril 1974. Gardner, R.

"Une interview d'Edward Bellamy" Frances E. Willard, 1889. "Boston Bellamy Club". Edward Bellamy, 1888.

"Le fabianisme dans la vie politique de la Grande-Bretagne 1919-1931." John Strachey.

Voir aussi "Left News", mars 1938.

"Rand Institute School of Studies Bulletin 1952–1953." Upton Sinclair. "La pensée économique de John Ryan." Dr Patrick Gearty.

"La collaboration entre les socialistes et les communistes". Zigmunt Zaremba, 1964. "La corruption dans une économie de profit". Mark Starr.

"Commission consultative des États-Unis." Mark Starr. "Les Américains pour l'Action Démocratique". (ADA)

"The Case Against Socialism : Un manuel pour les orateurs conservateurs." Rt. Hon A.J. Balfour, 1909.

Le bulletin "The Fabian News" de 1930 mentionne Rexford Tugwell comme un associé de Roosevelt et du gouverneur Al Smith de New York, et de nouveau dans le "Who's Who" de 1934. Tugwell était également étroitement associé à Stuart Chase, auteur de "A New Deal". Tugwell a travaillé au département d'économie de l'université de Columbia.

"The Fabian Society". William Clarke, 1894.

"Nouvelles Frontières". Henry Wallace.

"Un nouveau pacte." Stuart Chase, 1932.

"Philip Dru, administrateur." Maison Edward Mandell, 1912.

"Grande Société". Graham Wallace

"Le plan Beveridge." William Beveridge. Est devenu le "plan" de la sécurité sociale aux États-Unis.

"Le socialisme, utopique et scientifique". Federick Engels, 1892.

"Bernard Shaw." Ervine St. John, 1956.

"La Cour suprême et le public". Felix Frankfurter, 1930.

"The Essential Lippmann-A Philosophy for Liberal Democracy". Clinton Rossiter et James Lare.

"John Dewey et David Dubinsky." Biographie en images, 1952.

"Hugo Black, les années Alabama". Hamilton et Van Der Veer, 1972.

"Une histoire du sionisme." Walter Lacquer.

"La société d'abondance". John Galbraith, 1958.

"Les piliers de la société". A.G. Gardiner, 1914.

"Bulletin de la Rand School of Social Sciences." 1921-1935.

"L'autre Amérique : La pauvreté aux États-Unis". Michael Harrington, 1962

"Histoire du socialisme". Morris Hilquit, 1910.

"Lettres Holmes-Laski". La correspondance de M. le juge Holmes et de Harold Laski. De Wolfe, 1953.

"Papiers intimes du Colonel House" C. Seymour, 1962.

"Les conséquences économiques de la paix". John Maynard Keynes, 1925.

"Théorie générale de l'économie". John Maynard Keynes, 1930.

"La crise et la Constitution, 1931 et après". Harold J. Laski, 1932.

"From the Diaries of Felix Frankfurter". Joseph P. Lash, 1975.

"Harold Laski : A Biographical Memoir". Kingsley Martin, 1953.

"Souvenirs d'un snob socialiste". Elizabeth Brandeiss, 1948.

"Le plan national des moyens de subsistance". Prestonia Martin, 1932.

"Réminiscences de Felix Frankfurter". Philip Harlan, 1960.

"Commentaires sur la Constitution des États-Unis". Joseph Story, 1883.

Everson contre le Conseil de l'éducation. Il s'agit du premier triomphe socialiste dans l'inversion des cas d'écoles à clause religieuse. Il n'y avait aucun précédent légal pour soutenir l'argument d'Everson devant la cour. Il n'y a rien dans la Constitution pour soutenir le soi-disant "mur de séparation" décrit par Jefferson et il ne fait pas partie de la Constitution. Le premier amendement n'avait PAS pour but de séparer l'État de la religion, ce que l'affaire Everson a soudainement jugé constitutionnel. Comment une simple figure de rhétorique prononcée par Jefferson — et encore, uniquement en relation avec l'État de Virginie — a-t-elle pu soudainement devenir une loi ? Par quel mandat constitutionnel cela a-t-il été fait, et par quel précédent ? La réponse est AUCUNE dans les deux cas.

Le "mur de séparation" était une excuse pour Frankfurter pour exercer son parti pris contre la religion chrétienne et en particulier, contre l'Église catholique. Nous le répétons, IL N'Y A PAS DE DISPOSITION CONSTITUTIONNELLE POUR CE MYTHIQUE "MUR DE SÉPARATION ENTRE L'ÉGLISE ET L'ÉTAT". En cela, Frankfurter a été grandement influencé par l'anticatholique Harold J. Laski et le juge Oliver Wendell Holmes, tous deux socialistes endurcis. Laski estimait que "l'éducation qui n'est pas laïque et obligatoire n'est pas du tout une éducation... L'Église catholique devrait être confinée aux Limbes... et surtout, à Saint Augustin... L'incapacité de l'Église catholique à dire la vérité... rend impossible de faire la paix avec l'Église catholique romaine. Elle est l'un des ennemis permanents de tout ce qui est décent dans l'esprit humain". De plus, Black était un lecteur passionné des publications du Rite écossais de la franc-maçonnerie, qui condamnaient avec véhémence l'Église catholique. Pourtant, nous sommes censés croire que le juge Black n'a pas fait preuve d'un préjudice personnel extrême en statuant en faveur d'Everson !

"Correspondance choisie 1846-1895". Karl Marx et Frederich Engels.

"Edward Bellamy." Arthur Morgan, 1944.

"Fabian Quarterly". 1948. La Fabian Society.

"Un dilemme américain." Gunnar Myrdal, 1944.

"Fabian Research". The Fabian Society.

"Réflexions sur la fin d'une époque" Dr Reinhold Niebuhr, 1934.

"L'histoire de la Fabian Society". Edward R. Pease, 1916.

"Le Roosevelt que j'ai connu". Frances Perkins, 1946.

"The Fabian Society, Past and Present". G.D.H. Cole, 1952.

"La dynamique de la société soviétique".

"Les États-Unis dans l'arène mondiale". Walt W. Rostow, 1960.

"Le travail en Grande-Bretagne et dans le monde" Dennis Healey, janvier 1964.

"L'âge de Roosevelt". Arthur Schlesinger, 1957.

"Le 4 juillet 1992." Edward Bellamy, juillet 1982.

"M. House du Texas." A.D.H. Smith, 1940.

"New Patterns for Primary Schools". Fabian Society, septembre 1964.

"La révolution américaine à venir". George Cole, 1934.

"H. G. Wells et l'État mondial". Warren W. Wagner, 1920.

"L'éducation dans une société de classes". Edward Vaizey, novembre 1962.

"Le socialisme en Angleterre." Sydney Webb, 1893.

"La décadence de la civilisation capitaliste." Beatrice et Sydney Webb, 1923.

"Ernest Bevin." William Francis, 1952.

"Sécurité sociale". The Fabian Society, 1943. (Adaptations du plan Beveridge).

"La nouvelle liberté". Woodrow Wilson, 1913.

"Le redressement par la révolution". (Censé être la pensée de Lovett, Moss et Laski) 1933.

"Ce qu'un comité d'éducation peut faire dans les écoles primaires". Fabian Society, 1943.

"Les Fabiens américains" Périodiques de l'ADA, 1895-1898.

"Roosevelt à Frankfurter." Décembre 1917. Lettres de Theodore Roosevelt, Bibliothèque du Congrès.

"La richesse contre le Commonwealth". Henry Demarest Lloyd, 1953.

"La nécessité du militantisme : Le socialisme de notre temps", 1929. Contient une déclaration de Roger Baldwin prônant la révolution aux États-Unis.

Discours "Freedom in the Welfare State" du sénateur Lehman, dans lequel il affirme à tort que "les Pères fondateurs ont institué l'État-providence". Publié en 1950.

"Rexford Tugwell" cité dans les Bulletins de l'école de Rand, 1934-1935.

"American Civil Liberties Union (ACLU)." Formée en janvier 1920, elle s'appelait alors Civil Liberties Bureau. Beaucoup de ses idées sont tirées du livre "The Man Without a Country" de Philip Nolan. La déclaration de Robert Moss Lovett : "Je déteste les États-Unis ! Je serais prêt à voir le monde entier exploser, si cela pouvait détruire les États-Unis " se rapproche des sentiments exprimés par Nolan dans son livre. Le numéro de juin 1919 de "Freedom" parle de la formation de l'ACLU, cite des noms, dont celui du fondateur, le révérend John Nevin Sayre.

Autres sources de l'ACLU "Freedom Through Dissent", 30 juin 1962. Également, Rogers Baldwin, membre fondateur de l'ACLU, "The Need for Militancy" et "The Socialism of our Times" de Laidler.

"Walter Reuther." Président de l'Union des travailleurs de l'automobile. A travaillé en étroite collaboration avec la Ligue pour la démocratie industrielle. Tiré de "Quarante ans d'éducation". LID,

1945. Voir aussi Congressional Record House, 16 octobre 1962 pages 22124-22125. Voir aussi Louisville Courier Journal. "Suède : The Middle Way," Marquise Child.

"The Southern Farmer", Aubrey Williams (rapport de 1964 du House Unamerican Activities Committee.)

"Woodrow Wilson." Matériel tiré de "The New Freedom" Arthur Link, 1956. Albert Shaw, rédacteur en chef de la "Tribune" de Minneapolis. Shaw a également écrit "Review of Reviews". "L'an 2000 : Une biographie critique d'Edward Bellamy" par Sylvia Bowman, 1958. "International Government" publié par Brentanos New York, 1916. Comité d'enquête du Sénat Sénat de l'État de New York 1920. Ce comité a enquêté sur la Rand School pour activités séditieuses. Le MI6 a ordonné à Wilson de détruire les dossiers du Military Intelligence Bureau sur les éléments subversifs de l'orbite socialiste fabienne, ordre que Wilson a exécuté. Rapporté dans "Our Secret War" par Thomas Johnson. "Une chronique américaine" Ray Stannard Baker, 1945. "Record of the Sixty Sixth Congress" pages 1522-23, 1919. Audition du sous-comité du pouvoir judiciaire, 87e Congrès, 9 janvier — 8 février 1961. "La route de la sécurité". Arthur Willert, 1952. "Fabian News" octobre 1969. "Note pour une biographie". 16 juillet 1930. Aussi, la "Nouvelle République". "L'agitation sociale" par le révérend Lyman Powell, 1919. (Powell était un vieil ami de Wilson.)

"La guerre de M. Wilson". John Dos Passos, 1962.

"The New Statesman", article de Leonard Woolf, 1915.

"Florence Kelley", (de son vrai nom Weschnewetsky.) L'histoire de Kelley est racontée dans "Impatient Crusader, Florence Kelley's Life Story" par Josephine Goldmark, 1953. Magazine "Survey", Paul Kellog, éditeur. "The Nation", Freda Kirchway. "The Roosevelt I Knew", Kelley, 1946. Kelley était un "réformateur du réformateur social" et directeur de la League of Industrial Democracy (LID) 1921-1922, secrétaire national de la National Consumers League et d'innombrables organisations de façade des socialistes fabiens.

Le sénateur Jacob Javitts. Étroitement allié à la Fabian Society de Londres, il reçoit un câble de félicitations de Lady Dorothy Archibald. Le symposium "Freedom in the Welfare State" a applaudi Javitts et son travail en faveur du socialisme. Javitts a voté pour les propositions socialistes de l'ADA, obtenant un score presque parfait de 94%. A participé à la "Table ronde sur la démocratie" : Needed A Moral Awakening in America" en 1952. D'autres personnes ont siégé avec Javitts, notamment Mark Starr, Walter Reuther et Sydney Hook.

"Pouvoirs constitutionnels d'un président". Se trouve dans la section II de la Constitution des États-Unis. Congressional Record 27 février 1927.

"Projet de loi sur les crédits d'insuffisance générale".

"Congressional Record, House, 26 juin 1884 Page 336 Appendix thereto". Nous voyons ici pourquoi l'éducation est le moyen par lequel l'assaut socialiste peut être amorti.

"L'esprit et la foi". A. Powell Davies, édité par le juge William 0. Douglas. Davies, le partisan de l'Église unitarienne du juge Hugo Black, a également écrit "American Destiny (A Faith for America)" en 1942, et "The Faith of an Unrepentant Liberal" en 1946. L'impact que Davies a eu sur les juges Douglas et Black est visible dans les questions socialistes que ces deux juges ont considérées avec faveur dans les décisions de la Cour suprême auxquelles ils ont participé.

"Brave New World" Julian Huxley. Dans cette œuvre, Huxley appelle à la création d'un État socialiste totalitaire à très grande échelle qui dirigerait d'une main de fer.

"Le communisme et la famille". Madame Kollontay. Dans lequel elle exprime son indignation et sa révolte face au contrôle parental des enfants et au rôle des femmes dans le mariage et la vie familiale.

"Brave New Family" Laura Rogers. Étonnamment comme le titre du "Brave New World" de Huxley. Rogers expose la stratégie réclamée depuis longtemps par les socialistes pour prendre le contrôle des enfants et les soustraire au contrôle parental selon les lignes suggérées par Madame Zinioviev, épouse de Gregori Zinoviev, commissaire soviétique endurci.

"Congressional Record, Sénat S16610-S16614." Montre comment le socialisme essaie de saper la Constitution.

"Congressional Record, Sénat 16 février 1882 pages 1195-1209."

Comment la commission sénatoriale s'est occupée des mormons et comment elle a violé le Bill of Attainder.

"Les libertés de l'esprit". Charles Morgan. En référence à la soi-disant "psychopolitique".

"Manifeste Communiste de 1848." Karl Marx.

"Congressional Record, Sénat, 31 mai 1924. pages 9962-9977." Décrit comment les communistes américains déguisent leurs programmes en socialisme et explique qu'ils ne diffèrent que par le degré.

Déjà parus

Cette conspiration ouverte contre Dieu et l'homme, inclut l'asservissement de la majorité des humains

L'histoire de la création des Nations Unies est un cas classique de diplomatie par le mensonge

Les événements historiques sont souvent causés par une "main cachée"

OMNIA VERITAS LTD PRÉSENTE :

LA FRANC-MAÇONNERIE

de A à Z

par John Coleman

La franc-maçonnerie est devenue, au XXIe siècle, moins une société secrète qu'une "société à secrets".

Cet ouvrage explique ce qu'est la maçonnerie

OMNIA VERITAS LTD PRÉSENTE :

L'INSTITUT TAVISTOCK
des RELATIONS HUMAINES

Façonner le déclin moral, spirituel, culturel, politique et économique des États-Unis d'Amérique

par John Coleman

Sans Tavistock, il n'y aurait pas eu la Première et la Deuxième Guerre mondiale

Les secrets du Tavistock Institute for Human Relations

OMNIA VERITAS LTD PRÉSENTE :

AU-DELÀ de la CONSPIRATION
DÉMASQUER LE GOUVERNEMENT MONDIAL INVISIBLE

par John Coleman

Tous les grands événements historiques sont planifiés en secret par des hommes qui s'entourent d'une totale discrétion

Les groupes hautement organisés ont toujours l'avantage sur les citoyens

OMNIA VERITAS
OMNIA VERITAS LTD PRÉSENTE :
La GUERRE
de la DROGUE
contre L'AMÉRIQUE
Le commerce de la drogue ne peut pas être éradiqué parce que ses directeurs ne permettront pas que le marché le plus lucratif du monde leur soit enlevé...
PAR JOHN COLEMAN
JOHN COLEMAN
La GUERRE de la DROGUE contre L'AMÉRIQUE
Les véritables promoteurs de ce commerce maudit sont les "élites" de ce monde

OMNIA VERITAS
OMNIA VERITAS LTD PRÉSENTE :
LE CLUB DE ROME
LE THINK TANK DU NOUVEL ORDRE MONDIAL
Les nombreux faits tragiques et explosifs du XXème siècle ne sont pas survenus par eux-mêmes, mais ont été planifiés selon un schéma bien établi...
PAR JOHN COLEMAN
JOHN COLEMAN
LE CLUB DE ROME
Qui étaient les planificateurs et les créateurs de ces événements majeurs ?

OMNIA VERITAS
OMNIA VERITAS LTD PRÉSENTE :
LES GUERRES DU PÉTROLE
PAR JOHN COLEMAN
Le récit historique de l'industrie pétrolière nous entraîne dans les méandres de la "diplomatie"
JOHN COLEMAN
LES GUERRES DU PÉTROLE
La lutte pour monopoliser la ressource convoitée par toutes les nations